As Lacunas da Reforma Trabalhista

CIP-BRASIL. CATALOGAÇÃO NA PUBLICAÇÃO
SINDICATO NACIONAL DOS EDITORES DE LIVROS, RJ

P942L

Pretti, Gleibe

As lacunas da reforma trabalhista : de acordo com a Lei n. 13.467/2017 e MP n. 808/2017 / Gleibe Pretti. — 1. ed. — São Paulo : Ícone, 2018.
il. ; 21 cm.

Inclui bibliografia e índice.

ISBN 978-85-274-1308-4

1. Direito do trabalho — Brasil. 2. Processo trabalhista — Brasil. 3. Justiça do trabalho — Brasil. I. Título.

17-46617 CDU: 349.2(81)

12/12/2017 12/12/2017

Gleibe Pretti

Advogado, Árbitro do Ministério da Cultura e Perito Judicial. Graduado, em Direito, pela Universidade São Francisco. Licenciado em Sociologia pela Faculdade Paulista São José. Pós-graduado em direito Constitucional pela UNIFIA. Pós-graduado em Direito e Processo do Trabalho pela UNIFIA. Mestre pela Universidade de Guarulhos — Univeritas. Doutorando pela Universidade Metodista. Professor Universitário da graduação e pós-graduação (FMU e UnG). Professor de direito e processo do Trabalho de cursos preparatórios para a OAB e Concursos, como o IDP e AlfaConcursos, dentre outros. Autor de diversas obras. professorgleibe@gmail.com

As Lacunas da Reforma Trabalhista

O Livro Ideal para os Estudantes de Direito, Advogados, Prática da Advocacia e Concursos

De acordo com a Lei n. 13.467/2017 e MP n. 808/2017

Ícone editora

Capa/Diagramação
Regina Paula Tiezzi

Revisão
Gleibe Pretti

ÍCONE EDITORA LTDA.
Rua Javaés, 589 – Bom Retiro
CEP: 01130-010 – São Paulo/SP
Fone/Fax.: (11) 3392-7771
www.iconeeditora.com.br
iconevendas@iconeeditora.com.br

AGRADECIMENTOS

Agradeço a Deus, Nosso Senhor Jesus Cristo e Nossa Senhora por mais essa intuição, através dos amigos espirituais que sempre me ajudam.

Citar nomes numa dedicatória sempre é complicado, mas vou tentar ser o mais sincero possível.

Meus Pais, por tido o que fizeram e fazem por mim. Minha Irmã e meus sobrinhos pelo carinho de sempre.

Ao meu amigo e irmão Antônio Carlos do Nascimento, pela parceria.

Aos meus amigos da UnG: Luciana, Roggiero, Serginho, Regina, Leandro, Sandra, Eber e aos demais professores.

Aos meus professores: Saad, Fabricio, Regina, Lair, Reinaldo, Anderson e todos parceiros do Mestrado.

A todos os alunos(as) que sempre me ensinam a ser um melhor professor.

Dedicatória

Especial à minha esposa (por toda a compreensão e atenção) e aos homens da minha vida (meus dois amados filhos).

Sumário

Apresentação

Oferecemos ao nobre eleitor um livro completo de direito e processo do trabalho, conforme a reforma da legislação trabalhista, ocorrida em 2017.

Qual é o objetivo desse livro?

Trazer de forma pontual, o que foi alterado na lei trabalhista, mas sem esquecer-se da teoria geral da matéria.

Como esse livro deve ser lido?

Depende do conhecimento do leitor. Explico. Caso não conheça o que foi alterado, deverá começar apenas pela parte legal, ou seja, a lei pura. Após esse fato, deve ler a teoria.

Caso o leitor já tenha conhecimento dos pontos da reforma e tem muito conhecimento na matéria trabalhista, deverá REVER O CONTEÚDO!

Desta forma, vamos os estudos.

Novembro de 2017.

Professor Gleibe Pretti

PREFÁCIO

Esta obra produzida pelo prezado amigo e profissional do Direito que muito tem contribuído com a advocacia e também com a docência, aborda em suas páginas, as novas perspectivas que o mundo jurídico vem discutindo onde as novas possibilidades de resolução dos conflitos surgem como possibilidade para muitos casos que hoje aguardam decisão por parte do Estado em suas diversas formas de demonstração de ingerência.

Com insistência e perspicácia, o autor aborda de forma clara e objetiva o tema e promete em suas explanações, trazer em minúcias, os reflexos que as abordagens legais em suas alterações, vão interferir nas diversas demandas.

Nesta obra o amigo e escritor, busca atingir os profissionais do Direito com seus ensinamentos e vivências sobre a prática profissional seja no âmbito da operacionalização das leis, seja na abordagem doutrinária.

A busca por Justiça de forma equânime, despertou no autor a vontade de conhecer mais o tema e também sua aplicabilidade já que a obra apresentada traz a ação das mudanças na lei do trabalho e no Direito Processual Civil, possibilitando as várias formas de resolução de conflitos de forma pacífica e compartilhada, onde o litígio dá lugar a participação dos envolvidos na decisão que diminui os impactos trazidos pelo tempo que são comuns em um processo litigioso.

O pensamento da complexidade e das referências principais sobre o tema tratado, se traduz no fio condutor que une a necessidade de soluções práticas e participativas com as vantagens e também desvantagens no processo de resolução de conflitos não tradicionais que hoje são apontadas pela lei e que, embora já existentes como possibilidades em nosso ordenamento jurídico, somente tomam força com as recentes mudanças legais compelindo o operador do Direito a empreender esforços no sentido de alterações de comportamento e também visões sobre novas culturas que não mais aceitam ou admitem o conflito como única e exclusiva maneira de soluções de impasses sociais.

O autor traduziu com maestria as possibilidades trazidas com as alterações recentes no sistema legal abrindo assim a janela para novos descortinos neste universo de possibilidades.

Sucesso meu amigo

Paz e luz em seu caminho.

Fica aqui meus cumprimentos e recomendações.

Luciana Aparecida Guimarães

Coordenadora do Curso de Direito da Universidade — Ung. Membro da Comissão de Educação Jurídica da OAB-Federal. Membro da Comissão de Ensino Jurídico da OAB-São Paulo. Mestre e Doutoranda em Direito.

Capítulo 1

Empregador

Base Legal

"Art. 2º [...]

[...]

§ 2º Sempre que uma ou mais empresas, tendo, embora, cada uma delas, personalidade jurídica própria, estiverem sob a direção, controle ou administração de outra, ou ainda quando, mesmo guardando cada uma sua autonomia, integrem grupo econômico, serão responsáveis solidariamente pelas obrigações decorrentes da relação de emprego.

§ 3º Não caracteriza grupo econômico a mera identidade de sócios, sendo necessárias, para a configuração do grupo, a demonstração do interesse integrado, a efetiva comunhão de interesses e a atuação conjunta das empresas dele integrantes." (NR)

Teoria

Conceito

De acordo com o art. 2º da CLT, conforme a reforma trabalhista, "Considera-se empregador a empresa, individual ou coletiva, que, assumindo os riscos da atividade econômica, admite, assalaria e dirige a prestação pessoal de serviço". Segundo o mesmo dispositivo legal, "equiparam-se ao empregador, para os efeitos exclusivos da relação de emprego, os profissionais liberais, as instituições de beneficência, as associações recreativas ou outras instituições sem fins lucrativos, que admitirem trabalhadores como empregados".

Assim, empregador é a pessoa física ou jurídica, que assumindo os riscos da atividade econômica assalaria, admite e dirige os funcionários, pode ou não ser um ente dotado de personalidade jurídica, é uma sociedade de fato ou irregular, não registrada, contudo a CLT não é taxativa ao indicar os tipos de empregadores.

As entidades que não têm atividade econômica, também assumem riscos, sendo consideradas empregadores. Outras pessoas também serão empregadores, como a União, Estados-membros, Municípios, autarquias, fundações, o condomínio, a massa falida e o espólio.

É também empregador, a pessoa física ou jurídica que explora atividades agrícolas, pastoris ou de indústria rural (Lei n. 5.889/73), e também o empregador doméstico (Lei n. 5.859/72), assim também como a pessoa física que explora individualmente o comércio. É a chamada empresa individual.

Concluindo, empregador é o ente, dotado ou não de personalidade jurídica (pessoa física ou jurídica), com ou sem fim lucrativo, que admite o empregado para a prestação de serviços pelos quais é pago um salário, ou seja, remunerando-o pela utilização de serviço prestado, mediante contrato de trabalho (tácito ou expresso).

Riscos da atividade econômica

Assumir os riscos da atividade econômica significa que a empresa deve arcar com as despesas salariais dos seus funcionários, mesmo que ela sofra prejuízo. Quer dizer que tanto o lucro, quanto o prejuízo, deve ser suportado pelo empregador, não podendo ser transferido para o empregado.

O empregador admite o empregado mediante a obrigação de lhe pagar salário, ou seja, o empregado não foi contratado para trabalhar de graça.

O empregador é o responsável pela direção da atividade empresarial, possuindo o poder de direção e organização, o poder de controle e o poder disciplinar, conforme abaixo serão comentados.

Poder de direção do empregador

O empregado está subordinado ao poder de direção do empregador, e este poder de direção é a faculdade atribuída ao empregador de determinar o modo como a atividade do empregado, em decorrência do contrato de trabalho, deve ser exercida.

O poder de direção se subdivide em:

a) poder de organização;

b) poder de controle;

c) poder disciplinar.

Os poderes acima mencionados referem-se à relação de emprego, nos serviços prestados pelo empregado, no local de trabalho, e em conformidade com a legislação.

Poder de organização

O empregador possui o poder de ordenar as atividades do empregado, inserindo-as no conjunto das atividades da produção, visando a obtenção dos objetivos econômicos e sociais da empresa. A empresa poderá ter um regulamento interno, e decorre dele a faculdade de o empregador definir os fins econômicos visados pelo empreendimento.

Poder de controle

Este poder quer dizer do direito de o empregador fiscalizar as atividades profissionais dos seus empregados, justifica-se, uma vez que, sem controle, o empregador não pode ter ciência das tarefas cumpridas por seu funcionário, uma vez que, em contrapartida, há salário a ser pago.

A própria marcação do cartão de ponto é decorrente do poder de fiscalização do empregador sobre o empregado, de modo a verificar o correto horário de trabalho do obreiro, que inclusive tem amparo legal. Nas empresas com mais de 10 empregados é obrigatória a anotação da hora de entrada e de saída, em registro manual, mecânico ou eletrônico, devendo haver a assinalação do período de repouso.

O ato de proceder a revistas íntimas nas empregadas ou funcionárias é o poder de controle do empregador (ou preposto). Contudo, a revista íntima pode ser feita desde que não seja vexatória ou cause ofensa à integridade moral (art. 373-A, VI, da CLT e Lei n. 9.799/99).

Poder disciplinar

O poder disciplinar é aplicado através da suspensão, advertência e dispensa por justa causa. A advertência muitas vezes é feita verbalmente, contudo caso o empregado reitere o cometimento de uma falta, aí será advertido por escrito, e na próxima falta será suspenso. O empregado não poderá ser suspenso por mais de 30 dias, o que importa em rescisão injusta do contrato de trabalho (art. 474 da CLT), a suspensão acarreta a perda dos salários dos dias respectivos mais o DSR. Normalmente o empregado é suspenso por 1 a 5 dias, não sendo necessária a gradação nas punições do empregado. Cabe mencionar, que a Lei não veda que o empregado seja demitido diretamente, sem antes ter sido advertido ou suspenso, desde que a falta por ele cometida seja realmente grave. É a chamada demissão por justa causa. As penalidades injustas ou abusivas serão passíveis de revisão na Justiça do Trabalho.

A Lei n. 6.354/76, em seu art. 15, dispõe que, é vedado ao empregador multar o empregado, salvo atleta profissional.

Responsabilidade solidária do grupo de empresa

Quando uma ou mais empresas, embora, cada uma delas, tenha personalidade jurídica própria, estiverem sob a direção, controle ou administração de outra, constituindo grupo industrial, comercial ou de qualquer atividade econômica, serão, para os efeitos da relação de emprego, solidariamente responsáveis à empresa principal e cada uma das subordinadas (CLT, art. 2º, § 2º).

Nessa linha, segue o novo texto, conforme a Reforma de 2017: "§ 2º Sempre que uma ou mais empresas, tendo, embora, cada uma delas, personalidade jurídica própria, estiverem sob a direção, controle ou administração de outra, ou ainda quando, mesmo guardando cada uma sua autonomia, integrem grupo econômico, serão responsáveis solidariamente pelas obrigações decorrentes da relação de emprego" (parágrafo alterado pela Lei n. 13.467/2017 — DOU 14.7.2017).

Não elimina a responsabilidade das empresas, a falência de uma delas. São exemplos: a coligação, as *holdings*, o *pool*, o consórcio de empregadores, *joint venture* (empreendimento conjunto) etc.

Os grupos econômicos são formados por uma ou mais empresas, cada uma com personalidade jurídica própria, existindo entre elas vínculo de direção, controle, administração ou coordenação em face de atividade de qualquer natureza.

A prestação de serviços a mais de uma empresa do mesmo grupo econômico, durante a mesma jornada de trabalho, não caracteriza a coexistência de mais de um contrato de trabalho, salvo ajuste em contrário. É o que preceitua a Súmula n. 129 do TST.

Sucessão de empresas

Refere-se a mudança na propriedade da empresa, que designa todo acontecimento em virtude do qual uma empresa é absorvida por outra. É o que ocorre nos casos de incorporação, transformação, fusão etc. Declara ainda, os arts. 10 e 448 da CLT, que a mudança na propriedade ou na estrutura jurídica da empresa não afetará os contratos de trabalho dos respectivos empregados. Enfatizando assim, a aplicação do Princípio da Continuidade da empresa, salientando que as alterações relativas à pessoa do empresário não afetam o contrato de trabalho, e também no fato de que, dissolvida a empresa, ocorre extinção do contrato de trabalho.

Portanto, em uma eventual alteração na estrutura jurídica e sucessão de empresas em nada afetará os créditos trabalhistas dos empregados, uma vez que os empregados se vinculam à empresa, e não, aos seus titulares.

Importante ressaltar, que o contrato de trabalho é firmado entre o empregado e a empresa, independente dos seus titulares e sua eventual mudança ou alteração. Por isso diz-se que é impessoal em relação a quem se encontra à frente do empreendimento. Assim, percebe-se que o verdadeiro empregador é a empresa, sendo que a transferência do estabelecimento, supõe também a de todos os elementos organizados da mesma, dentre eles, o trabalho.

Vale lembrar que, se o vínculo empregatício é firmado com a empresa e não com o empregador, salvo empregador pessoa física, não podendo este ser prejudicado por qualquer tipo de alteração na estrutura jurídica daquela. Desta feita, a Lei visa proteger o trabalhador em seu emprego, sendo irrelevante quem seja o empregador.

É oportuno consignar, em se tratando de sucessão de empresas, o conceito de fusão, incorporação, transformação, cisão e sucessão de empresas:

- **Fusão**: é a operação ou o procedimento pelo que se unem duas ou mais empresas com o objetivo de se formar uma nova que lhe sucede em direitos e obrigações.

- **Incorporação**: é a operação ou o procedimento pelo qual uma ou mais empresas são absorvidas por outra, que lhe sucede em direitos ou obrigações.

- **Cisão**: é a operação ou o procedimento pelo qual uma empresa se divide ensejado o surgimento de outras duas.

- **Sucessão**: mudança na propriedade da empresa, ou seja, a empresa continua sendo a mesma, mas surge um novo empregador.

- **Transformação**: alteração na estrutura da empresa, ou seja, o empregador continua sendo o mesmo, mas há uma mudança na relação jurídica da empresa.

Em relação à responsabilidade da empresa sucessora, esta responde pelos créditos trabalhistas dos empregados da empresa sucedida, ainda que exista cláusula contratual eximindo-a de tal responsabilidade. O real objetivo desta cláusula é a garantia que a sucessora resguarda para propor ação regressiva contra sua antecessora, não a eximindo de responsabilidade quanto aos créditos trabalhistas.

Outro ponto a destacar é a desconsideração da personalidade jurídica do empregador, como um dos principais mecanismos para que o Direito do Trabalho produza efeitos na realidade fática, alcançando sua finalidade teleológica. Um efeito que se pode evidenciar é o de viabilizar o princípio da continuidade da relação empregatícia quando da substituição do titular do empreendimento empresarial.

Outro efeito é o de suavizar a vedação de alterações objetivas do contrato empregatício prejudiciais ao empregado, dadas as incessantes modificações nas estruturas da empresa.

A despersonalização é, ainda, fundamento para que os sócios da entidade societária sejam alcançados e responsabilizados subsidiariamente quando frustrada a execução trabalhista não satisfeita com o patrimônio do devedor principal. A desconsideração, por se tratar de exceção à regra da personalidade da pessoa jurídica, deve ser aplicada com parcimônia, somente quando houver necessidade de despir a sociedade empresária e alcançar o patrimônio pessoal dos sócios, sendo imprescindível a sensibilidade dos julgadores diante dos casos concretos.

Alguns julgados presumem a culpa do sócio-administrador, em contrapartida outros aduzem a fraude à lei ou violação de norma contratual (art. 50 do CC).

Alterações na empresa

As alterações empresariais podem ocorrer de duas formas:

a) alterações na sua estrutura jurídica, por exemplo a mudança de regime jurídico;

b) alterações em sua propriedade, como a venda.

A legislação celetista trata do tema através do art. 10, onde aduz que qualquer alteração na estrutura jurídica da empresa não afetará os direitos adquiridos por seus empregados.

E, ainda, no art. 448 também da CLT onde consigna que a mudança na propriedade ou na estrutura jurídica da empresa não afetará os contratos de trabalho dos respectivos empregados.

Conclui-se, pois, que eventual mudança jurídica na estrutura da empresa, como sua transformação de empresa individual para coletiva ou, de sociedade anônima para limitada, estas alterações, em nada alterarão o contrato de trabalho dos empregados.

E mais, a mesma regra vale para o caso de mudança de propriedade, como a venda ou inclusão de novos sócios.

Note-se que, mesmo diante de acordo ou convenção coletiva de trabalho firmada entre as partes, não excluirá os direitos dos trabalhadores, e não há nenhuma repercussão jurídica.

Capítulo 2

Jornada Tempo de Disposição do Empregado

Base Legal

"Art. 4º [...]

§ 1º Computar-se-ão, na contagem de tempo de serviço, para efeito de indenização e estabilidade, os períodos em que o empregado estiver afastado do trabalho prestando serviço militar e por motivo de acidente do trabalho.

§ 2º Por não se considerar tempo à disposição do empregador, não será computado como período extraordinário o que exceder a jornada normal, ainda que ultrapasse o limite de cinco minutos previsto no § 1º do art. 58 desta Consolidação, quando o empregado, por escolha própria, buscar proteção pessoal, em caso de insegurança nas vias públicas ou más condições climáticas, bem como adentrar ou permanecer nas dependências da empresa para exercer atividades particulares, entre outras:

I — práticas religiosas;

II — descanso;

III — lazer;

IV — estudo;

V — alimentação;

VI — atividades de relacionamento social;

VII — higiene pessoal;

VIII — troca de roupa ou uniforme, quando não houver obrigatoriedade de realizar a troca na empresa." (NR)

[...]

"Art. 58. [...]

[...]

§ 2º O tempo despendido pelo empregado desde a sua residência até a efetiva ocupação do posto de trabalho e para o seu retorno, caminhando ou por qualquer meio de transporte, inclusive o fornecido pelo empregador, não será computado na jornada de trabalho, por não ser tempo à disposição do empregador.

§ 3º (Revogado)." (NR)

"Art. 58-A. Considera-se trabalho em regime de tempo parcial aquele cuja duração não exceda a trinta horas semanais, sem a possibilidade de horas suplementares semanais, ou, ainda, aquele cuja duração não exceda a vinte e seis horas semanais, com a possibilidade de acréscimo de até seis horas suplementares semanais.

[...]

§ 3º As horas suplementares à duração do trabalho semanal normal serão pagas com o acréscimo de 50% (cinquenta por cento) sobre o salário-hora normal.

§ 4º Na hipótese de o contrato de trabalho em regime de tempo parcial ser estabelecido em número inferior a vinte e seis horas semanais, as horas suplementares a este quantitativo serão consideradas horas extras para fins do pagamento estipulado no § 3º, estando também limitadas a seis horas suplementares semanais.

§ 5º As horas suplementares da jornada de trabalho normal poderão ser compensadas diretamente até a semana imediatamente posterior à da sua execução, devendo ser feita a sua quitação na folha de pagamento do mês subsequente, caso não sejam compensadas.

§ 6º É facultado ao empregado contratado sob regime de tempo parcial converter um terço do período de férias a que tiver direito em abono pecuniário.

§ 7º As férias do regime de tempo parcial são regidas pelo disposto no art. 130 desta Consolidação." (NR)

"Art. 59. A duração diária do trabalho poderá ser acrescida de horas extras, em número não excedente de duas, por acordo individual, convenção coletiva ou acordo coletivo de trabalho.

§ 1º A remuneração da hora extra será, pelo menos, 50% (cinquenta por cento) superior à da hora normal.

[...]

§ 3º Na hipótese de rescisão do contrato de trabalho sem que tenha havido a compensação integral da jornada extraordinária, na forma dos §§ 2º e 5º deste artigo, o trabalhador terá direito ao pagamento das horas extras não compensadas, calculadas sobre o valor da remuneração na data da rescisão.

§ 4º (Revogado).

§ 5º O banco de horas de que trata o § 2º deste artigo poderá ser pactuado por acordo individual escrito, desde que a compensação ocorra no período máximo de seis meses.

§ 6º É lícito o regime de compensação de jornada estabelecido por acordo individual, tácito ou escrito, para a compensação no mesmo mês." (NR)

"Art. 59-A. Em exceção ao disposto no art. 59 e em leis específicas, é facultado às partes, por meio de convenção coletiva ou acordo coletivo de trabalho, estabelecer horário de trabalho de doze horas seguidas por trinta e seis horas ininterruptas de descanso, observados ou indenizados os intervalos para repouso e alimentação.

§ 1º A remuneração mensal pactuada pelo horário previsto no *caput* abrange os pagamentos devidos pelo descanso semanal remunerado e pelo descanso em feriados e serão considerados compensados os feriados e as prorrogações de trabalho noturno, quando houver, de que tratam o art. 70 e o § 5º do art. 73.

§ 2º É facultado às entidades atuantes no setor de saúde estabelecer, por meio de acordo individual escrito, convenção coletiva ou acordo coletivo de trabalho, horário de trabalho de doze horas seguidas por trinta e seis horas ininterruptas de descanso, observados ou indenizados os intervalos para repouso e alimentação".

"Art. 59-B. O não atendimento das exigências legais para compensação de jornada, inclusive quando estabelecida mediante acordo tácito, não implica a repetição do pagamento das horas excedentes à jornada normal diária se não ultrapassada a duração máxima semanal, sendo devido apenas o respectivo adicional.

Parágrafo único. A prestação de horas extras habituais não descaracteriza o acordo de compensação de jornada e o banco de horas."

"Art. 60. [...]

Parágrafo único. Excetuam-se da exigência de licença prévia as jornadas de doze horas de trabalho por trinta e seis horas ininterruptas de descanso". (NR)

"Art. 61. [...]

§ 1º O excesso, nos casos deste artigo, pode ser exigido independentemente de convenção coletiva ou acordo coletivo de trabalho.

[...]." (NR)

"Art. 62. [...]

[...]

III — os empregados em regime de teletrabalho.

[...]." (NR)

"Art. 71. [...]

[...]

§ 4º A não concessão ou a concessão parcial do intervalo intrajornada mínimo, para repouso e alimentação, a empregados urbanos e rurais, implica o pagamento, de natureza indenizatória, apenas do período suprimido, com acréscimo de 50% (cinquenta por cento) sobre o valor da remuneração da hora normal de trabalho.

[...]." (NR)

"Título II

[...]

Teoria

Jornada de Trabalho

Conceito

Esse tema, com a reforma trabalhista, é de suma importância, tendo em vista que as empresas, logo no primeiro dia de vigência da reforma, sendo dia 11.11.20017, já encaminharam aos empregados informativos por *email*, determinando o banco de horas imediatamente.

Esse fato procede? Cabe questionar?

Caro leitor, a reforma trabalhista traz em seu escopo a possibilidade de negociação, mas sempre de comum acordo entre as partes. Imposição não será considerada nula pelo Poder Judiciário, com base no art. 9º da CLT.

Para melhor compreensão da Jornada de Trabalho, é preciso antes adentrar em conceitos distintos, que muitas vezes são usados como sinônimos. A expressão "duração de trabalho" é mais ampla do que a expressão "jornada de trabalho", que é mais restrita. "Horário de trabalho" se refere ao lapso de tempo entre o início e o término da jornada de trabalho.

Jornada de trabalho é o período diário que o empregado fica à disposição do empregador executando ou aguardando ordens (art. 4º, *caput*, da CLT). A jornada de trabalho compreende o período de 8 horas diárias, perfazendo um total de 44 horas semanais, salvo previsão em convenções coletivas. O Descanso Semanal Remunerado (DSR), ou "salário hebdomadário", deve ser concedido aos domingos, com duração mínima de 24 horas.

O registro da jornada de trabalho é ônus do empregador, que conta com mais de 10 empregados (art. 74, § 2º, CLT).

O art. 59, *caput*, da CLT, vaticina que a duração normal do trabalho poderá ser acrescida de horas suplementares, em número não excedente de 2, mediante acordo escrito entre empregador e empregado, ou mediante contrato coletivo de trabalho.

Dispõe a Constituição Federal em seu art. 7º, nos incisos XIII e XIV, sobre a jornada de trabalho, que as jornadas maiores não podem ser instituídas, contudo, podem ser estabelecidas jornadas menores:

> XIII — "Duração do trabalho normal não superior a oito horas diárias e quarenta e quatro semanais, facultada a compensação de horários e a redução da jornada, mediante acordo ou convenção coletiva de trabalho".

> XIV — "Jornada de seis horas para o trabalho realizado em turnos ininterruptos de revezamento, salvo negociação coletiva".

É relevante destacar que o horário do trabalho constará num quadro organizado, conforme modelo expedido pelo Ministro do Trabalho, e afixado em lugar bem visível. Esse quadro será discriminativo no caso de não ser o horário único para todos os empregados de uma mesma seção ou turma. Ainda o art. 74 da CLT também alude que o ônus é do empregador em relação ao registro da jornada:

> § 1º *"O horário de trabalho será anotado em registro de empregados com a indicação de acordos ou contratos coletivos porventura celebrados".*
>
> § 2º *"Para os estabelecimentos de mais de dez trabalhadores será obrigatória a anotação da hora de entrada e de saída, em registro manual, mecânico ou eletrônico, conforme instruções a serem expedidas pelo Ministério do Trabalho, devendo haver pré-assinalação do período de repouso".*

De acordo com a Lei Complementar n. 123/06, art. 51, I, as microempresas e empresas de pequeno porte são dispensadas da afixação do quadro de trabalho em suas dependências.

Critérios para composição da jornada de trabalho

São três as teorias que versam sobre os critérios para cálculo da extensão da jornada de trabalho, quais sejam, a Teoria do tempo à disposição do empregador, a Teoria do tempo efetivamente trabalhado e, por último, a Teoria do tempo *in itinere*, em que com a reforma foi extinto!

A Teoria do tempo à disposição do empregador, com previsão no art. 4º da CLT, é a adotada pelo nosso sistema e diz do tempo em que o empregado está aguardando ordens a serem realizadas. Isso não quer dizer que esteja ou não trabalhando, conclui-se assim que o empregado está no ambiente laboral à disposição do empregador. Importante trazer à baila, a situação do empregado que labora nas minas de subsolo, pois nem sempre o ambiente laboral é aquele em que o trabalhador exerce suas atividades, vejamos então:

> Art. 294 da CLT. "O tempo despendido pelo empregado da boca da mina ao local do trabalho e vice-versa será computado para o efeito de pagamento do salário".

As variações de horário no registro de ponto não excedentes de cinco minutos, observado o limite máximo de dez minutos diários, não serão descontadas nem computadas como jornada extraordinária (art. 58, § 1º da CLT). Contudo se ultrapassado esse limite, será considerada como extra a totalidade do tempo que exceder a jornada normal (Súmula n. 366 do TST).

A Teoria do tempo efetivamente trabalhado, como o próprio nome já diz, limita-se ao tempo em que o empregado realmente esteja em execução laboral, excluindo qualquer tempo que não esteja laborando para o empregador.

São exceções à teoria do tempo efetivamente trabalhado, isto é, tratam dos intervalos legais remunerados, quais sejam:

> O art. 72 da CLT, que vaticina que nos serviços permanentes de mecanografia, a cada período de 90 minutos de trabalho consecutivos corresponderá um repouso de 10 minutos não deduzidos da duração normal de trabalho. A digitação permanente assegura um intervalo de 10 minutos a cada 50 minutos trabalhados (Portaria n. 3.214/78, NR-17 do Ministério do Trabalho). A Súmula n. 346 do TST aduz que os digitadores, por aplicação analógica do art. 72 da CLT equiparam-se aos trabalhadores nos serviços de mecanografia.

Para os empregados que trabalham no interior das câmaras frigoríficas e para os que movimentam mercadorias do ambiente quente ou normal para o frio e vice-versa, depois de 1 hora e 40 minutos de trabalho contínuo, será assegurado um período de 20 minutos de repouso, sendo esse intervalo computado como de trabalho efetivo (art. 253 da CLT).

Para os mineiros, em cada período de 3 horas consecutivas de trabalho, será obrigatória uma pausa de 15 minutos para repouso, a qual será computada na duração normal de trabalho efetivo (art. 298 da CLT).

A mãe que precisa amamentar seu filho, até que este complete 6 (seis) meses de idade, terá direito, durante a jornada de trabalho, a 2 descansos especiais de meia hora (art. 396 da CLT).

O horário normal de trabalho do empregado, durante o prazo do aviso-prévio, será reduzido de 2 horas diárias (art. 488 da CLT).

A última teoria a ser estudada é a Teoria do tempo *in itinere*, cuja expressão quer dizer "itinerário". Deve-se entender a jornada *in itinere* como o tempo gasto pelo empregado, de sua casa até a empresa, e vice-versa. Com a reforma trabalhista, esse tema inexiste na lei, assim não é mais devido esse direito aos empregados.

Classificação da jornada de trabalho

A Jornada de Trabalho classifica-se em:

- quanto à duração: Ordinária e Extraordinária;
- quanto ao período: Diurna, Noturna, Mista;
- quanto à profissão: Geral e Especial

O legislador limitou a jornada de trabalho, uma vez que constatou que os maiores índices de acidentes do trabalho ocorrem em razão de um excesso de fadiga do trabalhador, motivo este que as normas trabalhistas buscam proteger a saúde do empregado com normas de natureza profilática ou higiênica.

A classificação quanto a duração ordinária refere-se a jornada de 8 horas diárias e 44 semanais, enquanto que a extraordinária diz da hora que é extrapolada a normal, estipulado pela lei ou contrato entre as partes pactuantes.

A jornada quanto ao período diurno limita-se no horário das 5 às 22horas, já a noturna é aquela compreendida entre as 22 horas até às 5 horas, e o período misto, envolve os outros dois períodos, ou seja, o diurno e o noturno (art. 74, § 4º, da CLT).

A classificação quanto a profissão de caráter geral, diz do período de 8 horas diárias ou 44 semanais, enquanto a especial varia de acordo com a profissão exercida pelo funcionário. É o caso dos ascensoristas ou cabineiros de elevador — Lei n. 3.270/57, a telefonista — art. 227 da CLT, aqueles que trabalham em minas de subsolo — arts. 293 e 294 da CLT, o bancário — art. 224 da CLT e os operadores de cinema — art. 234 da CLT.

Desta feita, resta plenamente cabível mencionar outras profissões com jornada de cinco horas diárias, são eles: o jornalista e o radialista, art. 303 da CLT e Lei n. 6.615/787, respectivamente; o art. 318 da CLT trata dos professores, e se estes laboram num mesmo estabelecimento, a jornada será de quatro horas consecutivas ou seis intercaladas; os advogados com uma jornada de quatro horas contínuas ou 20 horas semanais, salvo acordo ou convenção coletiva ou exclusividade (Lei n. 8.906/91); a Lei n. 3.999/61 aduz que os médicos terão uma jornada mínima de duas horas e máxima de quatro horas, salvo cláusula contratual.

Prontidão e sobreaviso

A prontidão trata da hipótese em que o empregado fica nas dependências da empresa aguardando ordens, em escalas de no máximo, 12 horas, e o adicional é de 2/3 da hora normal, conforme art. 244, §§ 3º e 4º, da CLT:

> § 3º "Considera-se de 'prontidão' o empregado que ficar nas dependências da Estrada, aguardando ordens. A escala de prontidão será, no máximo, de 12 (doze) horas. As horas de prontidão serão, para todos os efeitos, contadas à razão de 2/3 (dois terços) do salário-hora normal".
>
> § 4º "Quando, no estabelecimento ou dependência em que se achar o empregado, houver facilidade de alimentação, as 12 (doze) horas de prontidão, a que se refere o parágrafo anterior, poderão ser contínuas. Quando não existir essa facilidade, depois de 6 (seis) horas de prontidão, haverá sempre um intervalo de 1 (uma) hora para cada refeição, que não será, nesse caso, computada como de serviço".

O art. 244, § 2º, da CLT aduz que "considera-se de sobreaviso o empregado efetivo, que permanecer em sua própria casa, aguardando a qualquer momento o chamado para o serviço. Cada escala de sobreaviso será, no máximo, 24 horas. As horas de sobreaviso, para todos os efeitos, serão contadas à razão de 1/3 do salário normal".

O dispositivo refere-se ao trabalho dos ferroviários, mas os Tribunais o tem interpretado de forma a aplicá-lo analogicamente a outros casos. A Súmula n. 229 do TST, fundamenta aplicação analógica do sobreaviso para eletricitários, qual seja, "por aplicação analógica do art. 244, § 2º, da Consolidação das Leis do Trabalho, as horas de sobreaviso dos eletricitários são remuneradas à razão de 1/3 (um terço) do salário normal". Contudo não é pacífica a aplicação a funcionários que se utilizam fora do horário de trabalho, *BIP*, telefone celular, terminal de computador (*laptop, notebook*) ligado à empresa.

O cerne da questão é, sem dúvida, o uso de *BIP*, telefone celular ou outro tipo de comunicação móvel que pode caracterizar o estado de sobreaviso pela sua utilização. Partindo do princípio que o empregado permanece em casa e não em outro lugar, durante o sobreaviso, é imprescindível para a caracterização deste estado, uma interpretação literal do dispositivo legal que nos leva à resposta negativa.

De uma coisa é fato, a liberdade de ir e vir da pessoa não fica prejudicada. Somente se o empregado permanecer em sua residência, aguardando a qualquer momento o chamado para o serviço, é que há sobreaviso, pois sua liberdade está sendo controlada.

E de acordo como entendimento do TST, na Orientação Jurisprudencial n. 49 da SDI, passou a considerar que o fato do trabalhador portar *BIP* não caracteriza o sobreaviso.

Assim torna-se imprescindível em todos os casos que o empregado seja cientificado de que estará de sobreaviso.

Empregados excluídos da proteção da jornada de trabalho

Insta mencionar que a limitação da jornada de trabalho decorre do direito à vida, na medida em que o excesso de horas de trabalho poderá acarretar a perda da própria vida ou causar restrições à sua qualidade.

É um direito indisponível, vez que é um direito que tutela à vida, tornando-se assim um direito de interesse social, onde a vontade coletiva se impõe à vontade individual.

Apesar de contraproducente, alguns empregados estão excluídos da proteção da jornada de trabalho, conforme preceitua o art. 62 da CLT, ou seja, estão excluídos de receberem horas extras e o respectivo adicional.

É o caso dos gerentes, diretores, chefes de departamentos ou filial, justamente por possuir cargo de gestão, isto é, admitem, demitem funcionários, os advertem, os punem, dão suspensão, possuem subordinados, e para tanto, recebem um acréscimo de salário igual ou superior a 40% (Lei n. 5.859/72). Veja o dispositivo referente ao assunto:

> Art. 62, II da CLT. "Os gerentes, assim considerados os exercentes de cargos de gestão, aos quais se equiparam, para efeito do disposto neste artigo, os diretores e chefes de departamento ou filial".

Outros empregados excluídos da proteção de jornada são aqueles que exercem atividade externa incompatível com a fixação de horário de entrada e saída, como os vendedores, viajantes, pracistas, carteiros, motoristas em geral, cobradores, propagandistas e outros.

Assim, é importante observar o preenchimento de dois requisitos para a caracterização desses trabalhadores, quais sejam, a incompatibilidade de controle de horário, fazendo-se necessário que na CTPS do empregado tenha a informação da não observância de controle de horário, como também no livro ou ficha de registro desse empregado, ou caso contrário, terá direito a horas extras.

Também é excluído da jornada os empregados que exercem uma atividade em teletrabalho.

Jornada extraordinária

As horas suplementares, também chamadas de horas extras ou extraordinárias, estão disciplinadas nos arts. 59 a 61 da CLT.

A jornada diária de trabalho poderá ser aumentada em até 2 horas, mediante acordo escrito entre empregado e empregador, ou contrato coletivo de trabalho, e serão remuneradas no mínimo 50% superior à remuneração da hora normal, conforme prevê o art. 7º, inciso XVI, da CF e § 1º, do art. 59 da CLT.

O adicional de horas extras do advogado é de 100% sobre a hora normal, conforme preceitua a Lei n. 8.906/94.

Impende destacar, que o empregado sujeito a controle de horário, remunerado à base de comissões, tem direito ao adicional de no mínimo 50% pelo trabalho em horas extraordinárias, calculado sobre o valor-hora das comissões recebidas no mês, considerando-se como divisor o número de horas efetivamente trabalhadas (Súmula n. 340 do TST).

A limitação legal da jornada suplementar a duas horas diárias não exime o empregador de pagar todas as horas trabalhadas. Assim como o valor das horas extras, habitualmente prestadas, integra o cálculo dos haveres trabalhistas, independentemente da limitação prevista no *caput* do art. 59 da CLT (Súmula n. 376 do TST).

Tanto as horas suplementares quanto seu adicional, são integralizados no salário: 13º salário (Súmula n. 45 do TST), férias (§ 5º do art. 142 da CLT), aviso-prévio indenizado (§ 5º do art. 487 da CLT), gratificações semestrais (Súmula n. 115 do TST), verbas rescisórias, FGTS (Súmula n. 63 do TST) e no DSR (Súmula n. 172 do TST e art. 7º, *a* e *b*, da Lei n. 605/49).

Contudo, o cálculo do valor das horas extras habituais, para efeito de reflexos em verbas trabalhistas, observará o número das horas efetivamente prestadas, e sobre ele aplica-se o valor do salário-hora da época do pagamento daquelas verbas (Súmula n. 347 do TST).

Não caberão horas suplementares nas hipóteses em que no acordo ou convenção coletiva foi aprazado compensação de horas (arts. 7º, XII, da CF e 59, § 2º, da CLT).

Através de acordo ou convenção coletiva, é possível a compensação anual de horas, desde que não seja ultrapassado o limite de 10 horas diárias e nem o lapso temporal de 1 ano.

A Súmula n. 85 do TST permite a compensação de jornada em contrato individual, salvo norma coletiva.

A validade de acordo coletivo ou convenção coletiva de compensação de jornada de trabalho em atividade insalubre prescinde da inspeção prévia da autoridade competente em matéria de higiene do trabalho (art. 7º, XIII, da CF e art. 60 da CLT).

A Súmula n. 291 do TST, reza sobre a supressão das horas extras habituais, vejamos: "A supressão, pelo empregador, do serviço suplementar prestado com habitualidade, durante pelo menos um ano, assegura ao empregado o direito à indenização correspondente ao valor de um mês das horas suprimidas para cada ano ou fração igual ou superior a 6 (seis) meses de prestação de serviço acima da jornada normal. O cálculo observará a média das horas suplementares efetivamente trabalhadas nos últimos 12 (doze) meses, multiplicada pelo valor da hora extra do dia da supressão".

Tendo em vista que as Leis ns. 3.999/1961 e 4.950/1966 não estipulam a jornada reduzida, mas apenas estabelecem o salário mínimo da categoria para uma jornada de 4 horas para os médicos e de 6 horas para os engenheiros, não há que se falar em horas extras, salvo as excedentes à oitava, desde que seja respeitado o salário mínimo/horário das categorias (Súmula n. 370 do TST).

Horas extras nos casos de necessidade imperiosa

Diante da necessidade imperiosa, oriunda de força maior, realização de serviços inadiáveis cuja execução possa acarretar prejuízo manifesto, a duração do trabalho poderá exceder ao limite legal ou convencionado, independentemente de acordo ou contrato coletivo, devendo ser comunicado à DRT no prazo de 10 dias no caso de empregados maiores, e 48 horas (arts. 413, parágrafo único e 376 da CLT) no caso de empregados menores, e excepcionalmente, por motivo de força maior, o menor poderá trabalhar por até o máximo de 12 horas, com acréscimo salarial de pelo menos 50% sobre a hora normal e desde que o trabalho do menor seja imprescindível ao funcionamento do estabelecimento (arts. 7º, XVI da CF e 413, III da CLT).

Força maior, segundo o art. 501 da CLT é todo acontecimento inevitável, em relação à vontade do empregador, e para a realização do qual este não concorreu direta ou indiretamente. Refere-se, portanto, a problemas emergenciais.

De acordo com o art. 61, § 2º, da CLT, no caso de força maior, a remuneração da hora excedente não será inferior ao da hora normal.

São considerados serviços inadiáveis aqueles serviços que devem impreterivelmente ser feitos na mesma jornada ou cuja inexecução acarrete prejuízo manifesto. Refere-se a serviços emergenciais que não podem ser adiados ou realizados em horário preestipulado.

Na hipótese de serviços inadiáveis, a jornada de trabalho não poderá exceder de 12 horas, devendo a remuneração da hora extra ser 50% superior a hora convencional.

Para os serviços inadiáveis não se faz necessário um acordo ou convenção coletiva e não poderá ultrapassar 12 horas, contudo deve-se comunicar em 10 dias a DRT.

O art. 413 da CLT não menciona que o menor poderá prorrogar o trabalho para serviços inadiáveis.

Turno ininterrupto de revezamento

Deve-se entender por turno ininterrupto de revezamento, como o trabalho realizado pelos empregados que se sucedem no posto de serviço, na utilização dos equipamentos, de maneira escalonada, para períodos distintos de trabalho.

Tudo isso pressupõe revezamento, que nada mais é do que a escala cumprida pelos empregados laborando em diferentes períodos: manhã, tarde, noite. É o que ocorre com aqueles funcionários que laboram nos períodos das 6 às 14, das 14 às 22 ou das 22 às 6 horas.

Assim, as empresas que trabalham 24 horas por dia, em regime de 7 dias por semana, terão 2 turnos:

Flexíveis: com jornada máxima de 6 horas por dia.

Fixos: em casos de funções que não têm necessidade de trabalhar em horário diverso. Pode trabalhar até 8 horas por dia, desde que previsto em acordo ou convenção coletiva.

Corroborando com esse entendimento segue a Súmula n. 423 do TST: "Estabelecida jornada superior a seis horas e limitada a oito horas por meio de regular negociação coletiva, os empregados submetidos a turnos ininterruptos de revezamento não tem direito ao pagamento da 7ª e 8ª horas como extras".

Conclui-se, portanto, que se o trabalhador extrapolar a jornada estabelecida pela lei, em 6 horas diárias, ou do acordo ou convenção coletiva, em 8 horas por dia, o obreiro terá direito ao percebimento das horas extras diante da ausência de instrumento coletivo (OJ n. 275 da SDI-I do TST).

Insta mencionar a Súmula n. 360 do TST, onde sustenta que a interrupção do trabalho destinado a repouso e alimentação, dentro de cada turno, ou o intervalo para repouso semanal, não descaracteriza o turno de revezamento com jornada de 06 horas prevista no art. 7º, XIV, da CF.

A Súmula n. 675 do STF, garante que os intervalos fixados para descanso e alimentação durante a jornada de seis horas não descaracterizam o sistema de turnos ininterruptos de revezamento para o efeito do art. 7º, XIV, da Constituição, corroborando com esse entendimento, insta mencionar a OJ n. 78 da SDI-I do TST.

A Lei n. 5.811/72 foi recepcionada pela CF/88 no que se refere à duração da jornada de trabalho em regime de revezamento dos petroleiros (Súmula n. 391, I, do TST).

Trabalho noturno

São direitos dos trabalhadores, além de outros, remuneração do trabalho noturno superior à do diurno (art. 7º, inciso IX, CF). No art. 73 da CLT dispõe sobre o trabalho noturno.

Considera-se hora noturna, o trabalho realizado nas atividades urbanas compreendidas entre 22 horas de um dia às 5 horas do dia seguinte.

Nas atividades rurais, é considerado hora noturna o trabalho executado na lavoura entre 21 horas de um dia às 5 horas do dia seguinte, e na pecuária, das 20 horas às 4 horas do dia seguinte (Lei n. 5.889/73, art. 7º).

Ao menor de 18 anos é vedado o trabalho noturno, considerado este o que for executado no período compreendido entre 22 horas e 5 horas (art. 404 da CLT).

Horário misto são aqueles que englobam o período diurno e noturno (art. 73, § 4º, da CLT).

Importante destacar que a hora normal tem a duração de 60 minutos e a hora noturna, por disposição legal, nas atividades urbanas, é computada como sendo de 52 minutos e 30 segundos.

Ou seja, cada hora noturna sofre a redução de 7 minutos e 30 segundos ou ainda 12,5% sobre o valor da hora diurna. Nas atividades rurais a hora noturna é considerada como de 60 minutos.

O vigia noturno também tem direito a hora noturna reduzida, conforme a Súmula n. 65 do TST, em 52 minutos e 30 segundos.

A Súmula n. 112 do TST informa que: "O trabalho noturno dos empregados nas atividades de exploração, perfuração, produção e refinação do petróleo, industrialização do xisto, indústria petroquímica e transporte de petróleo e seus derivados por meio de dutos são regulados pela Lei n. 5.811, de 1972, não se lhe aplicando a hora reduzida de 52′ e 30″ do art. 73, § 1º, da CLT".

Nas atividades urbanas, a hora noturna deve ser paga com um acréscimo de no mínimo 20% sobre o valor da hora diurna (art. 73 da CLT), exceto condições mais benéficas previstas em acordo, convenção coletiva ou sentença normativa. Abaixo seguem as profissões e seus respectivos adicionais:

- para os rurais o acréscimo é de 25% sobre a hora normal (Lei n. 5.889, art. 7º, parágrafo único);

- o adicional noturno do advogado é de 25% (Lei n. 8.906, § 3º, art. 20);
- os vigias também têm direito ao adicional noturno (Súmula n. 402 do STF e Súmula n. 140 do TST);
- a empregada doméstica não tem direito ao adicional noturno e nem a hora noturna, em razão da ausência de remissão no art. 7º, inciso IX, da CF;
- o temporário tem direito, conforme Lei n. 6.019/74, art. 12, alínea "e".

O adicional noturno, bem como as horas extras noturnas, pagos com habitualidade integra o salário para todos os efeitos legais, como as férias, 13º salário, aviso-prévio indenizado, DSR, FGTS etc. Se cumprida integralmente a jornada no período noturno e prorrogada esta, devido é também o adicional quanto às horas prorrogadas (Súmula n. 60, I e II, do TST).

O empregado perderá o adicional noturno quando for transferido para o período diurno (Súmula n. 265 do TST).

De acordo com o art. 73 da CLT diante do regime de revezamento, não é permitido o pagamento do acréscimo noturno.

Horário flexível

O objetivo principal do horário flexível é proporcionar ao empregado facilidades e conveniências para resolver seus assuntos fora da empresa sem, no entanto, prejudicá-lo no desempenho das suas tarefas profissionais.

Em alguns casos, o empregado pode escolher o seu horário de entrada e saída, desde que esteja na empresa entre um período pré-determinado, o horário flexível deve obrigatoriamente ser resultado de acordo escrito de compensação de horas de trabalho.

Consiste o horário flexível, no empregado ter um horário de entrada e de saída, podendo, no entanto, chegar ou sair antes ou depois, sendo reposta a diferença no mesmo dia ou em outros.

Quando a reposição é feita no mesmo dia ou dentro da mesma semana, sem que passe de dez horas por dia e da soma de seis jornadas normais na semana, a hipótese se enquadra na figura de compensação, com fundamentação no art. 59, § 2º, da CLT.

Controle de ponto

De acordo com o art. 74, § 2º, da CLT, determina o registro manual, mecânico ou eletrônico para os estabelecimentos com mais de 10 empregados.

Segundo o art. 74 da CLT, as empresas devem afixar em lugar bem visível o quadro de horário expedido pelo Ministério do Trabalho e da Previdência Social.

Assim, estão obrigados a manter controle de ponto os empregadores que tenham mais de dez empregados em determinado estabelecimento, excetuados aqueles que exercem cargo de confiança ou serviço externo sem fiscalização, nos termos do art. 62 da CLT.

Perante um eventual ingresso de uma reclamação trabalhista com pedido de horas extras, deve-se observar o entendimento dos Tribunais que considera obrigatória a juntada pelo empregador dos registros de horário, sob pena de considerar válido o pedido de horas extras, na conformidade da Súmula n. 338 do TST, como segue: "É ônus do empregador, que conta com mais de dez empregados o registro da jornada de trabalho na forma do art. 74, § 2º, da CLT. A não apresentação injustificada dos controles de frequência gera presunção relativa de veracidade da jornada de trabalho, a qual pode ser elidida por prova em contrário".

Intervalos de descanso

A preocupação do legislador em garantir um intervalo mínimo está respaldada no dever estatal de garantir a higidez física e psicossocial do trabalhador durante a jornada laboral. Neste tópico serão estudados os intervalos interjornadas, entrejornadas e o descanso semanal remunerado.

O repouso interjornada é aquele que ocorre entre uma jornada de trabalho e outra, em conformidade com o art. 66 da CLT, ou seja, entre duas jornadas o descanso mínimo de 11 horas. A não concessão do intervalo mínimo resulta em pagamento de horas extraordinárias.

No regime de revezamento, as horas trabalhadas em seguida ao repouso semanal de 24 horas, com prejuízo do intervalo mínimo de 11 horas consecutivas para descanso entre jornadas, devem ser remuneradas como extraordinárias, inclusive com o respectivo adicional (Súmula n. 110 do TST).

Intervalo intrajornada é o intervalo que ocorre dentro da jornada de trabalho do empregado. Este intervalo não serve só para a alimentação do empregado, mas para seu repouso, como forma de repor suas energias físicas e mentais, necessárias ao término da jornada de trabalho.

Portanto, em qualquer trabalho contínuo, cuja duração exceda de 6 horas, é obrigatória a concessão de um intervalo para repouso ou alimentação de 1 hora e, salvo acordo escrito ou convenção coletiva em contrário, não poderá exceder de 2 horas.

Se a jornada de trabalho for superior a 4 horas e não excedente a 6 horas, terá o trabalhador um intervalo de 15 minutos. Caso a jornada de trabalho seja de até 4 horas, o obreiro não usufruirá de intervalo nenhum.

O limite mínimo de 1 hora para repouso ou refeição poderá ser reduzido por ato do Ministério do Trabalho quando, ouvida a Secretaria de Segurança e Higiene do Trabalho, depois de verificado que o estabelecimento atende integralmente às exigências concernentes à organização dos refeitórios e quando os respectivos empregados não estiverem sob regime de trabalho prorrogado a horas suplementares (art. 71, § 3º, da CLT).

As exigências determinam que sejam cumpridas as exigências legais concernentes a organização de refeitórios, que os empregados não estejam cumprindo a jornada prorrogada, que haja convenção ou acordo com tal previsão e, por fim, que a empresa esteja em dia com as obrigações na área de segurança e saúde.

Os intervalos de descanso não serão computados na duração do trabalho, não sendo assim remunerados. Contudo, serão mencionados abaixo, alguns intervalos intrajornadas que são computados na jornada e, por conseguinte são remunerados:

- O art. 72 da CLT, que vaticina que nos serviços permanentes de mecanografia, a cada período de 90 minutos de trabalho consecutivo corresponderá um repouso de 10 minutos não deduzidos da duração normal de trabalho. A digitação permanente assegura um intervalo de 10 minutos a cada 50 minutos trabalhados (Portaria n. 3.214/78, NR-17 do Ministério do Trabalho). A Súmula n. 346 do TST aduz que os digitadores, por aplicação analógica do art. 72 da CLT, equiparam-se aos trabalhadores nos serviços de mecanografia.

- Enquanto que para os empregados que trabalham no interior das câmaras frigoríficas e para os que movimentam mercadorias do ambiente quente ou normal para o frio e vice-versa, depois de 1 hora e 40 minutos de trabalho contínuo, será assegurado um período de 20 minutos de repouso, computado esse intervalo como de trabalho efetivo (art. 253 da CLT).

- Para os mineiros, em cada período de 3 horas consecutivas de trabalho, será obrigatória uma pausa de 15 minutos para repouso, a qual será computada na duração normal de trabalho efetivo (art. 298 da CLT).

- A mãe que precisa amamentar seu filho, até que este complete 6 meses de idade, a mulher terá direito, durante a jornada de trabalho, a 2 descansos especiais, de meia hora cada um (art. 396 da CLT).

- O art. 229 da CLT certifica que para os empregados sujeitos a horários variáveis, fica estabelecida a duração máxima de 7 horas diárias de trabalho e 17 horas de folga, deduzindo-se deste tempo 20 minutos para descanso, de cada um dos empregados, sempre que se verificar um esforço contínuo de mais de 3 horas.

A Lei n. 5.889/73, em seu art. 6º, sustenta que nos serviços, caracteristicamente intermitentes, não serão computados, como de efeito exercício, os intervalos entre uma e outra parte da execução da tarefa diária, desde que tal hipótese seja expressamente ressalvada na CTPS. E em qualquer trabalho contínuo de duração superior a seis horas, será obrigatória a concessão de um intervalo para repouso ou alimentação, observados os usos e costumes da região, não se computando este intervalo na duração do trabalho. Entre duas jornadas de trabalho haverá um período mínimo de onze horas consecutivas para descanso (art. 5º da mesma Lei).

Os intervalos concedidos pelo empregador, na jornada de trabalho, não previstos em lei, representam tempo à disposição da empresa, remunerados como serviço extraordinário, se acrescidos ao final da jornada (Súmula n. 118 do TST).

Quando o intervalo para repouso e alimentação não for concedido pelo empregador, este ficará obrigado a remunerar o período correspondente com um acréscimo de no mínimo 50% sobre o valor da remuneração da hora normal de trabalho, conforme preceitua o art. 71, § 4º, da CLT.

A Orientação Jurisprudencial n. 342 da SBDI-I do TST, declara ser inválida a cláusula de acordo ou convenção coletiva que contemple a supressão ou redução do intervalo intrajornada, vez que constitui medida de higiene e segurança do trabalho.

Descanso Semanal Remunerado — DSR

Previsto no art. 7º, XV, da CF, na Lei n. 605/49 e nos arts. 67 a 70 da CLT, também é conhecido por repouso semanal remunerado, ou ainda, repouso hebdomadário. Possui natureza jurídica é de ordem pública e higiênica.

O descanso semanal remunerado trata de um intervalo entre duas jornadas semanais de trabalho, com o objetivo de proporcionar um descanso maior ao trabalhador, além de possibilitar que este tenha um período de lazer, relacionando-se com os parentes.

Isto posto, o empregado, após completar 6 dias de trabalho, tem direito de realizar um repouso semanal, com duração de pelo menos 24 horas consecutivas. O empregador poderá conceder folga compensatória em outro dia da semana.

Insta esclarecer que o repouso semanal remunerado, sempre que possível, deverá coincidir com o domingo e também nos feriados civis e religiosos, mas percebendo remuneração.

O empregado, para ter direito a remuneração no DSR, precisa atender aos requisitos da assiduidade e pontualidade durante a semana anterior. A assiduidade refere-se ao trabalho realizado pelo empregado durante toda a semana anterior, não tendo faltado. A pontualidade diz do cumprimento do horário estabelecido pelo empregador, sem atrasos.

São caracterizadas como faltas justificadas, aquelas que a doença do empregado, é devidamente comprovada (Lei n. 605/49, art. 6º, § 1º), a paralisação do serviço nos dias em que o empregador dispensou o trabalhador por mera conveniência, aquelas do art. 473, parágrafo único, da CLT, as oriundas de acidente de trabalho, as faltas justificadas pelo empregado.

Para aquelas atividades em que o trabalhador labore aos domingos, o repouso semanal remunerado do empregado poderá ser realizado em outro dia da semana. Vale ressaltar, que é obrigatório que pelo menos uma vez por mês a sua folga deva coincidir com o domingo.

Consideram-se já remunerados os dias de repouso semanal do empregado mensalista ou quinzenalista cujo cálculo de salário mensal ou quinzenal, ou cujos descontos por falta sejam efetuados na base do número de dias do mês ou de 30 e 15 diárias, respectivamente (art. 7º, § 2º, da Lei n. 605/49).

O sábado do bancário é dia útil não trabalhado e não dia de repouso remunerado, não cabendo assim a repercussão do pagamento de horas extras habituais sobre a sua remuneração (Súmula n. 113 do TST).

Os feriados podem ser classificados como civis e religiosos. A Lei n. 9.093/95 declara como feriado civil aqueles declarados em Lei Federal e a data da magna do Estado, fixada em Lei Estadual. São feriados religiosos aqueles declarados em Lei Municipal, de acordo com a tradição local e em número não superior a 4, inclusa a 6ª feira da Paixão, sendo nesses dias incluídas as datas de fundação do Municípios.

A Lei n. 662/49 dispõe sobre o feriado nacional, qual seja:

I — 1º de janeiro, Dia da Paz Mundial, Lei n. 662/49;

II — 21 de abril, Tiradentes, Lei n. 1.266/50;

III — 1º de maio, Dia do Trabalho, Lei n. 662/49;

IV — 7 de setembro, Independência do Brasil, Lei n. 662/49;

V — 12 de outubro, Nossa Senhora da Aparecida, Lei n. 6.802/80;

VI — 15 de novembro, Proclamação da República Lei n. 662/49;

VII — 25 de dezembro, Natal, Lei n. 662/49;

VII — Dia das Eleições Gerais (Lei n. 1.266/50).

Só poderão ser criados novos feriados por Lei Federal. Destaca-se que o carnaval não é considerado feriado, visto que está previsto em Lei.

Os trabalhados realizados aos domingos e feriados devem ter a autorização prévia da autoridade competente, a DRT, e alvará do Município.

A Lei n. 10.101/00, em seu art. 6º, autoriza o trabalho aos domingos nas atividades do comércio em geral, observada a legislação municipal, nos termos do art. 30, inciso I, da Constituição, ou seja, é desnecessária a autorização especial.

O trabalho prestado em domingos e feriados, não compensado, deve ser pago em dobro, sem prejuízo da remuneração relativa ao repouso semanal (Súmula n. 146 do TST).

O trabalho prestado em domingos e feriados, não compensado, deve ser pago em dobro, sem prejuízo da remuneração relativa ao repouso semanal (Súmula n. 172 do TST e Lei n. 605/49, art. 7º, alíneas "a" e "b").

É devida a remuneração do repouso semanal e dos dias feriados ao empregado comissionista, ainda que pracista (Súmula n. 27 do TST). O doméstico tem direito ao repouso semanal remunerado (art. 7º, parágrafo único, da CF).

Os avulsos também poderão usufruir do DSR (art. 7º, XXXIV, da CF). Assim como, o temporário tem direito também (Lei n. 6.019/74, art. 12, "d").

Durante as férias indenizadas é indevido o pagamento do DSR e feriados intercorrentes.

Flexibilização

Flexibilizar pressupõe a manutenção da intervenção estatal nas relações trabalhistas estabelecendo as condições mínimas de trabalho, sem as quais não se pode conceber a vida do trabalhador com dignidade (mínimo existencial, mas autorizando, em determinados casos exceções ou regras menos rígidas, de forma que possibilite a manutenção da empresa e dos empregos).[1]

A flexibilização no direito do trabalho consiste numa ampliação na capacidade e no poder das partes envolvidas no contrato de trabalho, tanto o empregador como o empregado, em estabelecerem e definirem os parâmetros e limites que regerão as suas relações de trabalho, enfim, encontra-se no termo "flexibilidade", a qualidade do que é flexível.

---

(1) CASSAR, Vólia Bonfim. *Direito do trabalho*. 3. ed. Niterói: Impetus, 2009. p. 27

Capítulo 3

Fontes do Direito do Trabalho

Base Legal

"Art. 8º [...]

§ 1º O direito comum será fonte subsidiária do direito do trabalho.

§ 2º Súmulas e outros enunciados de jurisprudência editados pelo Tribunal Superior do Trabalho e pelos Tribunais Regionais do Trabalho não poderão restringir direitos legalmente previstos nem criar obrigações que não estejam previstas em lei.

§ 3º No exame de convenção coletiva ou acordo coletivo de trabalho, a Justiça do Trabalho analisará exclusivamente a conformidade dos elementos essenciais do negócio jurídico, respeitado o disposto no art. 104 da Lei n. 10.406, de 10 de janeiro de 2002 (Código Civil), e balizará sua atuação pelo princípio da intervenção mínima na autonomia da vontade coletiva." (NR)

Teoria

História e Conceitos Básicos

Evolução mundial

A reforma não se olvidou de tratar sobre as fontes do direito do trabalho. Tema que merece ser estudado A história do trabalho leva-nos primeiramente a uma história de terror vivenciada pela escravidão existente há mais de 5.000 anos. Nela o escravo era considerado um ser que, trabalhando incessantemente e sem qualquer direito, podia ser torturado, mutilado, sofrer amputações e receber os mais diversos abusos.

Seu trabalho não respeitava horário ou esforço, e sua vida era mera mercadoria, dependendo apenas do desejo de seu senhor.

Com a evolução da sociedade, a escravidão começa a dar espaço para as primeiras formas de trabalho: as servidões, que acabavam vinculando o trabalhador rural à terra tornando-os submissos e, as corporações de ofício, formadas pelos mestres, os companheiros e os aprendizes.

A partir do século XVI a servidão entra em declínio devido a perda da importância da terra, à formação de nações e o surgimento do mercantilismo. Nesta época surgem as primeiras vilas e cidades e, com elas, os artesãos que se agruparam formando as corporações de ofício.

Estas corporações eram dirigidas pelos mestres que atuavam exclusivamente em defesa dos interesses das classes preservando o mercado de trabalho para seus herdeiros.

Os subordinados (companheiros, oficial e aprendizes) deveriam obedecer às regras impostas pelos mestres, que eram muito rígidas acerca de salários, preços, métodos de produção, entre outros.

Com o crescimento das cidades e o surgimento de ideias capitalistas mercantilistas estas regras acabaram inviabilizando as corporações que necessitava de regras que assegurassem a livre economia de mercado.

Em 1791, logo após a Revolução Francesa, a Lei Le Chapeller, proibiu o restabelecimento das corporações de ofício, o agrupamento de profissionais e as coalizões, eliminando as corporações de cidadãos.

No século XVIII, a Revolução Industrial fez fervilhar novas ideias, trazendo consigo o avanço tecnológico, marcado principalmente pelo surgimento da máquina a vapor como fonte de energia, da máquina de fiar (1738), do tear mecânico (1784), e pela migração da mão de obra rural. Estes fatores foram determinantes para o aparecimento da sociedade industrial e do trabalho assalariado, que revolucionou as relações entre patrões e trabalhadores.

Foi uma época difícil que marcou a história do trabalho com grande desemprego e revolta, pois, se de um lado a máquina gerava mais lucros aos empresários, por outro trazia desemprego ao trabalhador, jornadas abusivas, além da exploração do trabalho de crianças e mulheres.

Estes fatores contribuíram para a desigualdade social e tornavam as condições de vida do trabalhador cada vez mais difícil.

Com o rápido desenvolvimento das indústrias, a mão de obra foi aos poucos sendo reabsorvida, mas sem a existência de um controle estatal, as condições de trabalho continuavam sendo extremamente adversas e os salários baixos para uma jornada de trabalho que ia até o esgotamento físico humano.

Muitos empregadores utilizavam-se da força de trabalho de crianças com até 6 anos de idade e de mulheres que eram submetidas a jornadas de 14 ou 15 horas de trabalho, ou enquanto houvesse luz, pagando metade ou menos dos salários que eram pagos aos homens.

O sofrimento dos empregados era imenso diante de um salário miserável que não permitia uma morada digna e uma alimentação adequada. Muitos sofriam espancamento por parte dos empregadores devido a erros insignificantes ou atrasos.

Os abusos levaram os trabalhadores a se unirem pressionando o Estado para intervir na relação capital/trabalho.

Dá-se, então, início a uma causa jurídica cujo objetivo era reivindicar melhores condições de trabalho e de salários, diminuição das jornadas excessivas e contra a exploração de menores e mulheres. Diante disto, o Estado passa a intervir nas relações de trabalho, e o trabalhador passa a ser protegido jurídica e economicamente.

Em 1802, a Lei de Peel, na Inglaterra, limitou a jornada de trabalho em 12 horas, desde que iniciasse a partir das 6 horas e encerrasse às 21 horas. Estabeleceu ainda normas relativas à educação e higiene. No entanto, com sua aprovação em 1819, tornou-se ilegal o emprego de menores de 9 anos.

Na esteira de mudanças nas relações de trabalho, em 1813, a França proibiu o trabalho dos menores em minas, em 1814, foi vedado o trabalho aos domingos e feriados, e em 1839, foi proibido o trabalho de menores de 9 anos e a jornada de trabalho era de 10 horas para os menores de 16 anos.

A Igreja também teve sua parcela de contribuição ao determinar, em 1891, regras para intervenção estatal entre empregador e empregado dispostas na *Encíclica Rerum Novarum*, do Papa Leão XIII. Novas encíclicas foram elaboradas posteriormente versando sobre o tema: *Quadragesimo anno*, de 1931, e *Divini redemptoris*, de Pio XII; *Mater et magistra*, de 1961, de João XXIII; *Populorum progressio*, de 1967, de Paulo VI; *Laborem Exercens*, do Papa João Paulo II, de 14.9.1981.

O México, em 1917, foi o pioneiro a tratar do tema em sua Constituição, estabelecendo em seu art. 123, a jornada de oito horas, proibição de trabalho de menores de 12 anos, limitação da jornada dos menores de 16 anos para as seis horas, jornada máxima noturna de sete horas, descanso semanal, proteção à maternidade, salário mínimo, direito de sindicalização e de greve, indenização de dispensa, seguro social e proteção contra acidentes do trabalho.

A Constituição de Weimar, em 1919, disciplinava a participação dos trabalhadores nas empresas autorizando a liberdade de coalização.

Tratou também da representação dos trabalhadores na empresa, estabelecendo a criação de um sistema de seguros sociais e também a possibilidade de os trabalhadores colaborarem com os empregadores na fixação de salários e demais condições de trabalho.

Neste mesmo ano, o Tratado de Versalhes previu a criação da Organização Internacional do Trabalho (OIT), a qual ficou incumbida de proteger as relações entre empregados e empregadores, no âmbito internacional, expedindo convenções e recomendações sobre temas trabalhistas e previdenciários.

Em 1927, aparece na Itália, a *Carta del Lavoro,* que acabou instituindo um sistema corporativista-fascista, inspirando o sistema político adotado pelo Brasil. Esta Carta previa um sindicato único, o imposto sindical, a representação classista, a proibição da greve e do *lockout*.

Em 1948, com a Declaração Universal dos Direitos do Homem, os direitos dos trabalhadores encontraram mais um aliado que previa alguns direitos, como limitação razoável do trabalho, férias remuneradas periódicas, repouso e lazer etc.

Posteriormente as Constituições dos demais países começaram a versar normas do Direito do Trabalho.

As Constituições Brasileiras de 1824 e Constituição Republicana de 1891 sofreram influência europeia onde inexistia qualquer intervenção estatal nas relações de emprego. No entanto, a Constituição de 1824 determinou a abolição das corporações de ofício (art. 179, XXV) dando liberdade do exercício de ofícios e profissões.

Muitas leis ordinárias foram promulgadas disciplinando o trabalho de menores (1891), a organização de sindicatos rurais (1903) e urbanos (1907), e férias. Em 1930 foi criado o Ministério do Trabalho, Indústria e Comércio expedindo decretos e normas trabalhistas.

Sob a influência dos imigrantes e diante da necessidade da regulamentação das relações trabalhistas, a Constituição de 1934 estabeleceu alguns direitos ao trabalhador, como: liberdade sindical (art. 120), isonomia salarial, salário mínimo, jornada de oito horas de trabalho, proteção do trabalho das mulheres e menores, repouso semanal, férias anuais remuneradas (§ 1º do art. 121), além da negociação coletiva.

A Lei n. 62, de 1935, assegurou diversos direitos trabalhistas aos industriários e comerciários, dentre eles:

- Indenização de dispensa sem justa causa (art. 1º);
- Garantia da contagem do tempo de serviço na sucessão de empresas (art. 3º) ou na alteração da sua estrutura jurídica;
- Privilégio dos créditos trabalhistas na falência (art. 4º):
- Enumeração das figuras de justa causa (art. 5º);
- Efeitos da força maior nos créditos trabalhistas (art. 5º, §§ 1º e 2º);
- Transferência para o Governo da responsabilidade de indenizar quando der causa à cessação da atividade (art. 5º, § 3º);
- Aviso-prévio (art. 6º);
- Rescisão antecipada de contratos a prazo (art. 7º);
- Suspensão do contrato (art. 9º);
- Estabilidade decenal (art. 10);
- Redução do salário (art. 11);
- Nulidade das estipulações contratuais contrárias às normas legais (art. 14);
- Exclusão dos aprendizes da proteção legal (art. 15);
- Responsabilidade solidária do sindicato ou associação que der causa ao inadimplemento das obrigações contratuais, pelas respectivas indenizações (art. 16);
- Prescrição de um ano para reclamar indenização.

A Constituição de 1937 estabeleceu normas para a instituição de um sindicato único, imposto por lei, vinculado ao Estado quando criou-se o imposto sindical, dispondo parte de sua arrecadação ao Estado. Os Tribunais do trabalho passaram a ter competência normativa evitando o entendimento direto entre trabalhadores e empregadores.

A greve e o *lockout* foram considerados recursos antissociais, nocivos ao trabalho e ao capital, e incompatíveis com os interesses da produção nacional (art. 139).

Como existiam várias normas esparsas sobre os mais diversos assuntos trabalhistas, muitas vezes desconexas a até contraditórias, surge a necessidade de sistematização resultando em uma reunião.

Foi editado o Decreto-lei n. 5.452, de 1º.5.1943, aprovando a Consolidação das Leis do Trabalho (CLT), tornando-se um marco em nosso ordenamento jurídico, cujo objetivo era reunir estas leis consolidando-as.

A Constituição de 1946 trouxe como novidade a participação dos trabalhadores nos lucros (art. 157, IV), repouso semanal remunerado (art. 157, VI), estabilidade (art. 157, XII), e o direito de greve (art. 158).

A Constituição de 1967 manteve os direitos trabalhistas estabelecidos nas Constituições anteriores, no art. 158, tendo praticamente a mesma redação do art. 157 da Constituição de 1946, com algumas modificações.

Em 5.10.1988, foi aprovada a atual Constituição que trata de direitos trabalhistas nos arts. 7º a 11º, incluídos no Capítulo II, "Dos Direitos Sociais", do Título II, "Dos Direitos e Garantias Fundamentais", trazendo algumas modificações significantes entre as quais: redução da jornada de trabalho para 44 horas semanais; incentivo a negociação coletiva; abono de 1/3 sobre as férias; indenização nas dispensas arbitrárias; adicional de horas extras de no mínimo 50%; licença gestante de 120 dias; licença paternidade de 5 dias; idade mínima para admissão de menor de 16 anos, com exceção do aprendiz; participação nos lucros das empresas; obrigatoriedade de creches e pré-escolas; estabilidade para os dirigentes sindicais, gestantes e comissões internas de prevenção de acidentes; ampliação do direito a greve, dentre outros.

Conceito de direito do trabalho

São inúmeras as definições do Direito do Trabalho pelos doutrinadores. Sergio Pinto Martins conceitua o Direito do Trabalho como sendo o conjunto de princípios, regras e instituições atinentes à relação de trabalho subordinado e situações análogas, visando assegurar melhores condições de trabalho e sociais ao trabalhador, de acordo com as medidas de proteção que lhe são destinadas.(2)

O objetivo do Direito do Trabalho é regular as relações típicas de emprego, além das situações dos trabalhadores avulsos, temporários, domésticos e eventuais, aplicando a estes medidas de proteção que respeitem os princípios e normas e, visando melhorias nas condições sociais do trabalhador.

Natureza jurídica

Existem controvérsias acerca da natureza jurídica do Direito do Trabalho, o que se faz necessário tecer alguns comentários para melhor entendimento do tema.

O Direito Público é composto de forma predominante com normas de ordem pública, das quais se tornam obrigatórias e imperativas, enquanto no Direito Privado há a predominância de normas de ordem privada, isto é, vigoram enquanto a vontade dos interessados não dispuser de modo diferente do previsto pelo legislador.

Alguns doutrinadores consideram o Direito do Trabalho como sendo um ramo do Direito Privado defendendo a ideia de que a relação entre empregado e empregador é de natureza contratual e civilista, uma vez que seus sujeitos são particulares. Outra corrente acredita que é um ramo do Direito Público, uma vez que as normas a ele inerente são de ordem pública, cujo caráter é imperativo e estatuário.

---

(2) MARTINS, Sergio Pinto. *Direito do trabalho*. 25. ed. São Paulo: Atlas, 2009. p. 16.

Outros autores consideram-no como sendo um Direito Misto, pois é composto por normas de ordem pública e de ordem privada. E por fim, outra corrente defende que não se trata de um ramo do Direito Público e nem do Direito Privado, mas sim de um Direito Social.

Prevalece entre os juristas o entendimento de que o Direito do Trabalho é um ramo do Direito Privado.

Direito individual e coletivo

O direito se divide em direito individual e coletivo. O primeiro trata das relações entre empregado e empregador, enquanto que o segundo é um ramo do Direito do Trabalho que estuda os princípios e as normas que regulam as relações laborais e as atividades dos trabalhadores, enquanto grupo organizado, membros de uma coletividade que tem personalidade jurídica própria e autonomia perante os empresários e o Estado.

O objetivo do direito coletivo do trabalho é o de regular o direito de diversas pessoas com interesses em comum, que venham a pertencer a um mesmo conjunto de características, assim ocupa-se da negociação coletiva em geral, das convenções e dos acordos coletivos, bem como das formas de soluções desses conflitos.

Autonomia do direito do trabalho

O Direito do Trabalho tem sua autonomia reconhecida pelo fato de possuir princípios próprios, normas próprias como a CLT, inúmeras leis esparsas, e ainda, autonomia didática e científica diante dos demais ramos do direito, possui estrutura e organização própria, uma vez que é composto pelo TRT, TST e os Juízes do Trabalho (art. 111 da CF).

Fontes do Direito do Trabalho

O Direito do Trabalho possui fontes formais e materiais. As fontes materiais são os fatos que inspiram o legislador a editar a lei. As fontes formais são as impostas pelo ordenamento jurídico, e se dividem em diretas e indiretas.

As fontes formais indiretas do Direito do Trabalho são a jurisprudência, a doutrina, os princípios gerais do Direito e o Direito Comparado. Veja brevemente cada uma delas, logo adiante.

A jurisprudência, conforme nos ensina, é a interpretação da lei feita pelos juízes e Tribunais nas suas decisões. Depois de reiteradas decisões jurisprudenciais no mesmo sentido, os Tribunais emitem súmulas e precedentes normativos acerca das decisões, que embora não obriguem o juiz em suas decisões, são formas de orientação.

Como exceção da obrigatoriedade, existe a Súmula vinculante do STF, introduzida pela EC n. 45/2004 e a decisão definitiva de mérito proferida pelo STF na ação de constitucionalidade. Insta relembrar que não se usa mais a expressão "Enunciados" para referir às Súmulas (Resolução n. 129/2005 do TST).

Os Tribunais poderão emitir além das Súmulas, os precedentes normativos. A Orientação Jurisprudencial (OJ) são tendências, incidentes passíveis de uniformização jurisprudencial caminhando para se transformarem em Súmulas.

A doutrina refere-se aos comentários, aulas, tratados, pareceres, monografia, são os posicionamentos dos pensadores do Direito.

Os princípios e normas gerais do direito são essenciais ao direito e são critérios que muitas vezes não expressos, constituem os pressupostos lógicos necessários das normas legislativas.

O direito comparado remete-nos às normas aplicadas a outros países desde que não haja sobreposição do interesse de uma classe particular sobre o interesse público.

De acordo com o art. 8º da CLT, na ausência de legislação, aplica-se a jurisprudência, a analogia, a equidade, os princípios e normas gerais do Direito, os usos e costumes e o Direito Comparado para solucionar questões trabalhistas.

A analogia e a equidade são utilizadas quando não houver norma prevista em lei. A analogia consiste em aplicar a um caso concreto disposição relativa a caso semelhante. Já a equidade é a criação de uma solução própria na hipótese em que a lei for omissa. A analogia assim como a equidade são técnicas de integração com o intuito de suprir lacunas na lei.

As fontes formais diretas encontradas no Direito do Trabalho são: a Constituição, as leis, os decretos, portarias, regulamentos, instruções, os costumes, as sentenças normativas, os acordos e convenções coletivas, os regulamentos empresariais e os contratos de trabalho.

A Constituição é uma fonte de imensa importância para o Direito do Trabalho uma vez que dela se emanam todas as normas. A Constituição brasileira estabelece em seus arts. 7º ao 11, os direitos básicos dos trabalhadores e de suas entidades representativas. De acordo com o art. 22, I, da CF compete a União legislar sobre Direito do Trabalho.

As leis ordinárias são normas cujo processo de elaboração, tramitação e aprovação, é ordinário, conforme estabelece o art. 61 da Constituição Federal. A CLT é a principal legislação trabalhista, contudo não é um código, e sim o Decreto-lei n. 5.452/43. Há diversas outras leis esparsas que versam sobre a legislação trabalhista.

Os decretos, portarias, regulamentos e instruções são instrumentos previstos em lei que, sem o poder de alterá-las, são aptos a regulamentá-las, explicando-as e detalhando-as.

O uso e costume são condutas reiteradas e aceitas como sendo um direito, podendo se referir a uma única empresa, a toda uma categoria econômica, ou até, a todo o sistema trabalhista.

As sentenças normativas são decisões proferidas pelos Tribunais do Trabalho quando julgados os dissídios coletivos e abrange toda a categoria econômica e seus respectivos empregados. É reconhecida no art. 7º, XXVI, da CF e seu fundamento está no art. 114, § 2º, da CF. Ocorre quando os sindicatos não chegam a um consenso na negociação coletiva ou na arbitragem, resultando assim na instauração do dissídio coletivo. A decisão desse dissídio coletivo resulta na sentença normativa, e esta, deve respeitar as condições mínimas de proteção ao trabalhador (art. 114, § 2º, da CF).

Os acordos coletivos são ajustados entre sindicato dos empregados e uma ou mais empresas (art. 611, § 1º, da CLT), enquanto que as convenções coletivas são ajustes firmado entre o sindicado dos empregados e o sindicato patronal (art. 611 da CLT). Tanto o acordo como a convenção possuem um efeito normativo acarretando com isso na obrigação do cumprimento do que foi estabelecido.

A diferença é que as convenções atingem todos os trabalhadores e empresas integrantes da mesma categoria, dentro do território do respectivo sindicato. Já o acordo coletivo obriga o sindicato, a empresa e todos os seus empregados.

Tanto o acordo quanto a convenção coletiva possuem um prazo máximo de 2 anos e deve ser formalizado por escrito, sem rasuras ou emendas, em tantas vias quanto forem os contratantes, passando a vigorar 3 dias após a entrega da via depositada para registro e arquivamento no órgão do Ministério do Trabalho.

Os regulamentos de empresa foram instituídos para disciplinar as condições gerais de trabalho, como promoções, prêmios. Integra o contrato de trabalho e abrange todos os empregados desde o início da vigência do contrato de trabalho e é considerado fonte extraestatal, autônoma. Sua concordância pode ser tácita. É um contrato unilateral, mas nada impede a participação dos empregados na sua elaboração.

No contrato de trabalho são estipulados direitos e deveres das partes pactuantes, ou seja, empregado e empregador, onde são aprazados condições de trabalho (art. 8º da CLT).

Princípios do direito do trabalho

Os princípios são à base do direito. No Direito do Trabalho são fundamentos que nos permitem orientar, na falta de disposições legais ou contratuais, a exata compreensão das normas, cujo sentido é obscuro, complementando estas lacunas da lei.

Assim, diante da falta de dispositivo legal, aplica-se os princípios (art. 8º da CLT).

No Direito do Trabalho existem princípios específicos previstos na Constituição Federal, dentre eles:

- igualdade nas relações de trabalho e garantia da dignidade da pessoa humana;

- art. 5º, XIII — Liberdade de exercício de qualquer trabalho, ofício ou profissão;

- art. 7º, I — Proteção contra dispensa arbitrária ou sem justa causa;

- art. 7º, VI — Irredutibilidade dos salários;

- art. 7º, XXVI — Reconhecimento das Convenções e Acordos Coletivos;

- art. 7º, XXVII — Proteção em face da automação;

- art. 7º, XXX, XXXI, XXXII — Princípio da não discriminação nas admissões, contratação ou extinção do contrato de trabalho;

- art. 8º Liberdade sindical;

- art. 9º Direito de greve;

- art. 11. Representação dos trabalhadores nas empresas.

Estabelece o art. 8º da CLT que "as autoridades administrativas e a Justiça do Trabalho, na falta de disposições legais ou contratuais, decidirão, conforme o caso, pela jurisprudência, por analogia, por equidade e outros princípios e normas gerais de direito, principalmente do Direito do Trabalho, e, ainda, de acordo com os usos e costumes, o direito comparado, mas sempre de maneira que nenhum interesse de classe ou particular prevaleça sobre o interesse público".

São princípios próprios do Direito do Trabalho: o princípio da proteção ao trabalhador, que se desdobra em *in dubio pro operario*, na norma mais favorável, e na condição mais benéfica. O princípio da norma mais favorável que também se desdobra no princípio da hierarquia das normas, princípio da elaboração da norma mais favorável e princípio da interpretação mais favorável.

Além destes, tem o princípio da irrenunciabilidade dos direitos, o princípio da continuidade da relação de emprego, o princípio da primazia da realidade e, o princípio da flexibilização do direito do trabalho.

Princípio da proteção do trabalhador

O princípio da proteção ao trabalhador tem por objetivo equilibrar a relação laboral tornando-se uma forma de compensar a desigualdade econômica presente nas relações de emprego, ou seja, "tratar desigualmente os desiguais, na medida em que se desigualam" (RUI BARBOSA).

Desdobra-se no *in dubio pro operario*, nas regras da aplicação da condição mais benéfica e da norma mais favorável.

O *in dubio pro operario* determina que havendo dúvida, o aplicador da lei deve optar pela solução mais favorável ao empregado.

A verdadeira aplicação do princípio do *in dubio pro operario* está na aferição e valoração dos fatos no processo do trabalho para que assim possa se obter a verdade e eliminar a dúvida.

A aplicação da condição mais benéfica estabelece que mesmo que sobrevenha uma norma mais nova, esta nunca devera servir para diminuir as condições mais favoráveis ao trabalhador, permanecendo neste caso o trabalhador na situação anterior se mais favorável.

Quando houver mais de uma norma aplicável, a opção é aplicar aquela que seja melhor ao empregado, mesmo que hierarquicamente inferior.

O Princípio da norma mais favorável também pode ser desdobrado em três: princípio da hierarquia das normas, princípio da elaboração da norma mais favorável e princípio da interpretação mais favorável.

Determina o princípio da hierarquia que independente da hierarquia entre as normas sempre deverá ser aplicada a que for mais benéfica ao empregado.

O princípio da elaboração da norma mais favorável estabelece que quando o legislador elabora uma lei trabalhista ele deve sempre ampliar sua proteção buscando a melhoria de condições ao trabalhador.

Pelo princípio da interpretação mais favorável prevalecerá o entendimento que for mais benéfico aos interesses do trabalhador.

Princípio da irrenunciabilidade

O princípio da irrenunciabilidade dos direitos vem previsto nos arts. 9º, 444 e 461 da CLT, e estabelece que os direitos trabalhistas não podem ser renunciados pois representam as condições mínimas asseguradas pelo legislador ou mesmo por convenções, ao trabalhador.

A renúncia é o ato unilateral do empregado, onde desiste de um direito garantido por lei. Somente será permitida a renúncia se tratar de norma legal cogente, ou que derive de sentença normativa ou de cláusula indisponível de pacto coletivo, mesmo assim, a renúncia só será possível quando realizada em juízo e comprovado que o empregado não foi coagido.

São consideradas como justificativas para este princípio: as normas trabalhistas são de ordem pública, ou seja, o Estado as caracteriza como imprescindível e essencial para a sociedade, as normas trabalhistas não podem ser transacionadas, portanto são indisponíveis, as normas trabalhistas tratam de condições mínimas ao trabalhador, por isso são imperativas.

Estabelece o art. 9º da CTL que os atos praticados para desvirtuar, impedir ou fraudar a aplicação dos direitos celetistas são nulos.

Princípio da continuidade da relação de emprego

No Direito do Trabalho prevalece à preferência aos contratos por tempo indeterminado, atribuindo, à relação de emprego, a mais ampla duração sob todos os aspectos.

Determina a lei que o contrato de trabalho será por tempo indeterminado, salvo quando houver permissão legal, aplicando-se assim o contrato por prazo determinado.

O objetivo deste princípio é reprimir a sucessão de contratos, ou seja, a demissão e readmissão em curto prazo que visam fraudar os direitos trabalhistas.

Princípio da primazia da realidade

Estabelece esse princípio que o ocorrido deve ser levado em conta, prevalecendo o fato real, do que aquilo que consta de documentos formais.

Princípio da flexibilização do direito do trabalho

O princípio da flexibilização no Direito do Trabalho significa a adaptação das relações de trabalho a uma determinada situação econômica, resultando assim em oposição à existência de um direito inflexível e engessado.

Significa um ajuste na legislação trabalhista à realidade, sem modificar sua estrutura e seus fundamentos.

Outros princípios

Além destes princípios constitucionais e gerais do Direito do Trabalho a doutrina ainda cita vários outros:

- princípio da razoabilidade — o aplicador da lei deve ser razoável baseando sua conduta no bom-senso;
- princípio da boa-fé — as partes devem utilizar a boa-fé na execução do contrato laboral;
- princípio da integralidade e intangibilidade dos salários — o salário é impenhorável e imune de descontos não previstos em lei;

- princípio da autonomia da vontade — não havendo ofensa a ordem jurídica e ao interesse público a vontade dos contratos é livre;
- princípio da força obrigatória dos contratos — os contratos devem ser cumpridos.

Eficácia

Quanto à eficácia das normas trabalhistas, estas entram em vigor na data de sua publicação. Sendo norma omissa, a vigência será 45 dias após a publicação.

Segundo o § 1º do art. 614 da CLT, as convenções ou acordos coletivos entram em vigor três dias após o depósito na DRT (Delegacia Regional do Trabalho).

Estabelece ainda o art. 867 da CLT que a sentença normativa entrará em vigor a partir da publicação, salvo se as negociações se iniciaram 60 dias antes da data-base, situação em que vigorará a partir da data-base.

No Direito do Trabalho, a lei brasileira trabalhista deverá ser aplicada no território brasileiro, tanto aos trabalhadores nacionais quanto aos estrangeiros que laboram no Brasil.

Hierarquia das normas

A norma jurídica regula as atividades dos sujeitos em suas relações sociais. A norma jurídica imputa certa ação ou comportamento a alguém, que é seu destinatário.

Para a aplicação das normas, devemos obedecer uma hierarquia existente entre elas, lembrando-se sempre que as leis não possuem o mesmo valor, uma vez que apresentam diferenças em sua essência e força, já que cada qual é dotada de uma elaboração peculiar e posição hierárquica diversa das demais. Assim, uma norma superior deve prevalecer sobre uma norma inferior, sob pena de ser ilegal ou mesmo inconstitucional.

No Direito do Trabalho também devemos obedecer a uma hierarquia das normas, mas sempre levando em conta que havendo conflito de normas, deverá ser aplicado a norma mais favorável ao empregado.

Seguindo o que estabelece o art. 59 da Constituição Federal inexiste hierarquia entre a lei complementar, a ordinária, a delegada e a medida provisória, pois todas utilizam seus fundamentos de validade na própria Constituição Federal.

São hierarquicamente inferiores a estas leis, os decretos, os regulamentos, as normas internas da Administração Pública, as portarias, circulares e as ordens de serviço.

As convenções, os acordos coletivos e as sentenças normativas são hierarquicamente inferiores à lei, e, consequentemente as disposições contratuais são inferiores a estas.

Interpretação

Interpretação é o entendimento perfeito do texto, é também expor, dar o sentido, dizer o fim, significar o objetivo, extraindo do objeto tudo aquilo que ele tem de essencial. Quando o objeto de interpretação é a norma jurídica, é preciso, além do sentido, fixar seu alcance, estabelecendo em que situações ou a que pessoas a norma jurídica interpretada será aplicada.

No Direito do Trabalho temos como forma de interpretação: gramatical ou literal, lógica, teleológica ou finalista; sistemática, extensiva ou ampliativa; restritiva ou limitativa; histórica, autêntica, sociológica.

Integração

A integração tem por objetivo suprir as eventuais lacunas da lei, que segundo estabelece o art. 8º da CLT poderão ser utilizados como métodos a doutrina, jurisprudência, analogia, costumes e os princípios.

Capítulo 4

Sucessão de Empregador

Base Legal

"Art. 10-A. O sócio retirante responde subsidiariamente pelas obrigações trabalhistas da sociedade relativas ao período em que figurou como sócio, somente em ações ajuizadas até dois anos depois de averbada a modificação do contrato, observada a seguinte ordem de preferência:

I — a empresa devedora;

II — os sócios atuais; e

III — os sócios retirantes.

Parágrafo único. O sócio retirante responderá solidariamente com os demais quando ficar comprovada fraude na alteração societária decorrente da modificação do contrato."

Teoria

Sucessão de empresas

Refere-se a mudança na propriedade da empresa, que designa todo acontecimento em virtude do qual uma empresa é absorvida por outra. É o que ocorre nos casos de incorporação, transformação, fusão etc. Declara ainda, os arts. 10 e 448 da CLT, que a mudança na propriedade ou na estrutura jurídica da empresa não afetará os contratos de trabalho dos respectivos empregados. Enfatizando assim, a aplicação do Princípio da Continuidade da empresa, salientando que as alterações relativas à pessoa do empresário não afetam o contrato de trabalho, e também no fato de que, dissolvida a empresa, ocorre extinção do contrato de trabalho.

Portanto, em uma eventual alteração na estrutura jurídica e sucessão de empresas em nada afetará os créditos trabalhistas dos empregados, uma vez que os empregados vinculam-se à empresa, e não, aos seus titulares.

Importante ressaltar, que o contrato de trabalho é firmado entre o empregado e a empresa, independente dos seus titulares e sua eventual mudança ou alteração. Por isso diz-se que é impessoal em relação a quem se encontra à frente do empreendimento.

Assim, percebe-se que o verdadeiro empregador é a empresa, sendo que a transferência do estabelecimento, supõe também a de todos os elementos organizados da mesma, dentre eles, o trabalho.

Vale lembrar que, se o vínculo empregatício é firmado com a empresa e não com o empregador, salvo empregador pessoa física, não podendo este ser prejudicado por qualquer tipo de alteração na estrutura jurídica daquela. Desta feita, a Lei visa proteger o trabalhador em seu emprego, sendo irrelevante quem seja o empregador.

É oportuno consignar, em se tratando de sucessão de empresas, o conceito de fusão, incorporação, transformação, cisão e sucessão de empresas:

- **Fusão**: é a operação ou o procedimento pelo que se unem duas ou mais empresas com o objetivo de se formar uma nova que lhe sucede em direitos e obrigações.

- **Incorporação**: é a operação ou o procedimento pelo qual uma ou mais empresas são absorvidas por outra, que lhe sucede em direitos ou obrigações.

- **Cisão**: é a operação ou o procedimento pelo qual uma empresa se divide ensejado o surgimento de outras duas.
- **Sucessão**: mudança na propriedade da empresa, ou seja, a empresa continua sendo a mesma, mas surge um novo empregador.
- **Transformação**: alteração na estrutura da empresa, ou seja, o empregador continua sendo o mesmo, mas há uma mudança na relação jurídica da empresa.

Em relação à responsabilidade da empresa sucessora, esta responde pelos créditos trabalhistas dos empregados da empresa sucedida, ainda que exista cláusula contratual eximindo-a de tal responsabilidade. O real objetivo desta cláusula é a garantia que a sucessora resguarda para propor ação regressiva contra sua antecessora, não a eximindo de responsabilidade quanto aos créditos trabalhistas.

Outro ponto a destacar é a desconsideração da personalidade jurídica do empregador, como um dos principais mecanismos para que o Direito do Trabalho produza efeitos na realidade fática, alcançando sua finalidade teleológica. Um efeito que se pode evidenciar é o de viabilizar o princípio da continuidade da relação empregatícia quando da substituição do titular do empreendimento empresarial.

Outro efeito é o de suavizar a vedação de alterações objetivas do contrato empregatício prejudiciais ao empregado, dadas as incessantes modificações nas estruturas da empresa.

A despersonalização é, ainda, fundamento para que os sócios da entidade societária sejam alcançados e responsabilizados subsidiariamente quando frustrada a execução trabalhista não satisfeita com o patrimônio do devedor principal. A desconsideração, por se tratar de exceção à regra da personalidade da pessoa jurídica, deve ser aplicada com parcimônia, somente quando houver necessidade de despir a sociedade empresária e alcançar o patrimônio pessoal dos sócios, sendo imprescindível a sensibilidade dos julgadores diante dos casos concretos.

Alguns julgados presumem a culpa do sócio-administrador, em contrapartida outros aduzem a fraude à lei ou violação de norma contratual (art. 50 do CC).

Alterações na empresa

As alterações empresariais podem ocorrer de duas formas:

a) alterações na sua estrutura jurídica, por exemplo a mudança de regime jurídico;

b) alterações em sua propriedade, como a venda.

A legislação celetista trata do tema através do art. 10, onde aduz que qualquer alteração na estrutura jurídica da empresa não afetará os direitos adquiridos por seus empregados.

E, ainda, no art. 448 também da CLT onde consigna que a mudança na propriedade ou na estrutura jurídica da empresa não afetará os contratos de trabalho dos respectivos empregados.

Conclui-se, pois, que eventual mudança jurídica na estrutura da empresa, como sua transformação de empresa individual para coletiva ou, de sociedade anônima para limitada, estas alterações, em nada alterarão o contrato de trabalho dos empregados. E mais, a mesma regra vale para o caso de mudança de propriedade, como a venda ou inclusão de novos sócios.

Note-se que, mesmo diante de acordo ou convenção coletiva de trabalho firmada entre as partes, não excluirá os direitos dos trabalhadores, e não há nenhuma repercussão jurídica.

Capítulo 5

Prescrição e Decadência

Base Legal

"Art. 11. A pretensão quanto a créditos resultantes das relações de trabalho prescreve em cinco anos para os trabalhadores urbanos e rurais, até o limite de dois anos após a extinção do contrato de trabalho.

I — (revogado);

II — (revogado).

[...]

§ 2º Tratando-se de pretensão que envolva pedido de prestações sucessivas decorrente de alteração ou descumprimento do pactuado, a prescrição é total, exceto quando o direito à parcela esteja também assegurado por preceito de lei.

§ 3º A interrupção da prescrição somente ocorrerá pelo ajuizamento de reclamação trabalhista, mesmo que em juízo incompetente, ainda que venha a ser extinta sem resolução do mérito, produzindo efeitos apenas em relação aos pedidos idênticos." (NR)

"Art. 11-A. Ocorre a prescrição intercorrente no processo do trabalho no prazo de dois anos.

§ 1º A fluência do prazo prescricional intercorrente inicia-se quando o exequente deixa de cumprir determinação judicial no curso da execução.

§ 2º A declaração da prescrição intercorrente pode ser requerida ou declarada de ofício em qualquer grau de jurisdição."

TEORIA

Prescrição e Decadência

Conceito

É muito comum pairar certa confusão com os termos prescrição e decadência. O assunto é complexo e de muitas celeumas, sendo motivo de calorosos debates entre os juristas.

Prescrição é a perda da ação judicial atribuída a um direito e de toda sua capacidade defensiva, em consequência da inércia (não uso) de seu titular por um determinado lapso de tempo, ou seja, é a forma de extinguir um direito, é a perda do direito de ação pelo decurso do tempo. Por outro lado, a decadência, ou prazo extinto, é a perda do direito em virtude da inércia de seu titular, quando o direito, foi de origem, outorgado para ser exercido num determinado prazo, e este prazo se extingue sem que tal exercício fosse confirmado.

Observe que tanto na prescrição quanto na decadência, a inércia e o tempo são elementos comuns entre ambos, porém, a diferença está quanto ao objetivo e o momento de atuação.

Enquanto na decadência, a inércia diz respeito ao exercício do direito e o tempo produz seus efeitos a partir do seu nascimento, na prescrição, a inércia diz respeito ao exercício da ação e o tempo produz seus efeitos a partir do nascimento desta, que via de regra, é posterior ao nascimento do direito que ela protege. Em suma, a decadência tem o efeito de extinguir o direito, enquanto a prescrição de extinguir a ação.

Como se pode observar, a decadência é reconhecida após o ajuizamento da ação e não afeta o exercício desse direito, mas sim a exigibilidade deste direito. A inércia do titular do direito violado que não busca a reparação no prazo previsto em Lei, acarreta a prescrição.

Dispõe o Código Civil em seu art. 189 sobre a prescrição: "Violado o direito, nasce para o titular a pretensão, a qual se extingue, pela prescrição, nos prazos a que se referem os arts. 205 e 206".

O prazo prescricional estabelecido pelo Estado em Lei objetiva a segurança jurídica das relações, e no que se refere à prescrição trabalhista, esta foi tratada pela Constituição Federal, art. 7º, XXIX. A prescrição trabalhista foi tratada pela Lei Maior. Em se tratando da prescrição trabalhista, esta foi tratada pela nossa Lei Maior.

A Emenda Constitucional n. 28, de 26 de maio de 2000, revogou o art. 233 do ADCT/CR88, bem como as alíneas "a" e "b", do inciso XXIX do art. 7º da CF, passando o referido inciso a ter a seguinte redação: "XXIX — ação, quanto a créditos resultantes das relações de trabalho, com prazo prescricional de cinco anos para os trabalhadores urbanos e rurais, até o limite de dois anos após a extinção do contrato de trabalho".

Sendo assim, deixou de haver distinção entre a prescrição do empregado urbano e a prescrição do empregado rural.

Classificação

A prescrição classifica-se em extintiva e aquisitiva. Os termos prescrição extintiva e prescrição aquisitiva são modalidades distintas de prescrição.

Prescrição extintiva

A prescrição extintiva diz respeito à prescrição genérica, ou seja, representa a perda de um direito, quando o seu titular, pela inércia e decurso do tempo, não exercita a tutela defensiva para exigi-lo. Implica o término do direito de ação que é o meio legal para exigir o direito violado.

Os requisitos da prescrição extintiva são:

a) existência de uma ação exercitável;

b) inércia do titular da ação pelo seu não exercício;

c) continuidade dessa inércia durante certo lapso de tempo;

d) ausência de algum fato ou ato a que a lei confere eficácia impeditiva, suspensiva ou interruptiva do prazo prescricional.

Prescrição aquisitiva

A prescrição aquisitiva é hipótese contrária. Consiste na aquisição de um direito real sobre um bem pelo decurso do prazo, e não, na perda.

Nessa modalidade de prescrição, se por um lado há a aquisição de um direito pelo decurso do tempo, por outro, há a perda da possibilidade do antigo proprietário reivindicar sua propriedade. A prescrição aquisitiva é instituto relacionado exclusivamente aos direitos reais sobre as coisas, sejam elas móveis ou imóveis. Os seus elementos básicos são a posse e o tempo.

O texto, de notar, é curto, porém, seus efeitos jurídicos são profundos, pois constitui medida que se propõe a concretizar o princípio da celeridade processual, estampado no art. 5º, inciso LXXVIII, da Constituição Federal.

Elementos que integram a prescrição

Para se analisar a prescrição, é mister que se busque alguns elementos que integram a prescrição, quais sejam: a existência de ação exercitável, a inércia do titular da ação pelo não exercício do seu direito, o transcurso de certo lapso de tempo no qual o titular da ação se mantêm inerte e a ausência de fato ou ato ao qual a

Lei atribui a eficácia impeditiva, suspensiva ou interruptiva do curso prescricional.

Causas impeditivas da prescrição

As causas impeditivas da prescrição são aquelas que não permitem que o prazo prescricional comece a correr ou a fluir, impossibilitando o início da contagem do prazo. No Direito do Trabalho têm os seguintes exemplos:

- Menoridade (arts. 440 da CLT e 10 da Lei n. 5.999/73) contra menores de 18 anos não corre nenhum prazo de prescrição. Assim, o início do prazo prescricional para menores só começa a fluir após o 18º aniversário.
- A incapacidade civil absoluta também é causa impeditiva (arts. 3º e 198, I, do Código Civil). Os direitos decorrentes do contrato de trabalho e transmitidos aos herdeiros são apenas aqueles ainda não alcançados pela prescrição na data do falecimento do pai.
- Não corre a prescrição não estando vencido o prazo combinado.

Como se pode observar, as causas impeditivas são anteriores ao início da prescrição, ao contrário das causas suspensivas, que são supervenientes ao início da fluência do prazo prescricional.

Causas suspensivas da prescrição

Causas suspensivas são aquelas que criam um obstáculo momentâneo à continuidade do prazo que já estava fluindo. Não existindo mais a causa suspensiva, prossegue a contagem do prazo, levando em conta o tempo anterior e prosseguindo-se a contagem pelo tempo que faltar.

São causas suspensivas da prescrição:

- Criada pela Lei n. 9.9581/2000, a submissão de qualquer demanda à Comissão de Conciliação Prévia

— CCP (art. 625-G da CLT) ou Núcleo Intersindical de Conciliação Trabalhista suspende o curso prescricional, nos limites do art. 625-O da CLT.

— Ausência do titular, quando este está fora do Brasil em serviço público da União, Estado ou Município;

— O período em que a pessoa se encontrar servindo as Forças Armadas em tempo de guerra (art. 198, II e III, do CC).

Além das causas suspensivas da prescrição mencionadas acima, há outras que merecem o devido destaque: Deve-se conceder a isenção ao titular do direito que se vê impossibilitado de ajuizar a ação, por paralisação das atividades judiciárias e força maior; Ainda, Lei Municipal que decreta feriado em sua comarca, no último dia em que o titular do direito pudesse defender seus interesses em Juízo; por fim, a doença do empregado que o impossibilita a ajuizar a ação, aplicando, por analogia, o art. 199, I, do Código Civil.

Contudo, se o nascimento do direito de ação ocorre durante o tempo de ausência, as causas podem se transformar em impeditivas porque não permitem que o prazo prescricional comece a fluir.

Causas interruptivas da prescrição

São os fatos provocados e determinados diretamente pelas partes. Paralisam o curso prescricional já iniciado, que será desprezado, desaparecida a causa interruptiva, quando então começará um novo curso prescricional, esquecendo-se o prazo transcorrido anteriormente.

A principal causa interruptiva no Direito do Trabalho é a decorrente da propositura de ação judicial trabalhista (art. 202, I, CC). A data dessa propositura fixa o termo exato da interrupção, por ser automática a citação (notificação) do reclamado no processo do trabalho (art. 841 da CLT), tomando o Juiz conhecimento do processo, em regra, apenas na audiência inaugural.

No Direito do Trabalho, a notificação é feita automaticamente, sem necessidade de despacho do Juiz (art. 841 da CLT), assim, a interrupção da prescrição ocorre pelo simples ajuizamento da reclamação. Mesmo ocorrendo o arquivamento da reclamação, é predominante o entendimento de que ela tem a capacidade de interromper a prescrição.

A Súmula n. 268, TST alude que: "A jurisprudência trabalhista firmou que a extinção do processo sem julgamento do mérito não prejudica a interrupção prescricional efetuada com a propositura da ação".

Prescrição total, prescrição parcial e seus efeitos

Após a análise da eficácia impeditiva, suspensiva ou interruptiva do curso prescricional, faz necessário observar a distinção entre a prescrição total e parcial e seus efeitos na relação empregatícia, pois, conforme o título jurídico da parcela, a *actio nata* firma-se em momentos distintos.

Na prescrição total, a lesão ocorre em um só momento, passando a incidir o prazo prescricional a partir do evento danoso. Na prescrição parcial, a lesão se renova a cada prestação, ou seja, se as prestações, forem mensais, por exemplo, se renovariam todo mês, gerando uma espécie de parcela imprescritível, porém, somente podendo reclamar os 5 anos anteriores ao requerimento.

Convêm se ater ao que sustenta a redação da Súmula n. 294, que se tratando de demanda que envolva pedido de prestações sucessivas decorrentes de alteração do pactuado, a prescrição é total, exceto quando o direito à parcela esteja também assegurado por preceito de Lei.

De qualquer sorte, em se tratando de pedido de reenquadramento, a prescrição é total, contada da data do enquadramento do empregado (Súmula n. 275, II, do TST).

Em suma, o conteúdo da prescrição total e parcial pode ser sintetizado da seguinte forma:

— as prescrições total e parcial são referentes a prestações sucessivas decorrentes de alteração do pactuado;

— regra geral a prescrição nos casos de alteração das prestações sucessivas é a total, salvo quando a parcela seja decorrente de preceito de Lei, situação que incide a prescrição parcial.

As Súmulas que melhor direcionam o entendimento sobre os efeitos da prescrição parcial e total são as de ns. 326 e 327 respectivamente. Cumpre ressaltar que explicam de forma satisfatória somente os efeitos e não a natureza das parcelas. Veja a seguir:

> "Tratando-se de pedido de complementação de aposentadoria oriunda de norma regulamentar e jamais paga ao ex-empregado, a prescrição aplicável é a total, começando a fluir o biênio a partir da aposentadoria."

> "Tratando-se de pedido de diferença de complementação de aposentadoria oriunda de norma regulamentar, a prescrição aplicável é a parcial, não atingindo o direito de ação, mas, tão somente, as parcelas anteriores ao quinquênio."

Insta elucidar os efeitos da prescrição parcial e total quando ocorridos no decorrer do contrato de trabalho, bem como, após seu término. Os efeitos da prescrição total ocorridos no decorrer do contrato de trabalho contam-se a partir da lesão, no prazo de 5 anos, não sendo atingidos pela prescrição bienal, pois o contrato não se extinguiu. Quando já encerrado o contrato de trabalho, conta-se o prazo bienal a partir da lesão, podendo reclamar os 5 anos anteriores. Já os efeitos da prescrição parcial, pouco importa se ocorrido no decorrer ou após o transcurso da relação empregatícia, pois a lesão se renova a cada mês, incidindo apenas a prescrição quinquenal, já que o direito de ação se tornaria imprescritível.

Prescrição quinquenal

É o lapso temporal limite para se pleitear direitos trabalhistas violados, isto é, refere-se ao prazo em que o empregado pode reclamar as verbas trabalhistas que fizeram parte do seu contrato de trabalho, a contar do ajuizamento da ação. O empregado poderá reclamar os últimos 5 anos trabalhados (quinquenal), contados da propositura da demanda trabalhista.

O Tribunal Superior do Trabalho, na Súmula n. 380, incisos I e II, dispõe:

> "I — Respeitado o biênio subsequente à cessação contratual, a prescrição da ação trabalhista concerne às pretensões imediatamente anteriores a cinco anos, contados da data do ajuizamento da reclamação e, não, às anteriores ao quinquênio da data da extinção do contrato.
>
> II — A norma constitucional que ampliou o prazo de prescrição da ação trabalhista para 5 (cinco) anos é de aplicação imediata e não atinge pretensões já alcançadas pela prescrição bienal quando da promulgação da CF/1988."

Prescrição bienal

Refere-se ao prazo em que o empregado pode ingressar com a reclamação trabalhista após a rescisão do contrato de trabalho, a contar do ajuizamento da ação. Assim, a partir da rescisão contratual, qualquer que seja a sua causa, prescreve em 2 anos o direito de pleitear direitos relativos à relação de emprego, isto é, o empregado terá 2 anos (bienal) para ingressar com ação, a contar da cessação do contrato de trabalho. Decorrido esse prazo, o empregado nada mais poderá reclamar.

Capítulo 6

CTPS

Base Legal

"Art. 47. O empregador que mantiver empregado não registrado nos termos do art. 41 desta Consolidação ficará sujeito a multa no valor de R$ 3.000,00 (três mil reais) por empregado não registrado, acrescido de igual valor em cada reincidência.

§ 1º Especificamente quanto à infração a que se refere o caput deste artigo, o valor final da multa aplicada será de R$ 800,00 (oitocentos reais) por empregado não registrado, quando se tratar de microempresa ou empresa de pequeno porte.

§ 2º A infração de que trata o *caput* deste artigo constitui exceção ao critério da dupla visita." (NR)

"Art. 47-A. Na hipótese de não serem informados os dados a que se refere o parágrafo único do art. 41 desta Consolidação, o empregador ficará sujeito à multa de R$ 600,00 (seiscentos reais) por empregado prejudicado."

Teoria

Carteira de Trabalho e Previdência Social — CTPS

A Carteira de Trabalho e Previdência Social — CTPS, emitida por órgão público, é documento obrigatório para o exercício de qualquer emprego, seja urbano ou rural e para aqueles que exercem atividade profissional remunerada, mesmo que em caráter permanente (art. 13, CLT).

A idade mínima para emissão da CTPS é 14 anos, quando o menor poderá ser admitido como aprendiz.

As anotações feitas na CTPS relativas ao contrato de trabalho só poderão ser efetuadas pelo empregador, pelo INSS e pelas Varas do Trabalho.

É dever do empregador fazer as anotações relativas ao contrato de trabalho, data de admissão, remuneração e demais condições caracterizadoras, dentro do prazo de 48 horas. Essas anotações acabam se tornando uma forma de caracterizar o emprego e uma prova relativa (*jus tantum*) para o Direito do Trabalho.

Importante ressaltar que a falta de anotação na CTPS resultará a lavratura de auto de infração pelo auditor fiscal do trabalho, que de ofício, comunicará o órgão competente para instauração de processo administrativo.

As anotações relativas a acidente do trabalho e fins previdenciários serão efetuadas pelo INSS e as demais retificações ou anotações somente poderão ser realizadas pelas Varas do Trabalho.

Havendo localidades onde a CTPS não é emitida poderá o empregado ser admitido, até 30 dias, ficando a empresa obrigada a dispensar o empregado para que se dirija ao posto de emissão mais próximo (art. 13, § 3º, CLT). Neste caso, caberá ao empregador fornecer ao empregado uma cópia do contrato de trabalho, fazendo as devidas anotações, retroagidas à data de admissão.

Na hipótese de o empregador se recusar a fazer as devidas anotações, ou mesmo devolver a CTPS ao empregado, este poderá fazer uma reclamação perante a Delegacia Regional do Trabalho, que notificará o empregador para que tome as devidas providências.

É vedado ao empregador efetuar anotações desabonadoras à conduta do empregado.

Não havendo mais espaço destinado ao registro e anotações na CTPS, o interessado deverá se locomover ao órgão competente para obter a segunda via de sua CTPS, a qual será conservada o número e a série anterior (art. 21, CLT).

Registro em livro

As empresas são obrigadas a adotar o Livro de Registro de Empregados quando do início de suas atividades. Nele serão anotados todos os dados sobre o empregado, tais como: nacionalidade, estado civil, documentos pessoais, qualificação profissional, data de admissão, salário base, férias, acidentes e todas as demais circunstâncias que interessem à proteção do trabalhador.

A lei admite a adoção de ficha individualizada de registro de empregados no lugar do livro. A falta do registro implica imposição de multa.

Exame médico admissional

É exigido do empregado, na data de admissão e antes que assuma suas funções, o exame médico que compreende a avaliação clínica, anamnese ocupacional, exame físico e mental e demais exames complementares especificados na NR-7.

No exame deverá o médico emitir o Atestado de Saúde Ocupacional (ASO) em duas vias, que será remetida a primeira ao empregador, para arquivá-lo no local de trabalho, e a segunda será entregue ao empregado.

Capítulo 7

Teletrabalho

Base Legal

Capítulo II-A
Do Teletrabalho

"Art. 75-A. A prestação de serviços pelo empregado em regime de teletrabalho observará o disposto neste Capítulo."

"Art. 75-B. Considera-se teletrabalho a prestação de serviços preponderantemente fora das dependências do empregador, com a utilização de tecnologias de informação e de comunicação que, por sua natureza, não se constituam como trabalho externo.

Parágrafo único. O comparecimento às dependências do empregador para a realização de atividades específicas que exijam a presença do empregado no estabelecimento não descaracteriza o regime de teletrabalho."

"Art. 75-C. A prestação de serviços na modalidade de teletrabalho deverá constar expressamente do contrato individual de trabalho, que especificará as atividades que serão realizadas pelo empregado.

§ 1º Poderá ser realizada a alteração entre regime presencial e de teletrabalho desde que haja mútuo acordo entre as partes, registrado em aditivo contratual.

§ 2º Poderá ser realizada a alteração do regime de teletrabalho para o presencial por determinação do empregador, garantido prazo de transição mínimo de quinze dias, com correspondente registro em aditivo contratual."

"Art. 75-D. As disposições relativas à responsabilidade pela aquisição, manutenção ou fornecimento dos equipamentos tecnológicos e da infraestrutura necessária e adequada à prestação do trabalho remoto, bem como ao reembolso de despesas arcadas pelo empregado, serão previstas em contrato escrito.

Parágrafo único. As utilidades mencionadas no *caput* deste artigo não integram a remuneração do empregado."

"Art. 75-E. O empregador deverá instruir os empregados, de maneira expressa e ostensiva, quanto às precauções a tomar a fim de evitar doenças e acidentes de trabalho.

Parágrafo único. O empregado deverá assinar termo de responsabilidade comprometendo-se a seguir as instruções fornecidas pelo empregador."

"Art. 134. [...]

§ 1º Desde que haja concordância do empregado, as férias poderão ser usufruídas em até três períodos, sendo que um deles não poderá ser inferior a quatorze dias corridos e os demais não poderão ser inferiores a cinco dias corridos, cada um.

§ 2º (Revogado).

§ 3º É vedado o início das férias no período de dois dias que antecede feriado ou dia de repouso semanal remunerado". (NR)

Teoria

As conceituações sobre Teletrabalho são variadas e se encontram em processo de formação evolutiva, não existindo um consenso, por parte dos estudiosos do assunto, no que tange a uma definição precisa e, se possível, generalizada. As divergências mais específicas ocorrem em relação à utilização ou não de tecnologias de informação e comunicação e na periodicidade da quantidade de horas/mês despendidas em atividades que são desenvolvidas fora do escritório tradicional. Optei por adotar a utilizada pela Organização Internacional do Trabalho (OIT) que define como a forma de trabalho efetuada em lugar distante do escritório central e/ou do centro de produção, que permita a separação física e que implique o uso de uma nova tecnologia facilitadora da comunicação.

As novas formas de organização do trabalho em Teletrabalho exigem, por parte dos administradores das organizações, adotar procedimentos diferentes aos utilizados anteriormente, em relação ao local, horário de funcionamento e, consequentemente, ao estilo de administração.

As transformações tecnológicas que interligam nossos locais de trabalho requerem flexibilidade no modo de organizar o trabalho e administrá-lo. Para que as pessoas mudem suas maneiras de trabalhar, os gerentes terão que mudar a maneira como gerenciam.

O importante na adoção do Teletrabalho, segundo Motta, é a mudança no estilo administrativo: as inovações tecnológicas acarretam modificações profundas nas estruturas sociais com reflexos no funcionamento das organizações. Nilles vai além dizendo que uma das questões centrais do gerenciamento do Teletrabalho é a mudança de prioridades. Ao invés de pôr em foco o número de horas trabalhadas, dá-se mais atenção a questões ligadas ao desempenho. O verdadeiro segredo do Teletrabalho bem sucedido está na confiança mútua estabelecida entre o gerente e seu subordinado. Porém, grande parte das empresas que adotam o Teletrabalho ainda continuam amarradas aos mecanismos clássicos de controle: supervisão da presença física e do tempo utilizado pelo trabalhador. Este mecanismo baseia-se em dois tipos de controles: regras (o que fazer) e observação visual do processo de trabalho (como fazer). O teste eficaz para avaliar a produção do funcionário é o resultado.

A prática organizacional costumava determinar que o trabalho da maior parte da organização fosse descrito e definido, portanto, cuidadosamente monitorado e controlado. Kulgelmass afirma que na economia do conhecimento o tempo é flexível e o ritmo próprio substitui a velha necessidade da sincronização de massa. Ao permitir que seus funcionários empreendedores, criativos e intuitivos, se autogerenciem, as empresas terão um Teletrabalhador mais produtivo e sua revitalização ocorrerá de dentro para fora.

Centros Comunitários — são microcentros de trabalhos remotos que oferecem espaço e recursos para os empregados (de um só ou diferentes empregadores) que vivem dentro de uma área contígua, restrita.

Centros Locais — abrigam pessoas que trabalham para diferentes empregadores que formam uma parceria para estruturar e manter as instalações de trabalho remoto. Esse tipo de Centro tem tido problemas de segurança. As empresas convidadas a participarem de um centro de trabalho cooperativo temem que seus dados confidenciais tornem-se vulneráveis. Na Suécia há regras que proíbem duas empresas do mesmo ramo de participarem ao mesmo tempo do mesmo centro.

Centro Satélite ou Centro de Telesserviços — descreve um centro de trabalho remoto que abriga pessoas trabalhando para um só empregador. Os centros satélite são uma aplicação nova para uma velha tendência à descentralização. Nos Estados Unidos, a *Pacific Bell* opera centros de trabalho satélite em San Francisco (para evitar o congestionamento do transporte para a matriz localizada no outro lado da Baía de San Francisco).

Outra empresa americana, com sede em Los Angeles, transferiu seu pessoal de escritório, que trabalhava na matriz, para uma operação satélite. Estes centros se diferem dos escritórios tradicionais, pois existe uma preocupação com a geografia da cidade na escolha destes em harmonia com a localização das residências dos seus Teletrabalhadores, que trabalham juntos, não porque exercem uma mesma função dentro da Empresa e, sim, porque moram próximos.

Domicílio, Residencial ou *Home-Office* – é o trabalho que é desenvolvido na própria residência do trabalhador. Ligados a uma base de dados, trabalhando em casa e comunicando-se com o escritório por meio de fax ou computador.

Escritórios Turísticos – utilizados por empresas japonesas e canadenses, são localizados em áreas bem procuradas para férias. Abrigam profissionais, às vezes suas famílias, sempre com seus grupos de trabalho, de duas a quatro semanas. Aí, suas atividades misturam trabalho e recreação; muitas vezes um grupo fica no hotel desenvolvendo um projeto. O escritório turístico oferece um escape ao estresse causado pelo trabalho.

Escritórios Virtuais – são escritórios que funcionam logicamente como um escritório, com recursos telemáticos, podendo ser móveis ou fixos.

Hoteling – utilização espacial onde os empregados podem reservar espaços na *workstation* de um escritório tradicional, uma mesa ou uma sala de reunião etc. *Hoteling* é a forma de reservar espaço, muito semelhante a uma reserva de um quarto em um hotel, muito utilizado em empresas de auditoria externa e consultoria.

Móvel – trabalho que é efetuado em pequenos períodos de tempo, em locais às vezes móveis, como por exemplo, bicicletas, carros, hotéis, aviões, clientes de uma forma geral etc., utilizando recursos telemáticos também móveis: *laptops*, telefone celular, impressoras etc.

Telecabanas — são utilizadas com as mais variadas finalidades: áreas rurais carentes de empregos, locais bem distantes do empregador, que servem para conseguir uma força de trabalho que de outro modo não conseguiria contatar, gerar novos empregos onde eles são necessários, aproveitar o preço mais baixo da terra, da mão de obra e de moradia para os empregados. Hoje as telecabanas funcionam na Noruega, Japão, Inglaterra, Escócia, Irlanda, Austrália, Benin, Índia, Indonésia, Nigéria, Papua, Nova Guiné, Sri Lanka, Suécia, Tanzânia. Nos Estados Unidos, muitas empresas montaram telecabanas. A empresa *Norrel Company*, uma agência de emprego temporário, abriu cabanas em Atlanta, Geórgia e Memphis Tennessee. As empresas, individualmente ou em conjunto, estão abrindo centros tecnologicamente avançados de emissão de faturas, preenchimento de dados e de cartões de crédito no centro-oeste, onde a terra e os imóveis são mais baratos, existe mão de obra disponível e os salários são mais baixos. Não se trata de cabanas no sentido físico; são empresas de porte médio e grande.

Telecottage — é uma estrutura criada muitas vezes por iniciativa da administração pública ou da comunidade, para facilitar o acesso ao trabalho, tecnologia e treinamento dessa mesma comunidade local. Iniciou-se na Suécia, mas hoje existe uma grande quantidade de *telecottages*, principalmente na Europa e Japão. Só no Reino Unido existem cerca de 200 *telecottages*.

Aumento da produtividade: está comprovado que o Teletrabalhador precisa de menos tempo para produzir, em casa, o que produziria no escritório.

Diminuição do estresse: o Teletrabalhador não necessita deslocar-se para o trabalho, portanto, além de ganhar tempo que antes era gasto em deslocamento, diminui a tensão provocada pelo mesmo.

Ausência de competição, diferente de um ambiente convencional, competitivo, o Teletrabalhador não necessita conviver face a face com pessoas indesejadas, nem em clima de competição.

Desenvolvimento das atividades: pode muitas vezes ser ditada pelo próprio biorritmo do trabalhador; ele pode estabelecer o melhor horário e ritmo para o desenvolvimento do seu trabalho.

A quantidade de interrupções e interferências em casa é menor que no ambiente de um escritório convencional.

Ambiente domiciliar propicia ao Teletrabalhador uma maior capacidade de concentração.

Muitas vezes o acesso é mais rápido ao computador central: durante períodos de baixa atividade na empresa, quando o compartilhamento de recursos diminui (menos usuários utilizando o sistema).

Devido aos critérios de avaliação, por parte da gerência de se basear em resultados, o Teletrabalhador se sente menos pressionado durante o desenvolvimento de suas tarefas; pois, deste modo, pode desenvolver as atividades de maneira mais autônoma e independente.

Conhecimento mais explícito do conteúdo do trabalho e produção.

Maior flexibilidade na escolha de sua residência, desvinculando-a da localização física de sua empresa.

Melhoria da qualidade de vida em família.

Maior opção de organizar o tempo livre.

Redução de custos com alimentação, vestuário e deslocamento.

Retorno mais rápido depois de uma licença médica.

Aumento do número de empresas em que o trabalhador pode oferecer o seu trabalho.

No caso de um trabalhador ser um portador de deficiências físicas, que impliquem em dificuldade de deslocamento, é um novo mundo de perspectivas profissionais que se abre para ele.

Redução de custos imobiliário e pessoal: verifica-se uma diminuição do espaço do escritório necessário, com reflexos em todos os custos inerentes ao funcionamento dele. Bueno cita estudos americanos, segundo os quais a redução de custos da empresa, quando o funcionário passa a trabalhar em sua residência, pode chegar a 30% do gasto médio mensal por trabalhador, caindo de US$ 20,000 para US$ 14,000 anuais. Só para exemplificar, a Ernest Young (New York), reduziu seu espaço físico de 35 para 28 mil metros quadrados e instituiu um programa de hotelaria.

Diminuição do absenteísmo por parte dos empregados: a grande variedade de doenças e outros impedimentos físicos são suficientemente graves para impedir o Teletrabalhador de ir ao escritório, mas não tão graves que não possa trabalhar em casa.

Maior alcance na seleção de Teletrabalhadores, em decorrência do acesso a trabalhadores de mercados globais.

Oportunidade da empresa operar 24 horas globalmente.

Maior identificação e enfoque com a comunidade.

Em casos de catástrofes que não impliquem em bloqueio de telecomunicações, as atividades desenvolvidas pelos Teletrabalhadores não são descontinuadas.

Maior agilidade no funcionamento da Empresa, em relação ao mercado.

Aumento da flexibilidade organizacional: a flexibilidade, quer horária ou geográfica, permite uma maior capacidade de resposta por parte da empresa, em situações de emergência.

Menor rotatividade de pessoal, diminuição de problemas pessoais.

Grande abrangência de tarefas para a sua aplicação.

Geração de empregos, devido à possibilidade de implementar projetos que viabilizem atender mercados globais.

Diminuição de congestionamento nas cidades.

Redução da poluição, com a diminuição do tráfego e congestionamento, possibilitando uma melhoria da qualidade do ar.

Redução de consumo de combustível e energia.

Maior utilização de mão de obra de deficientes físicos.

Maior utilização de mão de obra incapacitada temporariamente.

Maior quantidade de empregos em áreas rurais.

Maior alcance para oferecimento de seus serviços, através do acesso ao mercado global.

Diminuição nos valores dos imóveis praticados pelo mercado imobiliário: a possibilidade de os trabalhadores viverem fora das grandes cidades, irá diminuir a procura por habitação em zonas urbanas, com a consequente redução dos preços dos imóveis.

Quais as desvantagens

Neste subitem só apresentaremos as desvantagens detectadas para os Teletrabalhadores e empregadores, tendo em vista que não foram identificadas desvantagens para o Governo e Sociedade de um modo geral.

Isolamento social. Rifkin cita que para ajudar a aliviar o trauma psicológico que acompanha o rompimento espacial, empresas como a *Olivetti Research Laboratory*, em Cambridge, Inglaterra, estão fazendo experiências com computadores que permitem que até cinco pessoas conversem e trabalhem juntas, numa visão eletrônica da comunicação pessoal. Cada tela do monitor é equipada com cinco janelas separadas, para que os participantes possam ver-se uns aos outros, enquanto compartilham informações e trabalham em conjunto. Com computadores de mesa acoplados a monitores de vídeo, as empresas esperam resgatar parte da flexibilidade e do calor humano perdido com a comunicação eletrônica.

Oportunidades de carreira reduzidas.

Aumento dos custos relacionados ao trabalho em casa, se a empresa não arcar com eles.

Em caso de cortes na Empresa, maior probabilidade de ser demitido. Está comprovado que os Teletrabalhadores correm muito mais risco de serem demitidos, devido a falta de envolvimento emocional com o nível hierárquico superior.

Falta de lei específica para tratar toda a relação complexa do Teletrabalho.

Para a empresa

Falta de lealdade para com a empresa: alguns empregadores alegam que o Teletrabalho não retém o empregado na empresa. As pesquisas mais atuais já começam a provar o contrário.

Objeções por parte de alguns sindicatos.

Aumento de vulnerabilidade em relação aos dados e recursos da Empresa.

Aumento de custos a curto prazo, em relação à infraestrutura necessária de uma administração/execução de tarefas remotas.

Falta de leis específicas que definam o funcionamento do Teletrabalho.

Contratos diversificados de trabalhos para administrar.

Sob o aspecto técnico, *softwares* muitas vezes incompatíveis; fornecedores diferentes.

O desenvolvimento do trabalho é fortemente dependente de tecnologia.

CAPÍTULO 8

DANO EXTRAPATRIMONIAL

BASE LEGAL

"Título II-A
Do Dano Extrapatrimonial

'Art. 223-A. Aplicam-se à reparação de danos de natureza extrapatrimonial decorrentes da relação de trabalho apenas os dispositivos deste Título.'

'Art. 223-B. Causa dano de natureza extrapatrimonial a ação ou omissão que ofenda a esfera moral ou existencial da pessoa física ou jurídica, as quais são as titulares exclusivas do direito à reparação.'

"Art. 223-C. A etnia, a idade, a nacionalidade, a honra, a imagem, a intimidade, a liberdade de ação, a autoestima, o gênero, a orientação sexual, a saúde, o lazer e a integridade física são os bens juridicamente tutelados inerentes à pessoa natural."

'Art. 223-D. A imagem, a marca, o nome, o segredo empresarial e o sigilo da correspondência são bens juridicamente tutelados inerentes à pessoa jurídica.'

'Art. 223-E. São responsáveis pelo dano extrapatrimonial todos os que tenham colaborado para a ofensa ao bem jurídico tutelado, na proporção da ação ou da omissão.'

'Art. 223-F. A reparação por danos extrapatrimoniais pode ser pedida cumulativamente com a indenização por danos materiais decorrentes do mesmo ato lesivo.

§ 1º Se houver cumulação de pedidos, o juízo, ao proferir a decisão, discriminará os valores das indenizações a título de danos patrimoniais e das reparações por danos de natureza extrapatrimonial.

§ 2º A composição das perdas e danos, assim compreendidos os lucros cessantes e os danos emergentes, não interfere na avaliação dos danos extrapatrimoniais.'

'Art. 223-G. Ao apreciar o pedido, o juízo considerará:

I — a natureza do bem jurídico tutelado;

II — a intensidade do sofrimento ou da humilhação;

III — a possibilidade de superação física ou psicológica;

IV — os reflexos pessoais e sociais da ação ou da omissão;

V — a extensão e a duração dos efeitos da ofensa;

VI — as condições em que ocorreu a ofensa ou o prejuízo moral;

VII — o grau de dolo ou culpa;

VIII — a ocorrência de retratação espontânea;

IX — o esforço efetivo para minimizar a ofensa;

X — o perdão, tácito ou expresso;

XI — a situação social e econômica das partes envolvidas;

XII — o grau de publicidade da ofensa.

§ 1º Ao julgar procedente o pedido, o juízo fixará a reparação a ser paga, a cada um dos ofendidos, em um dos seguintes parâmetros, vedada a acumulação: I — para ofensa de natureza leve — até três vezes o valor do limite máximo dos benefícios do Regime Geral de Previdência Social; II — para ofensa de natureza média — até cinco vezes o valor do limite máximo dos benefícios do Regime Geral de Previdência Social; III — para ofensa de natureza grave — até vinte vezes o valor do limite máximo dos benefícios do Regime Geral de Previdência Social; ou IV — para ofensa de natureza gravíssima — até cinquenta vezes o valor do limite máximo dos benefícios do Regime Geral de Previdência Social.

§ 2º Se o ofendido for pessoa jurídica, a indenização será fixada com observância dos mesmos parâmetros estabelecidos no § 1º deste artigo, mas em relação ao salário contratual do ofensor.

§ 3º Na reincidência de quaisquer das partes, o juízo poderá elevar ao dobro o valor da indenização.

§ 4º Para fins do disposto no § 3º, a reincidência ocorrerá se ofensa idêntica ocorrer no prazo de até dois anos, contado do trânsito em julgado da decisão condenatória. § 5º Os parâmetros estabelecidos no § 1º não se aplicam aos danos extrapatrimoniais decorrentes de morte." (NR)

"Art. 394-A. A empregada gestante será afastada, enquanto durar a gestação, de quaisquer atividades, operações ou locais insalubres e exercerá suas atividades em local salubre, excluído, nesse caso, o pagamento de adicional de insalubridade.

I — atividades consideradas insalubres em grau máximo, enquanto durar a gestação;

II — atividades consideradas insalubres em grau médio ou mínimo, quando apresentar atestado de

saúde, emitido por médico de confiança da mulher, que recomende o afastamento durante a gestação;

III — atividades consideradas insalubres em qualquer grau, quando apresentar atestado de saúde, emitido por médico de confiança da mulher, que recomende o afastamento durante a lactação.

§ 1º [...]

§ 2º O exercício de atividades e operações insalubres em grau médio ou mínimo, pela gestante, somente será permitido quando ela, voluntariamente, apresentar atestado de saúde, emitido por médico de sua confiança, do sistema privado ou público de saúde, que autorize a sua permanência no exercício de suas atividades.

§ 3º A empregada lactante será afastada de atividades e operações consideradas insalubres em qualquer grau quando apresentar atestado de saúde emitido por médico de sua confiança, do sistema privado ou público de saúde, que recomende o afastamento durante a lactação." (NR)

"Art. 396. [...]

§ 1º [...]

§ 2º Os horários dos descansos previstos no *caput* deste artigo deverão ser definidos em acordo individual entre a mulher e o empregador". (NR)

Teoria

Com a reforma trabalhista, a noção de dano para a legislação brasileira é definida no Código Civil de 2002, nos arts. 186 e 187. Segundo esses artigos, aquele que por ação ou omissão voluntária, negligência, imprudência ou imperícia causar dano a outrem, violando-lhe os direitos, ainda que exclusivamente moral, comete ato ilícito. A ilicitude do ato também ocorre quando, no exercício de direito próprio, alguém se excede manifestamente quanto aos limites impostos pelo fim econômico ou social, pela boa-fé ou pelos bons costumes. Nesses casos, esse mesmo Código prevê, no art. 927, o dever de reparar o dano, isto é, indenizar para suprir à parte prejudicada a sensação de perda ou prejuízo, seja este de cunho pecuniário, material ou moral.

Porém o novo texto de lei não deixa dúvida que apenas a CLT poderá ser utilizada para determinar o valor do dano!

Quando se discute a natureza do dano e a respectiva reparação, se de cunho patrimonial ou extrapatrimonial, aborda-se se a lesão foi causada ao patrimônio do indivíduo, gerando-lhe prejuízos materiais, sendo, portanto, devida a indenização patrimonial; ou se foi lesionada a pessoa do indivíduo, afetando-lhe aspectos morais, existenciais, psicológicos e outros não apreciáveis de forma mais direta e objetiva, sendo, assim, intangíveis. Tal intangibilidade não apenas dificulta a formação de provas, mas também a apreciação do dano e atribuição de valores econômicos a ele. Para o STJ e o TST, o dano moral:

> "Na concepção moderna da reparação do dano moral, prevalece a orientação de que a responsabilidade do agente se opera por força do simples fato da violação, de modo a tornar-se desnecessária a prova do prejuízo em concreto." (Resp. 173.124, 4ª Turma, Rel. Ministro César Asfor Rocha, julgado em 11.9.2001, DJ 19.11.2001)
>
> "O dano moral caracteriza-se pela simples violação de um direito geral de personalidade, sendo a dor, a tristeza ou o desconforto emocional da vítima sentimentos presumidos de tal lesão (presunção *hominis*) e, por isso, prescindíveis de comprovação em juízo.[3] Daí prescindir, o dano moral, da produção de prova, relevando destacar cabível a indenização não apenas

(3) DALLEGRAVE NETO, José Affonso. *Responsabilidade civil no direito do trabalho*. 2. ed. São Paulo: LTr, 2007. p. 154.

nos casos de prejuízo, mas também pela violação de um direito." (TST, Processo RR n. 400-21.2002.5.09.0017; Rel. Min. Rosa Maria Weber; DEJT 11.6.2010)

Essa concepção de reparação de danos estende-se também a várias áreas do direito, entre elas, o Direito do Trabalho que, na definição de Mauricio Godinho Delgado, é o "complexo de princípios, regras e institutos jurídicos que regulam, no tocante às pessoas e matérias envolvidas, a relação empregatícia de trabalho, além de outras relações laborais normativamente especificadas". A Constituição Federal de 1988, em seu art. 7º, garante direitos aos trabalhadores urbanos e rurais que visem à melhoria de suas condições sociais. A Carta Magna endossa, então, a Consolidação das Leis de Trabalho, aprovada pelo Decreto-Lei n. 5.452, de 1º de maio de 1943 e vigente até a atualidade.

Segundo explica Clayton Reis no artigo *A Reparação do Dano Moral no Direito Trabalhista*:

> O direito do trabalho é o ramo jurídico em cujo ambiente o estudo do dano moral deveria alcançar seu máximo desenvolvimento, em face da dimensão que assume na defesa dos valores contidos na pessoa do trabalhador — principio Constitucional da dignidade da pessoa humana (art. 1º, inciso III, da CF/88). Nesse caso, se encontram em jogo a sua personalidade, os seus bens pessoais, a sua dignidade, privacidade e outros bens de valor que são relevantes. Esses valores pessoais se sobrelevam quando aludem ainda à dignidade do trabalho, principio basilar dos direitos sociais prescritos no art. 5º, inciso XIII e *caput* do art. 6º da Carta Magna.[4]

Alice Monteiro de Barros, citada pelo autor do artigo referido acima, afirma:

> Incorre na compensação por danos morais o empregador que atribui ao empregado acusações infundadas

(4) REIS, Clayton. A reparação do dano moral no direito trabalhista. *Revista Eletrônica TRT*, Paraná, Dano Moral, ago. 2013.

lesivas ao seu bom nome; dá informações desabonatórias e inverídicas a alguém que pretende contratá-lo; comunica abandono de emprego em jornal, embora conheça o endereço do empregado; assedia-o sexualmente, inclusive com chantagem; investiga-o para conhecer suas atividades políticas e sindicais; realiza inspeções corporais desrespeitosas, com gracejos e ameaças; exerce investigação sobre aspectos da vida pessoal do obreiro, sem que possua relevância para a atividade que está executando". Portanto, uma série de medidas que ultrapassam os limites do exercício regular de um direito e, que ofendem o principio da dignidade da pessoa humana, vulnerando inclusive, os direitos da personalidade. É inconteste que, em tais casos, estejam corporificados a presença dos danos morais.

Ambos os autores ressaltam a relevância do dano moral na esfera trabalhista porque o trabalho é atividade inerente ao desenvolvimento, seja este econômico, seja humano. Não é raro encontrar em meio à convivência social cotidiana alguém que já sofreu ou sofre algum tipo situação que possa gerar direito à reparação por dano moral, mas que, por depender estritamente de seu trabalho para a sobrevivência própria e de sua família, suporta tal condição. Posteriormente, quando o vínculo empregatício é rompido, a pessoa busca judicialmente indenização por situações sofridas ao longo da duração do contrato de trabalho. Por serem atitudes variadas e decorrentes das mais diversas situações, desde acidentes de trabalho até assédio moral, e estas gerarem consequências distintas para cada caso concreto, não é possível estabelecer um valor imediato para suprir os males causados por tal convivência em razão do emprego. Devendo, então, a indenização a título de reparação ser analisada pelo juiz responsável pela causa.

Contudo, a proposta de reforma trabalhista, já aprovada na Câmara dos Deputados, propõe, dentre outras coisas, que o acordado entre as partes, patrão e empregado, prevalece sobre o legislado — determinado pelas leis vigentes —, ou seja, ela estabelece um contrassenso nessa relação. Segundo o projeto da reforma, os danos extrapatrimoniais deverão ser estabelecidos conforme a gravidade do dano e receberão apreciação pecuniária previamente definida pela quantidade de vezes — de no máximo 50 em casos extremos, considerados gravíssimos — do valor do salário do trabalhador. Essa determinação impede a apreciação e a valoração jurídica de outra forma pelo juiz que, obrigatoriamente, deverá avaliar 12 itens para conceder ao reclamante o dano judicialmente pleiteado.

Evidentemente, por se tratar o dano moral de uma apreciação imaterial, impor tais condicionantes ao Poder Judiciário é não respeitar o princípio da equidade nas relações contratuais, igualando, assim, todas as condições possíveis a uma apreciação subjetiva limitada por critérios amplos previamente estipulados e com base no valor do salário do trabalhador. Seria irônico e trágico pensar que, num contexto extremo, a morte em serviço de um funcionário que recebe R$ 20.000,00 ao mês como salário geraria como indenização o valor equivalente a R$ 1.000.000,00 e de um trabalhador assalariado, com rendimento mensal de R$ 1.000,00, receberia, nas mesmas circunstâncias, R$ 50.000,00 para suprir as necessidades da família que restou sem, muitas vezes, sua fonte de subsistência, por isso que a MP n. 808, excluiu o caso morte.

Em sentido oposto à proposta de lei formulada, o Superior Tribunal de Justiça (STJ) tem buscado adequar os valores das condenações em danos morais à realidade de cada situação fática. Para tanto, tem adotado em seus julgados o chamado método bifásico para analisar a adequação de valores referentes à indenização por danos morais. Esse método visa analisar, a princípio, um valor básico a ser arbitrado a título de indenização, levando em consideração o interesse jurídico lesado, com base em precedentes apreciados pela Corte anteriormente, sem situações análogas. Ato contínuo, o julgador chega à indenização definitiva ajustando o valor básico elevando-a ou diminuindo-a, de acordo com as circunstâncias específicas do caso.

O objetivo desse método bifásico é estabelecer um ponto de equilíbrio entre o interesse jurídico lesado e as peculiaridades fáticas de cada caso, de modo a permitir que arbitramento seja o mais equitativo possível. Tal método tem mostrado o que atende às exigências de um arbitramento equitativo de indenização por danos extrapatrimoniais.

Percebe-se, portanto, que a proposta de tabelamento formulada no projeto da reforma trabalhista não traz tal equidade, na medida em que utiliza o parâmetro salarial para estabelecer os valores de indenização por danos morais, sem levar em consideração as peculiaridades de cada caso. Vale destacar que os critérios de análise estabelecidos pela norma do art. 223-G são para o enquadramento da ofensa como leve, média, grave e gravíssima, havendo limitações dependendo de cada enquadramento.

Machado de Assis, grande analista da alma humana, na obra clássica *Memórias Póstumas de Brás Cubas*, narra uma cena, fictícia, mas plenamente relacionada ao comportamento social ainda vigente, em que o personagem atribui o valor de um ato heroico que lhe salvou a vida à aparência humilde daquele que o salvara e não ao valor da própria vida em si. A avaliação, por consequência, foi gradativamente depreciativa, como se observa no trecho a seguir:

> (...) O almocreve salvara-me talvez a vida; era positivo; eu sentia-no no sangue que me agitava o coração. Bom almocreve! Enquanto eu tornava à consciência de mim mesmo, ele cuidava de consertar os arreios do jumento, com muito zelo e arte. Resolvi dar-lhe três moedas de ouro das cinco que trazia comigo; não porque tal fosse o preço da minha vida — essa era inestimável; mas porque era uma recompensa digna da dedicação com que ele me salvou. (...) Fui aos alforjes, tirei um colete velho, em cujo bolso trazia as cinco moedas de ouro, e durante esse tempo cogitei se não era excessiva a gratificação, se não bastavam duas moedas. Talvez uma. Com efeito, uma moeda era bastante para lhe dar estremeções de alegria. Examinei-lhe a roupa; era um pobre-diabo, que nunca jamais vira uma moeda de ouro. Portanto, uma moeda. (...) Olé! exclamei. — Queira vosmecê perdoar, mas o diabo do bicho está a olhar para a gente com tanta graça... Ri-me, hesitei, meti-lhe na mão um cruzado em prata, cavalguei o jumento, e segui a trote largo, um pouco vexado, melhor direi um pouco incerto do efeito da pratinha. Mas a algumas braças de distância,

> olhei para trás, o almocreve fazia-me grandes cortesias, com evidentes mostras de contentamento. Adverti que devia ser assim mesmo; eu pagara-lhe bem, pagara-lhe talvez demais. Meti os dedos no bolso do colete que trazia no corpo e senti umas moedas de cobre; eram os vinténs que eu devera ter dado ao almocreve, em lugar do cruzado em prata.[5]

A crítica social traçada pela literatura do século XIX, hoje aplica-se analogamente ao trabalhador submetido à proposta da reforma que, assim como o almocreve do romance, terá de contentar-se com a apreciação limitada e depreciativa de suas condições econômico-sociais, porque há o projeto de uma grande desvalorização de seu trabalho. Desvalorização essa que nem mesmo o Poder Judiciário Trabalhista — atuante no século XXI após árduas conquistas — poderá reverter caso a reforma seja aprovada. A comparação com a obra literária escrita em 1881 visa a reforçar o retrocesso a que está submetido o trabalhador diante do projeto da reforma trabalhista proposto em 2016, com mais de um século de diferença entre a obra literária e a realidade brasileira.

(5) ASSIS, Machado de. *Memórias póstumas de Brás Cubas*, capítulo XXI — o Almocreve.

Capítulo 9

Autônomo

Base Legal

"Art. 442-B. A contratação do autônomo, cumpridas por este todas as formalidades legais, de forma contínua ou não, afasta a qualidade de empregado prevista no art. 3º desta Consolidação.

§ 1º É vedada a celebração de cláusula de exclusividade no contrato previsto no *caput*.

§ 2º Não caracteriza a qualidade de empregado prevista no art. 3º o fato de o autônomo prestar serviços a apenas um tomador de serviços.

§ 3º O autônomo poderá prestar serviços de qualquer natureza a outros tomadores de serviços que exerçam ou não a mesma atividade econômica, sob qualquer modalidade de contrato de trabalho, inclusive como autônomo.

§ 4º Fica garantida ao autônomo a possibilidade de recusa de realizar atividade demandada pelo contratante, garantida a aplicação de cláusula de penalidade prevista em contrato.

§ 5º Motoristas, representantes comerciais, corretores de imóveis, parceiros, e trabalhadores de outras categorias profissionais reguladas por leis específicas relacionadas a atividades compatíveis com o contrato autônomo, desde que cumpridos os requisitos do *caput*, não possuirão a qualidade de empregado prevista o art. 3º.

§ 6º Presente a subordinação jurídica, será reconhecido o vínculo empregatício.

§ 7º O disposto no *caput* se aplica ao autônomo, ainda que exerça atividade relacionada ao negócio da empresa contratante." (NR)

Teoria

Relações de Emprego e Trabalho

Conceito

Para compreender a relação de emprego e trabalho, é necessário deter-se ao estudo dos elementos diferenciadores da relação de trabalho e da relação de emprego. A principal diferença é que somente a relação de emprego é protegida pela CLT e poderá ser objeto de ação ajuizada perante a Justiça do Trabalho. Assim, somente poderá ser considerada relação protegida pelas regras do Estatuto Consolidado, e caracterizar o "Empregado", quando presentes alguns requisitos que serão estudados mais adiante (art. 3º da CLT):

a) Pessoa física, pois a pessoa jurídica não pode ser considerada empregada;

b) O trabalho tem de ser prestado de forma contínua, pois trabalho eventual não consolida uma relação de emprego a ser protegida pela CLT, como o caso de convocar um mensageiro autônomo para enviar uma determinada mensagem.

c) Trabalho subordinado, pois o empregado, no exercício de seu mister, cumpre ordens de seu empregador.

d) Existência de contraprestação, posto que o trabalho prestado de forma voluntária, sem pagamento de salário, também descaracteriza a relação de emprego.

Diferença entre empregado e trabalhador

Trabalhador é um gênero de que empregado é uma de suas espécies. O trabalhador presta atividade profissional independentemente de troca de salário ou não, não há subordinação e nem habitualidade, conclui-se, portanto que não há vínculo de emprego. Para ser classificado como empregado, deve ser atendido aos requisitos da relação empregatícia, enquanto para ser trabalhador o mesmo não ocorre.

Outro paralelo que pode-se fazer está na relação de trabalho e na relação de emprego:

- Relação de Trabalho (gênero) — relação de trabalho é o gênero, que compreende o trabalho autônomo, eventual, avulso etc.

- Relação de Emprego (espécie) — relação de emprego é espécie, trata do trabalho subordinado do empregado em relação ao empregador.

A Lei Brasileira define a relação entre empregado e empregador como um contrato, mas afirma que o contrato corresponde a uma relação de emprego. Segundo o art. 442 da CLT, "contrato individual de trabalho é o acordo, tácito ou expresso, correspondente à relação de emprego". A relação de emprego é realmente contratual, ou seja, é uma manifestação de vontade, com características de subordinação, habitualidade, onerosidade, pessoalidade com relação ao empregado, e deve ser pessoa física.

Em resumo, a relação de emprego, é sempre relação de trabalho; mas, nem toda relação de trabalho é relação de emprego.

Elementos caracterizadores da relação de emprego

Para ser caracterizado como empregado, mister é o preenchimento de alguns requisitos (SHOPP — método mnemônico), que são:

- subordinação;
- habitualidade;
- onerosidade;
- pessoalidade;
- pessoa física.

Imperioso notar, que a exclusividade não é um requisito para a configuração da relação laboral, e não haverá distinções relativas à espécie de emprego e à condição de trabalhador, nem entre o trabalho intelectual, técnico e manual (art. 3º, parágrafo único, da CLT) e por derradeiro, não se distingue entre o trabalho realizado no estabelecimento do empregador e o executado no domicílio do empregado, desde que esteja caracterizada a relação de emprego (art. 6º da CLT).

Portanto, para a devida caracterização, é necessário que os cinco requisitos estejam juntos, respeitando assim, a base legal do art. 3º da CLT, os quais serão estudados, como segue:

> 1. Subordinação: trata da submissão do empregado em relação ao empregador, acatando as ordens impostas por este, e atendendo as exigências para a realização do trabalho. Nada mais é que uma subordinação jurídica em razão do poder de direção do empregador ao empregado.
>
> 2. Inserida neste tema aparece a parassubordinação, um instituto tem ganhado bastante reconhecimento no mundo jurídico, apesar de não ser prevista pela legislação brasileira, mas tão apenas discutida em artigos esparsos e pouca doutrina jurídica brasileira. O parassubordinado é a criação da figura do trabalha-

dor que não é empregado, mas que exerce atividades similares as destes, mediante pagamento pelo serviço prestado. É a subordinação dos não empregados que têm características de emprego.

Na verdade, a parassubordinação aparece como um elemento entre a subordinação do empregado e o conceito de colaboração do trabalhador autônomo. O trabalho parassubordinado decorre de um contrato de colaboração no qual o trabalhador se compromete a desempenhar uma atividade mediante a coordenação, e não subordinação, da empresa tomadora, que acorda de forma livre e bilateral as condições e formas com que o serviço será prestado, em nada alterando a autonomia do trabalho coordenado, ainda que preenchidos os requisitos da subordinação, continuidade e pessoalidade caracterizadores da relação de emprego. Ao passo que no trabalho subordinado, as normas são impostas pelo empregador ao empregado, de forma paritária, no qual lhe deve obediência.

Percebe-se, assim, que a distinção entre as duas hipóteses — subordinação e parassubordinação — se baseia na intensidade do poder diretivo do tomador.

3. Habitualidade: ou não eventualidade, para a configuração desse requisito, deverá haver a prestação de serviço de forma contínua e certa, não podendo este ser de forma esporádica ou ocasional. Segundo posicionamento do TST, habitual é aquele serviço prestado em até 3 vezes por semana.

4. Onerosidade: esse requisito alude acerca do contrato de trabalho não ser gratuito, mas sim oneroso, o empregador tem o dever de pagar o salário ao empregado pelos serviços prestados e o empregado tem a obrigação de prestar serviços ao empregador. Assim se os serviços forem prestados espontânea e gratuitamente, não há relação empregatícia.

5. Pessoalidade: O contrato de trabalho é intuitu personae, quer dizer que o trabalho será realizado com pessoa certa e específica, sempre pessoa física, e esta

não poderá se fazer substituir sob pena do vínculo empregatício.

6. Pessoa Física: só poderá ser empregado a pessoa física; pessoa jurídica não poderá ser empregada de outra pessoa jurídica.

Trabalhador autônomo

O profissional autônomo é sinônimo de independência, relativa a um certo grau de liberdade, porém com limites. É se autogovernar, é a pessoa física que exerce, habitualmente e por conta própria, atividade profissional remunerada prestando serviço de caráter eventual a uma ou mais empresas, sem relação de emprego e assumindo o risco de sua atividade. Este trabalhador caracteriza-se, portanto, pela autonomia da prestação de serviços a uma ou mais empresas, sem relação de emprego, ou seja, por conta própria, mediante remuneração, com fins lucrativos ou não. (Lei n. 8.212/91, art. 12, inciso V, alínea "h").

O autônomo não é empregado. Para o trabalhador autônomo aplica-se Lei especial, Código Civil e ainda o Código de Defesa do Consumidor (CDC), portanto não se aplica a CLT.

Importante destacar que a diferencia entre o autônomo e o empregado está na subordinação. O empregado é totalmente subordinado, jurídica é economicamente, enquanto o autônomo é independente, não está de nenhuma forma subordinado à figura do empregador, tem total liberdade para executar o trabalho durante o tempo que achar necessário, podendo começar e parar a qualquer momento, além de poder se fazer substituir.

Distingue-se o autônomo do eventual, vez que o autônomo presta serviços com habitualidade, enquanto que o eventual presta serviços ocasionalmente ao tomador de serviço.

Cabe salientar que o autônomo tem direito de receber apenas as comissões sobre suas vendas, contudo, se receber comissão mais um salário fixo (independente do valor), será considerado empregado convencional.

São exemplos de autônomo: o advogado, eletricista, chaveiro, médico, vendedor, representante comercial, arquiteto, engenheiro, marceneiro, encanador, entre outros. São profissionais que não trabalham como empregados, mas sim com independência e sem subordinação.

Quando a autonomia é desvirtuada, a jurisprudência tem reconhecido o vínculo.

Capítulo 10

Contrato de Trabalho

Base Legal

"Art. 443. O contrato individual de trabalho poderá ser acordado tácita ou expressamente, verbalmente ou por escrito, por prazo determinado ou indeterminado, ou para prestação de trabalho intermitente.

[...]

§ 3º Considera-se como intermitente o contrato de trabalho no qual a prestação de serviços, com subordinação, não é contínua, ocorrendo com alternância de períodos de prestação de serviços e de inatividade, determinados em horas, dias ou meses, independentemente do tipo de atividade do empregado e do empregador, exceto para os aeronautas, regidos por legislação própria". (NR)

"Art. 444. [...]

Parágrafo único. A livre estipulação a que se refere o *caput* deste artigo aplica-se às hipóteses previstas no art. 611-A desta Consolidação, com a mesma eficácia legal e preponderância sobre os instrumentos coletivos, no caso de empregado portador de diploma de nível superior e que perceba salário mensal igual ou

superior a duas vezes o limite máximo dos benefícios do Regime Geral de Previdência Social." (NR)

TEORIA

Contrato de Trabalho

Conceito

A CLT define contrato de trabalho em seu art. 442, *caput*: "contrato individual de trabalho é o acordo tácito ou expresso, correspondente à relação de emprego".

É o acordo no qual as partes ajustam direitos e obrigações recíprocas, onde uma pessoa física (empregado) se compromete a prestar pessoalmente serviços subordinados, não eventuais a outrem (empregador), mediante o pagamento de salário.

O contrato de trabalho é um ato jurídico, tácito ou expresso que cria a relação de emprego, gerando, desde o momento de sua celebração, direitos e obrigações para ambas as partes. Nele, o empregado presta serviços subordinados mediante salário.

Natureza jurídica

As teorias contratualista e anticontratualista procuram explicar a natureza jurídica do contrato de trabalho.

A teoria contratualista considera a relação entre empregado e empregador um contrato porque decorre de um acordo de vontade entre as partes, devendo este ser escrito. Por outro lado, a teoria anticontratualista entende que o empregador é uma instituição na qual há uma situação estatutária e não contratual, onde as condições de trabalho demonstram uma subordinação do empregado pelo empregador, podendo ser este um acordo verbal.

No Brasil adotamos a teoria mista, intermediária, que determina que o contrato de trabalho tem natureza contratual, podendo portanto tanto ser escrito como verbal (art. 442, *caput*, CLT).

Características do contrato de trabalho

A Doutrina classifica o contrato de trabalho como um negócio jurídico de direito privado, expresso ou tácito, pelo qual uma pessoa física (empregado) presta serviços continuados e subordinados a outra pessoa física ou jurídica (empregador) percebendo para tanto salário. O contrato de trabalho é um negócio jurídico bilateral, sinalagmático, oneroso, comutativo, de trato sucessivo, já que não se completa com um único ato, e que se estabelece entre empregador e o empregado, relativo às condições de trabalho. Resumindo, são características do contrato de trabalho: oriundo do direito privado, consensual, sinalagmático, comutativo, de trato sucessivo, oneroso, subordinativo.

- Oriundo do direito privado uma vez que as partes, empregado e empregador, pactuam seus próprios regulamentos, contudo são limitados à legislação trabalhista.
- É um contrato consensual e não solene, pois a lei não exige forma especial para sua validade, bastando o simples consentimento das partes (art. 443, CLT).
- É um negócio jurídico sinalagmático (convenção, pacto, contrato) e bilateral uma vez que cada uma das partes se obriga a uma prestação. Por resultar em obrigações contrárias e equivalentes a parte que não cumprir sua obrigação, não tem o direito de reclamar.
- É comutativo uma vez que de um lado há a prestação de trabalho e do outro lado há a contraprestação dos serviços.
- É considerado de trato sucessivo, pois não se exaure em uma única prestação.
- Oneroso uma vez que o objeto do contrato é a prestação de serviços mediante salário de mês a mês as obrigações se repetem.
- Classifica-se como subordinativo por o empregado se subordinar as ordens do empregador.

O que caracteriza o contrato de trabalho, ou seja, o que é capaz de diferenciar este contrato dos demais, é a dependência ou subordinação do empregado ao empregador (subordinação técnica, social, econômica e jurídica). A subordinação jurídica é a que predomina na doutrina, uma vez que o empregado cumpre as ordens do empregador. Isso ocorre em razão da relação contratual laboral.

Responsabilidade pré-contratual

Atualmente a responsabilidade do empregador não se limita somente ao período da contratação, sendo possível ao empregado pleitear perante a Justiça do Trabalho danos morais e materiais.

O contrato de trabalho deve criar uma confiança entre as partes (princípio da boa-fé dos contratos), motivo pelo qual precisa ser reconhecida a responsabilidade daquele que desiste da concretização do negocio jurídico.

Em afronta ao princípio da dignidade da pessoa humana e com a discriminação em entrevista de emprego, é possível pleitear na Justiça do Trabalho eventual dano moral.

Ainda, os danos emergentes e os lucros cessantes também podem ser angariados diante da falsa proposta de emprego, pois muitas vezes o trabalhador recusa outras propostas, ou ainda, pede demissão do atual emprego em detrimento da promessa de emprego.

Sujeitos

Os sujeitos do contrato de trabalho são as pessoas físicas, naturais ou jurídicas que possam ser contratadas. Estabelece a CLT que são sujeitos do contrato de trabalho o empregado e o empregador (arts. 2º e 3º da CLT).

O empregador tem o dever de assumir os riscos da atividade econômica, admitindo, dirigindo e assalariando aquele que lhe presta os serviços.

O profissional liberal, a instituição de beneficência, as associações recreativas e outras instituições sem fins lucrativos que contratem trabalhadores como empregados são equiparados por lei ao empregador.

A família e a massa falida, mesmo sem personalidade jurídica, podem assumir as condições de empregador.

Formação

Como todo negócio jurídico, o contrato de trabalho deve respeitar as condições previstas no art. 104 do Código Civil brasileiro que exige agente capaz, objeto lícito e possível, determinado ou indeterminado e forma prescrita ou não defesa em lei. Será considerado nulo o ato jurídico quando for ilícito ou impossível seu objeto (art. 166, II, CC).

São requisitos necessários para a formação do contrato de trabalho:

— capacidade dos contratantes;

— manifestação de vontade;

— objeto lícito;

— forma prescrita em lei.

No que se refere à capacidade dos contratantes, o Direito do Trabalho veda qualquer trabalho ao menor de 16 anos, salvo na condição de aprendiz, mas somente a partir dos 14 anos (CF, art. 7º, XXXIII). Para o direito do trabalho, o menor entre 16 e 18 anos é considerado relativamente capaz. A capacidade absoluta só se adquire aos 18 anos (art. 402 da CLT). Portanto, é proibido o contrato de trabalho com menor de 16 anos, porém, caso ocorra a prestação de serviço, este produzirá efeitos. De acordo com o art. 439 da CLT é lícito ao menor firmar recibo pelo pagamento dos salários. Tratando-se, porém, de rescisão do contrato de trabalho, é vedado ao menor de 18 (dezoito) anos dar, sem assistência dos seus responsáveis legais, quitação ao empregador pelo recebimento da indenização que lhe for devida.

A contratação de servidor público, quando não aprovado em concurso público, deve obedecer às determinações do art. 37, II, § 2º, que lhe confere o direito ao pagamento da contraprestação em relação ao número de horas trabalhadas.

Os contratantes devem manifestar livremente sua vontade, devendo estar livre dos vícios que possam fraudar a lei ou prejudicar as partes contratadas tais como o erro, a má-fé, a coação, a simulação e a fraude. Os vícios praticados sem dolo não fraudam a lei, o contrário sim.

Desde que não contrariem as normas legais pertinentes, insta mencionar que as cláusulas constantes do contrato de trabalho são de livre estipulação das partes.

Em relação ao objeto lícito, a atividade desenvolvida deve ser lícita, permitida por lei, aceita pelo Direito.

A forma prescrita em lei reza que o contrato deve ser escrito ou verbal, salvo os casos previstos em lei que exigem a forma escrita.

Para elucidar, ressalta-se alguns contratos que exigem forma escrita na lei: o contrato temporário (Lei n. 6.019/74, art. 11), contratos por prazo determinado (art. 443 da CLT), contrato de aprendizagem (art. 428 da CLT), contrato em regime de tempo parcial (art. 58-A, § 2º, da CLT), trabalho voluntário (Lei n. 9.608/98, art. 2º) e outros.

De acordo com o art. 443 da CLT, os contratos de trabalho podem ser celebrados por tempo determinado ou indeterminado. Assim, no contrato por tempo determinado, antecipadamente as partes ajustam seu termo. No contrato por tempo indeterminado não há prazo para a terminação do pacto laboral.

Requisitos

Para melhor entendermos os requisitos do contrato de trabalho devemos levar em consideração as definições encontradas nos arts. 2º e 3º da CLT:

> "Art. 2º Considera-se empregador a empresa, individual ou coletiva, que assumindo os riscos da atividade econômica, admite, assalaria e dirige a prestação pessoal de serviços."
>
> "Art. 3º Considera-se empregado toda pessoa física que prestar serviços de natureza não eventual a empregador, sob a dependência deste e mediante salário.
>
> Parágrafo único: Não haverá distinções relativas à espécie de emprego e à condição de trabalhador, nem entre o trabalho intelectual, técnico e manual."

Dentro dessas definições podemos considerar os seguintes requisitos do contrato de trabalho:

- **Continuidade**: por ser um ajuste de vontade, o contrato de trabalho deve ser prestado de forma contínua, não eventual;
- **Onerosidade**: deve ser prestado de forma onerosa, mediante o pagamento de salários, pois o trabalhador deverá receber pelos serviços prestados;
- **Pessoalidade**: o empregado deverá ser pessoa física ou natural e não poderá ser substituído por outra pessoa (*intuito personae*);
- **Alteridade**: o empregador assume qualquer risco, pois a natureza do contrato é de atividade e não de resultado;
- Subordinação: existe uma relação hierárquica entre empregado e empregador.

Classificação

O Contrato de trabalho pode ser classificado quanto à forma: tácito ou expresso, escrito ou verbal (arts. 442 e 443 CLT), e quanto a sua duração (determinado e indeterminado).

Quanto à forma ele será tácito quando a manifestação de vontade decorrer de um comportamento que indique a relação de emprego, caracterizada pela existência de emprego. Será tácito quando não houver palavras escritas ou verbais.

O contrato também poderá ser expresso de forma escrita ou verbal, hipótese em que existe um contrato ou a manifestação verbal.

De acordo com o art. 29 da CLT independentemente da forma de contrato de trabalho, este sempre deverá ser anotado na CTPS.

Quanto à sua duração, o contrato poderá ser por prazo determinado ou indeterminado fato que não muda sua natureza jurídica, pois ambos são regidos pelas leis trabalhistas, o que muda é a estipulação do prazo.

Será por prazo determinado quando seu término estiver previsto no momento da celebração, quando os contratantes expressam e previamente limitam sua duração, determinando o seu fim mediante termo ou condição. Neste caso, o término do contrato pode ocorrer com data certa ou data aproximada da conclusão dos serviços.

Por prazo indeterminado é a forma mais utilizada pelas empresas, pois nele as partes, ao celebrá-lo, não estipulam a sua duração e nem prefixam o seu termo extintivo. A indeterminação da duração é uma característica peculiar do princípio da continuidade.

Ademais o art. 443, § 2º, da CLT estabelece as hipóteses admitidas do contrato de trabalho por tempo determinado:

— Transitoriedade do serviço do empregado. Exemplo: implantação de sistema de informática.

— Transitoriedade da atividade do empregador. Exemplo: época da Páscoa, vender panetone no Natal.

— Contrato de experiência.

Conversão do contrato por tempo determinado em indeterminado

O contrato de trabalho por prazo determinado será convertido em prazo indeterminado de acordo com as hipóteses abaixo:

a) Estipulação de prazo maior do que o previsto em lei (2 anos) — (Lei n. 9.601/98) ou 90 dias;

b) Estipulação do contrato por prazo determinado fora das hipóteses previstas no § 2º, do art. 443, CLT:

I — Serviços de natureza ou transitoriedade justifiquem a predeterminação de prazo;

II — Atividades empresariais de caráter transitório; e

III — contrato de experiência;

c) Se houver mais de uma prorrogação, o contrato vigorará sem prazo. O contrato de trabalho por prazo determinado que for prorrogado mais de uma vez passará a vigorar sem determinação de prazo (art. 451, CLT);

d) Sucessão — para celebrar um novo contrato por prazo determinado com um mesmo empregado, é necessário respeitar o interregno de 6 meses para o novo pacto contratual.

e) Cláusula de rescisão contratual antecipada — uma vez ocorrida a rescisão antecipada do contrato, vigorará as normas concernentes ao contrato de trabalho por prazo indeterminado.

Circunstâncias possibilitadoras do contrato por tempo determinado

O contrato de trabalho por tempo determinado é aquele cuja vigência se dará por tempo certo. Este prazo poderá ser uma data determinada, a realização de certos serviços ou um fato futuro que tenha uma duração aproximada (art. 443, § 1º, CLT).

O art. 443, § 2º, da CLT estabelece as hipóteses admitidas do contrato de trabalho por tempo determinado.

Cita-se como exemplo de transitoriedade do serviço do empregado, os serviços, cuja natureza ou transitoriedade, justifiquem a predeterminação do prazo, e a safra agrícola que não justifica o trabalho do empregado fora dessas épocas.

A atividade transitória pode ser da própria empresa e estará ligada a um serviço específico, como no caso do Comitê Eleitoral.

Nesta hipótese, não existe nenhum propósito em dar continuidade ao trabalho fora daquele período.

Os contratos de experiência poderão ser fixados no máximo por 90 dias (art. 445, CLT), sendo permitida uma única prorrogação (art. 451, CLT). Havendo prorrogação, esta não poderá exceder de 2 anos, e para os contrato de experiência não poderá exceder a 90 dias, sob pena de se tornarem indeterminado.

O contrato de experiência é um contrato por prazo determinado cuja duração é reduzida, possibilitando ao empregador, verificar as aptidões técnicas do empregado, e a este avaliar a conveniência das condições de trabalho.

Determina o art. 445 da CLT que o prazo de duração do contrato de trabalho por tempo determinado não poderá ser superior a 2 anos, podendo ser prorrogado apenas uma vez, se firmado por prazo inferior, e desde que a soma dos dois períodos não ultrapasse o limite de 2 anos (art. 451 da CLT). Exige a lei que este contrato seja expresso e devidamente anotado na CTPS.

Somente será permitido um novo contrato após seis meses da data de conclusão do pacto anterior (art. 452, CLT), salvo nas hipóteses em que a expiração do contrato dependeu da execução de serviços especializados ou da realização de certos acontecimentos.

É proibida a contratação de empregados por prazo determinado visando substituir pessoal regular, e permanente contratados por prazo indeterminado.

Havendo cláusula que permita a rescisão imotivada antes do prazo determinado, este será regido pelas mesmas regras do contrato por tempo indeterminado (art. 481, CLT), cabendo aviso-prévio.

São exemplos de contratos por prazo determinado: obra certa; safra (Lei n. 5.889/73); atletas profissionais (Lei n. 9.615/98); aprendizagem (CLT, art. 428).

CAPÍTULO 11

TRABALHO INTERMITENTE

BASE LEGAL

"Art. 452-A. O contrato de trabalho intermitente será celebrado por escrito e registrado na CTPS, ainda que previsto acordo coletivo de trabalho ou convenção coletiva, e conterá: I — identificação, assinatura e domicílio ou sede das partes; II — valor da hora ou do dia de trabalho, que não poderá ser inferior ao valor horário ou diário do salário mínimo, assegurada a remuneração do trabalho noturno superior à do diurno e observado o disposto no § 12; e III — o local e o prazo para o pagamento da remuneração

§ 1º O empregador convocará, por qualquer meio de comunicação eficaz, para a prestação de serviços, informando qual será a jornada, com, pelo menos, três dias corridos de antecedência.

§ 2º Recebida a convocação, o empregado terá o prazo de vinte e quatro horas para responder ao chamado, presumida, no silêncio, a recusa.

§ 3º A recusa da oferta não descaracteriza a subordinação para fins do contrato de trabalho intermitente.

§ 4º Aceita a oferta para o comparecimento ao trabalho, a parte que descumprir, sem justo motivo, pagará à outra parte, no prazo de trinta dias, multa de 50% (cinquenta por cento) da remuneração que seria devida, permitida a compensação em igual prazo.

§ 5º O período de inatividade não será considerado tempo à disposição do empregador, podendo o trabalhador prestar serviços a outros contratantes.

§ 6º Na data acordada para o pagamento, observado o disposto no § 11, o empregado receberá, de imediato, as seguintes parcelas:

I — remuneração;

II — férias proporcionais com acréscimo de um terço;

III — décimo terceiro salário proporcional;

IV — repouso semanal remunerado; e

V — adicionais legais.

§ 7º O recibo de pagamento deverá conter a discriminação dos valores pagos relativos a cada uma das parcelas referidas no § 6º deste artigo.

§ 8º O empregador efetuará o recolhimento da contribuição previdenciária e o depósito do Fundo de Garantia do Tempo de Serviço, na forma da lei, com base nos valores pagos no período mensal e fornecerá ao empregado comprovante do cumprimento dessas obrigações.

§ 9º A cada doze meses, o empregado adquire direito a usufruir, nos doze meses subsequentes, um mês de férias, período no qual não poderá ser convocado para prestar serviços pelo mesmo empregador.

§ 10. O empregado, mediante prévio acordo com o empregador, poderá usufruir suas férias em até três períodos, nos termos dos §§ 1º e 2º do art. 134.

§ 11. Na hipótese de o período de convocação exceder um mês, o pagamento das parcelas a que se referem o

§ 6º não poderá ser estipulado por período superior a um mês, contado a partir do primeiro dia do período de prestação de serviço.

§ 12. O valor previsto no inciso II do caput não será inferior àquele devido aos demais empregados do estabelecimento que exerçam a mesma função.

§ 13. Para os fins do disposto neste artigo, o auxílio-doença será devido ao segurado da Previdência Social a partir da data do início da incapacidade, vedada a aplicação do disposto § 3º do art. 60 da Lei n. 8.213, de 1991.

§ 14. O salário maternidade será pago diretamente pela Previdência Social, nos termos do disposto no § 3º do art. 72 da Lei n. 8.213, de 1991.

§ 15. Constatada a prestação dos serviços pelo empregado, estarão satisfeitos os prazos previstos nos §§ 1º e 2º. (NR)

Art. 452-B. É facultado às partes convencionar por meio do contrato de trabalho intermitente: I — locais de prestação de serviços; II — turnos para os quais o empregado será convocado para prestar serviços; III — formas e instrumentos de convocação e de resposta para a prestação de serviços; IV — formato de reparação recíproca na hipótese de cancelamento de serviços previamente agendados nos termos dos §§ 1º e 2º do art. 452-A." (NR)

"Art. 452-C. Para fins do disposto no § 3º do art. 443, considera-se período de inatividade o intervalo temporal distinto daquele para o qual o empregado intermitente haja sido convocado e tenha prestado serviços nos termos do § 1º do art. 452- A.

§ 1º Durante o período de inatividade, o empregado poderá prestar serviços de qualquer natureza a outros tomadores de serviço, que exerçam ou não a mesma atividade econômica, utilizando contrato de trabalho intermitente ou outra modalidade de contrato de trabalho.

§ 2º No contrato de trabalho intermitente, o período de inatividade não será considerado tempo à disposição do empregador e não será remunerado, hipótese em que restará descaracterizado o contrato de trabalho intermitente caso haja remuneração por tempo à disposição no período de inatividade." (NR)

"Art. 452-D. Decorrido o prazo de um ano sem qualquer convocação do empregado pelo empregador, contado a partir da data da celebração do contrato, da última convocação ou do último dia de prestação de serviços, o que for mais recente, será considerado rescindido de pleno direito o contrato de trabalho intermitente." (NR)

"Art. 452-E. Ressalvadas as hipóteses a que se referem os art. 482 e art. 483, na hipótese de extinção do contrato de trabalho intermitente serão devidas as seguintes verbas rescisórias: I — pela metade: a) o aviso-prévio indenizado, calculado conforme o art. 452-F; e b) a indenização sobre o saldo do Fundo de Garantia do Tempo de Serviço — FGTS, prevista no § 1º do art. 18 da Lei n. 8.036, de 11 de maio de 1990; e II — na integralidade, as demais verbas trabalhistas.

§ 1º A extinção de contrato de trabalho intermitente permite a movimentação da conta vinculada do trabalhador no FGTS na forma do inciso I-A do art. 20 da Lei n. 8.036, de 1990, limitada a até oitenta por cento do valor dos depósitos.

§ 2º A extinção do contrato de trabalho intermitente a que se refere este artigo não autoriza o ingresso no Programa de Seguro Desemprego." (NR)

"Art. 452-F. As verbas rescisórias e o aviso-prévio serão calculados com base na média dos valores recebidos pelo empregado no curso do contrato de trabalho intermitente.

§ 1º No cálculo da média a que se refere o caput, serão considerados apenas os meses durante os quais o empregado tenha recebido parcelas remuneratórias no intervalo dos últimos doze meses ou o período de vigência do contrato de trabalho intermitente, se este for inferior.

§ 2º O aviso-prévio será necessariamente indenizado, nos termos dos § 1º e § 2º do art. 487." (NR)

"Art. 452-G. Até 31 de dezembro de 2020, o empregado registrado por meio de contrato de trabalho por prazo indeterminado demitido não poderá prestar serviços para o mesmo empregador por meio de contrato de trabalho intermitente pelo prazo de dezoito meses, contado da data da demissão do empregado." (NR)

"Art. 452-H. No contrato de trabalho intermitente, o empregador efetuará o recolhimento das contribuições previdenciárias próprias e do empregado e o depósito do FGTS com base nos valores pagos no período mensal e fornecerá ao empregado comprovante do cumprimento dessas obrigações, observado o disposto no art. 911-A." (NR)

TEORIA

Uma das grandes inovações, trazida pela reforma trabalhista, foi justamente o trabalho intermitente.

O intuito dessa nova regra é de flexibilizar as relações de trabalho e suas contratações, haja vista, as novas relações de trabalho e emprego.

Pela importância do tema, assim como a novidade, será realizada nesse texto a análise ponto a ponto da lei.

> Art. 452-A. O contrato de trabalho intermitente deve ser celebrado por escrito e deve conter especificamente o valor da hora de trabalho, que não pode ser inferior ao valor horário

do salário mínimo ou àquele devido aos demais empregados do estabelecimento que exerçam a mesma função em contrato intermitente ou não.

Existia a figura do empregado "horista" em que não havia uma regulamentação adequada, desta feita, a CLT, com a sua reforma, trouxe essa inovação.

Nesse sentido o TST já havia se manifestado, conforme as decisões abaixo:

> TST — RECURSO DE REVISTA RR 1024004520045150120 102400-45.2004.5.15.0120 (TST) Data de publicação: 28.10.2011
>
> Ementa: RECURSO DE REVISTA DO RECLAMANTE . HORISTA — DIFERENÇAS DE HORAS NORMAIS — REDUÇÃO SALARIAL PELO LABOR EM REGIME DE REVEZAMENTO DE TURNOS (violação aos arts. 5º, II , e 7º, VI e XIV, da CF/88 , contrariedade à Orientação Jurisprudencial n. 275 do TST e divergência jurisprudencial). A hora de trabalho do empregado horista que teve a jornada alterada de 8h (oito horas) para 6h (seis horas) deve ser calculada, a partir da adoção daquele regime, por meio do divisor 180, fazendo jus o obreiro às diferenças salariais decorrentes da adoção do divisor 220 no período em que laborou em turno ininterrupto de revezamento. Recurso de revista conhecido e provido. DESCONTOS A TÍTULO DE CONTRIBUIÇÃO CONFEDERATIVA (violação aos arts. 7º, VI , e 8º, V, da CF/88, 462 da CLT, contrariedade à Orientação Jurisprudencial n. 17 do TST e divergência jurisprudencial). Não se vislumbra ofensa aos dispositivos legais indicados quando constatado que o Tribunal Regional nem ao menos emitiu tese relacionada ao mérito concernente aos descontos assistenciais, tendo apenas afirmado que a ausência do sindicato no polo passivo tornava — ...impossível o pedido de devolução dos descontos efetivados a titulo de contribuições confederativas e assistenciais. Não se admite recurso de revista por divergência jurisprudencial, por incidência da Súmula n. 296 desta Corte, quando os julgados paradigmas revelam-se inespecíficos à hipótese dos autos. Recurso de revista não conhecido. RECURSO DE REVISTA DA RECLAMADA. TURNOS ININTERRUPTOS DE REVEZAMENTO — HORAS EXTRAS — LIMITAÇÃO PREVISTA EM NORMA

COLETIVA (violação aos arts. 7º, XIV e XXVI, da CF/88, contrariedade à Orientação Jurisprudencial n. 169 da SBDI-1 do TST e divergência jurisprudencial).

TST — RECURSO DE REVISTA RR 7055825320005035555 705582-53.2000.5.03.5555 (TST) Data de publicação: 12.11.2004

Ementa: RECURSO DE REVISTA INTERPOSTO PELO RECLAMANTE. HORISTA. TURNOS ININTERRUPTOS DE REVEZAMENTO. HORAS EXTRAORDINÁRIAS. Consoante entendimento jurisprudencial dominante nesta Corte Superior, cristalizado no Tema n. 275 da Orientação Jurisprudencial da SbDI-1, inexistindo instrumento coletivo fixando jornada diversa, o empregado horista submetido a turno ininterrupto de revezamento faz jus ao pagamento das horas extraordinárias laboradas além da 6ª, bem como ao respectivo adicional. Recurso de revista conhecido, por divergência jurisprudencial, e provido.

TST — ARR 11123320125040006 (TST) Data de publicação: 22.3.2016

Ementa: AGRAVO DE INSTRUMENTO DOS RECLAMANTES. RECURSO DE REVISTA. REPOUSO SEMANAL REMUNERADO. HORISTA X MENSALISTA. SÚMULA N. 126 DO TST 1. Hipótese em que o Tribunal de origem reconhece que os Reclamantes foram contratados como mensalistas, e não como horistas, indeferindo, em consequência, o pedido de repouso semanal remunerado, pois já incluída a parcela no salário básico dos empregados. 2. Nesse caso, inviável a admissibilidade do recurso de revista, pois a pretensão recursal de ver reconhecida a contratação por salário-hora demanda reapreciação da prova dos autos. Incidência da Súmula n. 126 do TST. 3. Agravo de instrumento dos Reclamantes de que se conhece e a que se nega provimento. RECURSO DE REVISTA DO RECLAMADO. DESERÇÃO DO RECURSO ORDINÁRIO. CUSTAS PROCESSUAIS. RECOLHIMENTO MEDIANTE UTILIZAÇÃO DE GRU ELETRÔNICA. SIAFI. VALIDADE. 1. Reputa-se satisfeito o pressuposto de admissibilidade relativo ao recolhimento das custas processuais se o recorrente colaciona aos autos, na forma e prazo legais, a GRU Judicial e o respectivo

> comprovante de pagamento gerados eletronicamente pelo Sistema Integrado de Administração Financeira do Governo Federal — SIAFI. 2. Não se pode cogitar da exigência da autenticação bancária, porquanto tanto a guia GRU quanto o comprovante de pagamento acostados aos autos configuram documentos originais emitidos e pagos via eletrônica. 3. Recurso de revista do Reclamado de que se conhece e a que se dá provimento.

Diante das inovações e evolução da sociedade, existem agora, novas regras acerca da comunicação do empregado e do empregador. Veja que a comunicação deve ser feita de forma rápida tanto pelo empregador (são 3 dias antes do início do trabalho) e pelo empregado apenas 1 dia útil para a confirmação.

Desta forma, verifica-se a nova forma de trabalho, com o objetivo de se adaptar as novas relações da sociedade, sendo assim, o cumprimento integral da regra deve ser atendida por todas as partes envolvidas. Caso ocorra seu descumprimento, a procura do Poder Judiciário é imprescindível para o seu fiel descumprimento.

Capítulo 12

Remuneração

Base Legal

"Art. 456-A. Cabe ao empregador definir o padrão de vestimenta no meio ambiente laboral, sendo lícita a inclusão no uniforme de logomarcas da própria empresa ou de empresas parceiras e de outros itens de identificação relacionados à atividade desempenhada.

Parágrafo único. A higienização do uniforme é de responsabilidade do trabalhador, salvo nas hipóteses em que forem necessários procedimentos ou produtos diferentes dos utilizados para a higienização das vestimentas de uso comum."

"Art. 457. [...]

§ 1º Integram o salário a importância fixa estipulada, as gratificações legais e de função e as comissões pagas pelo empregador.

§ 2º As importâncias, ainda que habituais, pagas a título de ajuda de custo, limitadas a cinquenta por cento da remuneração mensal, o auxílio-alimentação, vedado o seu pagamento em dinheiro, as diárias para viagem e os prêmios não integram a remuneração do empregado, não se incorporam ao contrato de trabalho e não constituem base de incidência de encargo trabalhista e previdenciário. [...]

[...]

§ 4º Consideram-se prêmios as liberalidades concedidas pelo empregador em forma de bens, serviços ou valor em dinheiro a empregado ou a grupo de empregados, em razão de desempenho superior ao ordinariamente esperado no exercício de suas atividades." (NR)

[...]

§ 12. A gorjeta a que se refere o § 3º não constitui receita própria dos empregadores, destina-se aos trabalhadores e será distribuída segundo os critérios de custeio e de rateio definidos em convenção coletiva ou acordo coletivo de trabalho.

§ 13. Se inexistir previsão em convenção coletiva ou acordo coletivo de trabalho, os critérios de rateio e distribuição da gorjeta e os percentuais de retenção previstos nos §§ 14 e 15 serão definidos em assembleia geral dos trabalhadores, na forma estabelecida no art. 612.

§ 14. As empresas que cobrarem a gorjeta de que trata o § 3º deverão: I — quando inscritas em regime de tributação federal diferenciado, lançá-la na respectiva nota de consumo, facultada a retenção de até vinte por cento da arrecadação correspondente, mediante previsão em convenção coletiva ou acordo coletivo de trabalho, para custear os encargos sociais, previdenciários e trabalhistas derivados da sua integração à remuneração dos empregados, hipótese em que o valor remanescente deverá ser revertido integralmente em favor do trabalhador; II — quando não inscritas em regime de tributação federal diferenciado, lançá-la na respectiva nota de consumo, facultada a retenção de até trinta e três por cento da arrecadação correspondente, mediante previsão em convenção coletiva ou acordo coletivo de trabalho, para custear os encargos sociais, previdenciários e trabalhistas derivados da sua integração à remuneração dos empregados, hipótese em que o valor remanescente deverá ser revertido integralmente em favor do trabalhador; e III — anotar na CTPS e no contracheque de seus empregados o salário contratual fixo e o percentual percebido a título de gorjeta.

§ 15. A gorjeta, quando entregue pelo consumidor diretamente ao empregado, terá seus critérios definidos em convenção coletiva ou acordo coletivo de trabalho, facultada a retenção nos parâmetros estabelecidos no § 14.

§ 16. As empresas anotarão na CTPS de seus empregados o salário fixo e a média dos valores das gorjetas referente aos últimos doze meses.

§ 17. Cessada pela empresa a cobrança da gorjeta de que trata o § 3º, desde que cobrada por mais de doze meses, essa se incorporará ao salário do empregado, a qual terá como base a média dos últimos doze meses, sem prejuízo do estabelecido em convenção coletiva ou acordo coletivo de trabalho.

§ 18. Para empresas com mais de sessenta empregados, será constituída comissão de empregados, mediante previsão em convenção coletiva ou acordo coletivo de trabalho, para acompanhamento e fiscalização da regularidade da cobrança e distribuição da gorjeta de que trata o § 3º, cujos representantes serão eleitos em assembleia geral convocada para esse fim pelo sindicato laboral e gozarão de garantia de emprego vinculada ao desempenho das funções para que foram eleitos, e, para as demais empresas, será constituída comissão intersindical para o referido fim.

§ 19. Comprovado o descumprimento ao disposto nos §§ 12, 14, 15 e 17, o empregador pagará ao trabalhador prejudicado, a título de multa, o valor correspondente a um trinta avos da média da gorjeta por dia de atraso, limitada ao piso da categoria, assegurados, em qualquer hipótese, o princípio do contraditório e da ampla defesa.

§ 20. A limitação prevista no § 19 será triplicada na hipótese de reincidência do empregador.

§ 21. Considera-se reincidente o empregador que, durante o período de doze meses, descumprir o disposto nos §§ 12, 14, 15 e 17 por período superior a sessenta dias.

§ 22. Consideram-se prêmios as liberalidades concedidas pelo empregador, até duas vezes ao ano, em forma de bens, serviços ou valor em dinheiro, a empregado, grupo de empregados ou terceiros vinculados à sua atividade econômica em razão de desempenho superior ao ordinariamente esperado no exercício de suas atividades.

§ 23. Incidem o imposto sobre a renda e quaisquer outros encargos tributários sobre as parcelas referidas neste artigo, exceto aquelas expressamente isentas em lei específica." (NR)

"Art. 458. [...]

[...]

§ 5º O valor relativo à assistência prestada por serviço médico ou odontológico, próprio ou não, inclusive o reembolso de despesas com medicamentos, óculos, aparelhos ortopédicos, próteses, órteses, despesas médico-hospitalares e outras similares, mesmo quando concedido em diferentes modalidades de planos e coberturas, não integram o salário do empregado para qualquer efeito nem o salário de contribuição, para efeitos do previsto na alínea q do § 9º do art. 28 da Lei n. 8.212, de 24 de julho de 1991." (NR)

"Art. 461. Sendo idêntica a função, a todo trabalho de igual valor, prestado ao mesmo empregador, no mesmo estabelecimento empresarial, corresponderá igual salário, sem distinção de sexo, etnia, nacionalidade ou idade.

§ 1º Trabalho de igual valor, para os fins deste Capítulo, será o que for feito com igual produtividade e com a mesma perfeição técnica, entre pessoas cuja diferença de tempo de serviço para o mesmo empregador não seja superior a quatro anos e a diferença de tempo na função não seja superior a dois anos.

§ 2º Os dispositivos deste artigo não prevalecerão quando o empregador tiver pessoal organizado em quadro de carreira ou adotar, por meio de norma interna da empresa ou de negociação coletiva, plano de cargos e salários, dispensada qualquer forma de homologação ou registro em órgão público.

§ 3º No caso do § 2º deste artigo, as promoções poderão ser feitas por merecimento e por antiguidade, ou por apenas um destes critérios, dentro de cada categoria profissional.

[...]

§ 5º A equiparação salarial só será possível entre empregados contemporâneos no cargo ou na função, ficando vedada a indicação de paradigmas remotos, ainda que o paradigma contemporâneo tenha obtido a vantagem em ação judicial própria.

§ 6º No caso de comprovada discriminação por motivo de sexo ou etnia, o juízo determinará, além do pagamento das diferenças salariais devidas, multa, em favor do empregado discriminado, no valor de 50% (cinquenta por cento) do limite máximo dos benefícios do Regime Geral de Previdência Social." (NR)

Teoria

Remuneração e Salário

Conceito

"Salário é toda contraprestação ou vantagem em pecúnia ou em utilidade devida e paga diretamente pelo empregador ao empregado, em virtude do contrato de trabalho. É o pagamento direto feito pelo empregador ao empregado pelos serviços prestados, pelo tempo à disposição ou quando a lei assim determinar (aviso-prévio não trabalhado, 15 primeiros dias da doença etc.)."(6)

"Remuneração é a soma do pagamento direto com o pagamento indireto, este último entendido como toda contraprestação paga por terceiros ao trabalhador, em virtude de um contrato de trabalho que este mantém com seu empregador."(7)

Enfim, considera-se a remuneração como gênero, e uma de suas espécies, o salário (art. 457 da CLT). Remuneração envolve os salário e as gorjetas. A remuneração são todos os valores recebidos habitualmente pelo empregado, mês a mês, dia a dia, hora a hora, ou seja, o salário, as diárias de viagem, prêmios, gratificações, adicionais etc.

A remuneração visa satisfazer as necessidades vitais básicas do empregado e de seus familiares. Engloba parcelas remuneratórias de diversas naturezas, tais como a contraprestação, indenização, benefícios.

A expressão "integrar a remuneração", "ter natureza salarial" quer dizer que essa parcela integrará a base de cálculo para a incidência de encargos trabalhistas. Por exemplo, não integram ao salário as diárias que não excedam a 50% e as ajudas de custo (desde que especificadas), vez que a ajuda de custo tem natureza indenizatória. Agora, diante da não identificação do custo, a ajuda se transforma em abono, e assim integra no salário. Não integram o salário: os pagamentos de natureza indenizatória, as indenizações, direitos intelectuais, habitação, energia, veículo, cigarros, participação nos lucros e gratificações não-habituais.

Para aqueles que atuam em cargo público percebem "vencimento" e não salário, expressão oriunda da Lei n. 8.112/90, arts. 40 e 41.

---

(6) CASSAR, Vólia Bomfim. *Direito do trabalho*. 3. ed. Niterói: Impetus, 2009.

(7) *Idem*.

Salário utilidade ou in natura ou indireto

É permitido o pagamento em bens e serviços, é o chamado salário in natura. Contudo nem tudo que é pago em bens e serviços é aceito como pagamento pela legislação. Para tanto se devem respeitar alguns requisitos para o pagamento em salário *in natura*, quais sejam:

a) **Habitualidade do fornecimento** — importante perceber a frequência do fornecimento do bem ou serviço, observar a repetição uniforme em certo lapso temporal para a caracterização do pagamento em bem e serviço.

b) **Causa e objetivo** — analisar se a causa e o objetivo é contraprestativo ao empregado, se há alguma retribuição ao empregado receber dessa maneira.

c) **Onerosidade unilateral** — refere-se a amplitude da onerosidade, se é inerente à oferta da utilidade no contexto empregatício.

De acordo com o art. 458, § 1º, da CLT, além do pagamento em dinheiro poderá o empregador efetuar o pagamento do empregado em utilidades, através de habitação, alimentação e vestuário. Contudo, o salário *in natura* deve ser convencionado no início do contrato de trabalho, caso contrário será caracterizado como benefício.

Poderá ser descontado do salário do empregado os seguintes percentuais: Habitação — 25%, Alimentação — 20% e Vestuário — 25%. Destaca-se, que a soma desses percentuais, juntos, não poderá exceder a 70% do salário contratual no mínimo legal (art. 82, parágrafo único, da CLT), lembrando que 30% do salário do trabalhador deverá ser pago em dinheiro. Deste modo, esclarece a Súmula n. 258 do TST sobre os percentuais estipulados como desconto para o salário *in natura:* "Os percentuais fixados em lei relativos ao salário *in natura* apenas se referem às hipóteses em que o empregado percebe salário mínimo, apurando-se, nas demais, o real valor da utilidade".

Atente-se para a exceção do salário *in natura*, o empregado rural (Lei n. 5.889/73, art. 9º), cujos percentuais são diferentes:

Habitação — 20%, Alimentação — 25% e Vestuário — 25%. E na mesma Lei do rural, em seu § 5º, vaticina que a cessão, pelo empregador, de moradia e de sua infra estrutura básica, assim como, bens destinados à produção para sua subsistência e de sua família, não integram o salário do trabalhador rural, desde que caracterizados como tais, em contrato escrito celebrado entre as partes, com testemunhas e notificação obrigatória ao respectivo sindicato de trabalhadores rurais.

No que tange a empregada doméstica, a Lei n. 5.859/72, art. 2º-A, veda ao empregador doméstico efetuar descontos no salário do empregado por fornecimento de alimentação, vestuário, higiene ou moradia. E que poderão ser descontadas as despesas com moradia de que trata o *caput* deste artigo quando essa se referir a local diverso da residência em que ocorrer à prestação de serviço, e desde que essa possibilidade tenha sido expressamente acordada entre as partes (§ 1º). As despesas referidas no "caput" deste artigo não têm natureza salarial nem se incorporam à remuneração para quaisquer efeitos (§ 2º).

Insta esclarecer, que o pagamento salarial feito "para" o trabalho não é considerado salário, e aquele pagamento feito "pelo" trabalho é tido como pagamento de salário. A expressão "pelo trabalho" quer dizer dos prêmios ou forma de agradar ou incentivar o empregado, e será considerado salário. Em contrapartida, a expressão "para trabalho" quer dizer ser útil e necessária para a realização do trabalho, portanto não tem natureza salarial. Exemplo, o uso de uniforme é para o trabalho, e assim não pode ser utilizado como pagamento de salário. Se a utilidade servir tanto para o trabalho quanto pelo trabalho, não será caracterizado como salário. Ex.: celular.

Para tanto, destacam-se as Súmulas ns. 241 e 367, ambas do TST:

> — Súmula n. 241. "O vale para refeição fornecido por força do contrato de trabalho, tem caráter salarial, integrando a remuneração do empregado para todos os efeitos legais".
>
> — Súmula n. 367, I. "A habitação, a energia elétrica e veículo fornecidos pelo empregador ao empregado, quando indispensáveis para a realização do trabalho, não têm natureza

salarial, ainda que, no caso de veículo, seja ele utilizado pelo empregado também em atividades particulares. II — O cigarro não se considera salário utilidade em face de sua nocividade à saúde".

Não é considerado salário in natura, o transporte destinado ao deslocamento para o trabalho e retorno, em percurso servido ou não de transporte público, os equipamentos, os cigarros e bebidas, a educação, o seguro de vida e de acidentes, o vale transporte, o plano de previdência, a assistência médica e odontológica, a alimentação (desde que paga pelo PAT — Programa de Alimentação do Trabalhador e com aprovação do Ministério do Trabalho) e participação nos lucros e resultados (Lei n. 10.101/2000).

Não é considerado salário in natura o fornecimento de equipamento de proteção individual, descrito no art. 166 da CLT: "A empresa é obrigada a fornecer aos empregados, gratuitamente, equipamento de proteção individual adequado ao risco e em perfeito estado de conservação e funcionamento, sempre que as medidas de ordem geral não ofereçam completa proteção contra os riscos de acidentes e danos à saúde dos empregados".

Programa de Alimentação do Trabalhador — PAT

O Programa de Alimentação do Trabalhador (PAT) foi criado pela Lei n. 6.321, de 14 de abril de 1976, que faculta às pessoas jurídicas a dedução das despesas com a alimentação dos próprios trabalhadores em até 4% do Imposto de Renda (IR) devido, está regulamentado pelo Decreto n. 5, de 14 de janeiro de 1991, e pela Portaria n. 3, de 1º de março de 2002.

O objetivo do PAT é melhorar a condição nutricional do trabalhador, aumentar a capacidade de labor do obreiro, diminuir o índice de acidente no trabalho e proporcionar melhor qualidade de vida, enfim proporcionar a melhoria da situação nutricional dos trabalhadores, visando promover sua saúde e prevenir as doenças relacionadas ao trabalho.

Certas vantagens são conferidas às empresas mediante a adesão do PAT, ou seja, aumento da produtividade, maior integração entre trabalhadores e a empresa, a redução de atrasos e faltas ao trabalho, redução da rotatividade, redução do número de doenças e acidentes do trabalho, isenção de encargos sociais sobre o valor do benefício concedido como incentivo fiscal, com dedução de até 4% do imposto de renda devido, somente para empresas enquadradas no sistema de lucro real.

Entretanto, empresas sem fins lucrativos, a exemplo das filantrópicas, das microempresas, dos condomínios e outras isentas do Imposto de Renda, embora não façam jus ao incentivo fiscal previsto na legislação, podem participar do PAT. A adesão ao PAT é voluntária e as empresas participam pela consciência de sua responsabilidade social.

O PAT é destinado, prioritariamente, ao atendimento dos trabalhadores de baixa renda, isto é, àqueles que ganham até cinco salários mínimos mensais. Entretanto, as empresas beneficiárias poderão incluir no Programa, trabalhadores de renda mais elevada, desde que o atendimento da totalidade dos trabalhadores que recebem até cinco salários-mínimos esteja garantido, e que o benefício não tenha valor inferior àquele concedido aos de rendimento mais elevado, independentemente da duração da jornada de trabalho (art. 3º, parágrafo único, da Portaria n. 3/2002).

A parcela paga in natura, citada no art. 3º da Lei n. 6.321/76, se refere ao fornecimento das refeições.

A participação financeira do trabalhador fica limitada a 20% do custo direto da refeição (art. 2º, § 1º, do Decreto n. 349, de 21 de novembro de 1991, e o art. 4º da Portaria n. 3/2002).

De acordo com o art. 6º, inciso I, da Portaria n. 3/2002, é vedado à empresa beneficiária do PAT suspender, reduzir ou suprimir o benefício do programa a título de punição do trabalhador.

A questão da natureza do auxílio-alimentação fornecido por empresa filiada ao PAT encontra-se pacificada, por meio da Orientação Jurisprudencial n. 133 da SBDI-1, segundo a qual a ajuda alimentação fornecida por empresa participante do programa de alimentação ao trabalhador, instituído pela Lei n. 6.321/76, não tem caráter salarial. Portanto, não integra o salário para nenhum efeito legal.

De acordo com a Súmula n. 241 do TST, o vale para refeição, fornecido por força do contrato de trabalho, tem caráter salarial, integrando a remuneração do empregado, para todos os efeitos legais.

Gratificação natalina ou 13º salário

O 13º salário é devido a todo empregado (Lei n. 4.090, art. 1º), tanto urbano quanto rural (art. 7º, *caput*, da Constituição), inclusive a empregada doméstica. O trabalhador temporário e avulso (art. 7º, XXXIV, da Carta Magna) também é assegurado. Desta sorte, é devido o 13º salário ao empregado dispensado sem justa causa (Lei n. 4.090, art. 3º) ou diante do pedido de demissão (Súmula n. 157 do TST), se demitido com justa causa, perde o direito ao percebimento da gratificação natalina (Lei n. 4.090, art. 3º). Perante culpa recíproca do empregado e do empregador será devido 50% do 13º salário (Súmula n. 14 do TST). Se aposentar também terá direito ao 13º salário. E, por fim, a Lei n. 4.090, art. 1º, § 3º, declara que gratificação será proporcional:

> "I — na extinção dos contratos a prazo, entre estes incluídos os de safra, ainda que a relação de emprego haja findado antes de dezembro; e
>
> II — na cessação da relação de emprego resultante da aposentadoria do trabalhador, ainda que verificada antes de dezembro."

A Lei n. 4.090/62 instituiu a gratificação de natal e seu valor corresponde a 1/12 (um doze avos) da remuneração devida em dezembro, multiplicado pelos meses de serviço naquele ano. Fração igual ou superior a 15 dias serão consideradas como mês integral, enquanto que as frações inferiores serão desprezadas. Diante da rescisão contratual anterior ao mês de dezembro o empregado fará jus ao percebimento proporcional da referida gratificação e mais 1/12 (um doze avos) do aviso-prévio trabalhado ou indenizado. A primeira parcela do pagamento da gratificação natalina será nos meses de fevereiro e novembro (30/11) de cada ano, que vem a ser um adiantamento, enquanto que a segunda parcela ocorrerá em até 20 de dezembro (Lei n. 4.749, art. 1º). Caso o empregado requeira o pagamento da primeira parcela no mês de janeiro, está será realizada junto das férias (Lei n. 4.749, art. 2º). Em consonância com a Lei n. 4.749/65, em seu art. 3º, ocorrendo a extinção do contrato de trabalho antes do dia 20 de dezembro, o empregador poderá compensar o adiantamento mencionado com a gratificação, e, se não bastar, com outro crédito de natureza trabalhista que possua o respectivo empregado.

O Decreto n. 57.155/65, art. 2º, aduz que para os empregados que recebem salário variável, a qualquer título, a gratificação será calculada na base de 1/11 (um onze avos) da soma das importâncias variáveis devidas nos meses trabalhados até novembro de cada ano. A esta gratificação se somará a que corresponder à parte do salário contratual fixo.

No parágrafo único, desse mesmo decreto acima mencionado, salienta que até o dia 10 de janeiro de cada ano, computada a parcela do mês de dezembro, o cálculo da gratificação será revisto para 1/12 (um doze avos) do total devido no ano anterior, processando-se a correção do valor da respectiva gratificação com o pagamento ou compensação das possíveis diferenças.

Frisa-se que o empregador não está obrigado a pagar a primeira parcela do 13º salário a todos os empregados no mesmo mês (Lei n. 4.749, § 1º, art. 2º).

No caso de afastamento por doença do trabalhador, vale observar, que nos 15 primeiros dias, a parcela ficará a cargo do empregador, e a partir do 16º dia ficará a cargo da Previdência Social.

Insta destacar que em relação ao aviso-prévio este integra o contrato de trabalho para todos os efeitos, inclusive na gratificação natalina.

A Lei n. 7.855/89, art. 3º, I, dispõe que acarretará a aplicação de multa de 160 BTN, por trabalhador prejudicado, dobrada no caso de reincidência, o não pagamento do 13º salário na época própria.

Vaticina a Súmula n. 148 do TST que é computável a gratificação de Natal para efeito de cálculo da indenização do art. 477 da CLT.

O 13º salário tem natureza salarial e não pode ser reduzido, salvo acordo ou convenção coletiva de trabalho.

Formas de pagamento de salário

Salário por produção

O salário pode ser pago por tempo, tarefa ou produção. O salário por produção é aquele no qual o empregado recebe de acordo com o número de unidades por ele produzidas (art. 483, alínea "g", da CLT). O objetivo é estimular a rentabilidade produtiva do empregado. Há um valor estipulado a ser pago por unidade ou tarefa, multiplicando-se a quantidade de peças pelo valor da tarifa. Mesmo que o salário seja aprazado por comissão esta não poderá ser inferior a um salário mínimo.

A produção pode ser medida por peça, peso, volume, comprimento etc., pelo qual recebe o empregado que trabalha por produção.

Salário por tarefa

É forma mista de salário, o empregador combina uma tarefa a ser realizada de acordo com um determinado tempo. O empregado deverá terminar o trabalho no tempo aprazado, porém, poderá ser dispensado quando terminar a tarefa antes do período combinado.

Salário por tempo

A remuneração se dá em razão do trabalhado realizado no mês, semana, quinzena, hora, dia, e é pago de acordo com o tempo que o empregado ficou à disposição do empregador, sem levar em conta o resultado do trabalho. A produção advinda da realização do trabalho realizado acima do normal, o empregado não usufruirá de qualquer vantagem (art. 459 da CLT).

Aqueles que laboram em regime de tempo parcial receberão proporcionalmente àqueles que trabalham em período integral. Portanto o empregador deverá observar o salário mínimo horário, o piso salarial horário da categoria ou, se for o caso, o salário proporcional horário.

Salário complessivo

Também chamado de salário completivo, trata de valores recebidos pelo empregado e não discriminados em holerite, isto é, quando o empregador ajusta com o empregado um salário de R$ 2.000,00 mensais, por exemplo, com o adicional noturno já incluso neste valor. Essa junção ou agrupamento de valores é proibido no Brasil, pois afronta o Princípio da Irrenunciabilidade dos direitos trabalhistas.

Diante do exposto diz-se que é nula essa cláusula, conforme preceitua a Súmula n. 91 do TST: "Nula é a cláusula contratual que fixa determinada importância ou percentagem para atender englobadamente vários direitos legais ou contratuais do trabalhador".

Formas especiais de salário

Gorjetas

Considera-se gorjeta, não somente a importância dada pelo cliente ao empregado, mas também, aquela cobrada pela empresa ao cliente, como adicional nas contas a qualquer título e destinada a distribuição aos empregados (art. 457, § 3º, CLT). A gorjeta é paga pelo terceiro — ou cliente —, e não pelo empregador, é uma forma indireta de pagamento que não pode ser utilizada como complemento do salário mínimo. Deve ser anotada na CPTPS do empregado, uma estimativa das gorjetas (art. 29, § 1º, da CLT), e integrarão a remuneração para todos os efeitos, para o cálculo de férias, 13º salário (Lei n. 4.90/62, § 1º, art. 1º), incidência no FGTS (Lei n. 8.036/90, art. 15).

Ocorre que tivemos uma alteração na lei, sobre gorjetas que determina:

> *Art. 1º Esta Lei altera a Consolidação das Leis do Trabalho (CLT), aprovada pelo Decreto-Lei n. 5.452, de 1º de maio de 1943, para disciplinar o rateio, entre empregados, da cobrança adicional sobre as despesas em bares, restaurantes, hotéis, motéis e estabelecimentos similares.*
>
> *Art. 2º O art. 457 da Consolidação das Leis do Trabalho (CLT), aprovada pelo Decreto-Lei n. 5.452, de 1º de maio de 1943, passa a vigorar com a seguinte redação:*
>
> *"Art. 457. [...]*
>
> *[...]*
>
> *§ 3º Considera-se gorjeta não só a importância espontaneamente dada pelo cliente ao empregado, como também o valor cobrado pela empresa, como serviço ou adicional, a qualquer título, e destinado à distribuição aos empregados.*
>
> *§ 4º A gorjeta mencionada no § 3º não constitui receita própria dos empregadores, destina-se aos trabalhadores e será distribuída segundo critérios de custeio e de rateio definidos em convenção ou acordo coletivo de trabalho.*
>
> *§ 5º Inexistindo previsão em convenção ou acordo coletivo de trabalho, os critérios de rateio e distribuição da gorjeta e os percentuais de retenção previstos nos §§ 6º e 7º deste artigo serão definidos em assembleia geral dos trabalhadores, na forma do art. 612 desta Consolidação.*
>
> *§ 6º As empresas que cobrarem a gorjeta de que trata o § 3º deverão:*
>
> > *I — para as empresas inscritas em regime de tributação federal diferenciado, lançá-la na respectiva nota de consumo, facultada a retenção de até 20% (vinte por cento) da arrecadação correspondente, mediante previsão em convenção ou acordo coletivo de trabalho, para custear os encargos sociais, previdenciários e trabalhistas derivados da sua integração à remuneração dos empregados, devendo o valor remanescente ser revertido integralmente em favor do trabalhador;*

II — para as empresas não inscritas em regime de tributação federal diferenciado, lançá-la na respectiva nota de consumo, facultada a retenção de até 33% (trinta e três por cento) da arrecadação correspondente, mediante previsão em convenção ou acordo coletivo de trabalho, para custear os encargos sociais, previdenciários e trabalhistas derivados da sua integração à remuneração dos empregados, devendo o valor remanescente ser revertido integralmente em favor do trabalhador;

III — anotar na Carteira de Trabalho e Previdência Social e no contracheque de seus empregados o salário contratual fixo e o percentual percebido a título de gorjeta.

§ 7º *A gorjeta, quando entregue pelo consumidor diretamente ao empregado, terá seus critérios definidos em convenção ou acordo coletivo de trabalho, facultada a retenção nos parâmetros do* § 6º *deste artigo.*

§ 8º *As empresas deverão anotar na Carteira de Trabalho e Previdência Social de seus empregados o salário fixo e a média dos valores das gorjetas referente aos últimos doze meses.*

§ 9º *Cessada pela empresa a cobrança da gorjeta de que trata o* § 3º *deste artigo, desde que cobrada por mais de doze meses, essa se incorporará ao salário do empregado, tendo como base a média dos últimos doze meses, salvo o estabelecido em convenção ou acordo coletivo de trabalho.*

§ 10. *Para empresas com mais de sessenta empregados, será constituída comissão de empregados, mediante previsão em convenção ou acordo coletivo de trabalho, para acompanhamento e fiscalização da regularidade da cobrança e distribuição da gorjeta de que trata o* § 3º *deste artigo, cujos representantes serão eleitos em assembleia geral convocada para esse fim pelo sindicato laboral e gozarão de garantia de emprego vinculada ao desempenho das funções para que foram eleitos, e, para as demais empresas, será constituída comissão intersindical para o referido fim.*

§ 11. *Comprovado o descumprimento do disposto nos* §§ 4º, 6º, 7º *e* 9º *deste artigo, o empregador pagará ao trabalhador prejudicado, a título de multa, o valor correspondente a 1/30 (um trinta avos) da média da gorjeta por dia de atraso, limitada ao piso da categoria, assegurados em qualquer hipótese o contraditório e a ampla defesa, observadas as seguintes regras:*

I — a limitação prevista neste parágrafo será triplicada caso o empregador seja reincidente;

II — considera-se reincidente o empregador que, durante o período de doze meses, descumpre o disposto nos §§ 4º, 6º, 7º e 9º deste artigo por mais de sessenta dias." (NR)

Art. 3º Esta Lei entra em vigor após decorridos sessenta dias de sua publicação oficial.

Brasília, 13 de março de 2017; 196º da Independência e 129º da República.

De acordo com a Súmula n. 354 do TST: "As gorjetas, cobradas pelo empregador na nota de serviço ou oferecidas espontaneamente pelos clientes, integram a remuneração do empregado, não servindo de base de cálculo para as parcelas de aviso-prévio, adicional noturno, horas extras e repouso semanal remunerado".

Há dois tipos de gorjetas: as espontâneas e as fixadas nas notas de despesa e rateadas entre os empregados. O cálculo é feito pelo valor efetivamente recebido, quando houver controle pelo empregador, ou pela média fixada em norma coletiva. Em relação aos valores pagos pelos clientes não há como se apurar, uma vez que não é controlado pelo empregador.

Adicionais

Os adicionais são considerados "sobressalários", são parcelas remuneratórias oriundas de lei e geralmente decorrentes de condições mais gravosas, condições insalubres e perigosas, fora de seu domicílio, e de trabalhos mais penosos.

Esses adicionais apesar de integrarem o salário e possuir natureza salarial, não se incorporam ao salário e muito menos se tornam um direito adquirido. Abaixo serão elencados alguns adicionais previstos pela nossa legislação.

Adicional de horas extras

Em respeito à Norma Ápice, em seu art. 7º, inciso XVI, é devido ao trabalhador diante do serviço extraordinário superior, no mínimo, 50% da hora normal. Contudo é possível diante de um acordo individual ou negociação coletiva fixar um adicional superior ao ora mencionado, caso conferido ao do advogado que é de 100% sobre a hora normal (Lei n. 8.906/94).

De acordo com o art. 61 da CLT, o máximo de horas permitidas é de 2 horas diárias, salvo necessidade imperiosa que será de 4 horas diárias (§ 3º), são elas de força maior, serviços inadiáveis e greve abusiva. A força maior refere-se a atos inerentes aos fenômenos da natureza, é o chamado caso fortuito. Os serviços inadiáveis são os serviços que não podem ser terminados na própria jornada de trabalho, como é o caso de um médico diante de uma cirurgia, e, finalmente, a greve abusiva serve para recuperar o tempo perdido, mas é mister que seja declarado pelo TRT.

As horas extras integram outras verbas, tais como: indenização, 13º salário, gratificações semestrais, aviso-prévio indenizado, descanso semanal remunerado (DSR), férias, gratificações por tempo de serviço.

De acordo com a Súmula n. 264 do TST: "A remuneração do serviço suplementar é composta do valor da hora normal, integrado por parcelas de natureza salarial e acrescido do adicional previsto em lei, contrato, acordo, convenção coletiva ou sentença normativa".

O empregado remunerado à base de comissões e sujeito a controle de horário, tem direito ao adicional de, no mínimo, 50% (cinquenta por cento) pelo trabalho em horas extras, calculado sobre o valor-hora das comissões recebidas no mês, considerando-se como divisor o número de horas efetivamente trabalhadas (Súmula n. 340 do TST).

Cabe mencionar o que vaticina a Súmula n. 347 do TST: "O cálculo do valor das horas extras habituais, para efeito de reflexos em verbas trabalhistas, observará o número das horas efetivamente prestadas e sobre ele aplica-se o valor do salário-hora da época do pagamento daquelas verbas".

Na Súmula n. 229 do TST por aplicação analógica do art. 244, § 2º, da CLT, as horas de sobreaviso dos eletricitários são remuneradas à base de 1/3 sobre a totalidade das parcelas de natureza salarial.

A supressão, pelo empregador, do serviço suplementar prestado com habitualidade, durante pelo menos um ano, assegura ao empregado, o direito à indenização correspondente ao valor de 1 mês das horas suprimidas para cada ano ou fração igual ou superior a 6 meses de prestação de serviço acima da jornada normal. O cálculo observará a média das horas suplementares efetivamente trabalhadas nos últimos 12 meses, multiplicada pelo valor da hora-extra do dia da supressão (Súmula n. 291 do TST).

Adicional noturno

Considera-se adicional noturno aquele devido ao empregado urbano quando exerce sua atividade laborativa no período compreendido entre 22 e 5 horas do dia seguinte, na razão de 20% a mais sobre a remuneração (arts. 7º, IX, da CF e 73 da CLT). A hora equivale a cinquenta e dois minutos e trinta segundos.

Para o trabalhador rural da agricultura o período é compreendido entre 21 e 5 horas do dia seguinte, enquanto o pecuário é entre 20 e 4 horas do dia seguinte, tendo direito a um adicional de 25% a mais sobre a remuneração e a duração de cada hora equivale a 60 minutos.

Para o trabalhador rural da pecuária e agricultura o período é compreendido entre 20 e 4 horas do dia seguinte, com um adicional de 25% e duração da hora de 60 minutos (Lei n. 5.889/73, art. 7º).

Vale ressaltar que o adicional noturno do advogado é de 25%, sendo o período compreendido entre 20 e 5 horas do dia seguinte (art. 20, § 3º, da Lei n. 8.906/94).

Diante de uma transferência do funcionário para o horário diurno, o adicional noturno não será mais devido, a partir da data da transferência.

O art. 73, *caput*, da CLT exclui o pagamento de adicional se houver regime de revezamento.

Perante a habitualidade do adicional noturno, este integrará o cálculo do salário do empregado (Súmula n. 60, I, do TST). Cumprida a jornada noturna e esta for prorrogada, as horas correspondentes à prorrogação também terão o adicional.

Adicional de insalubridade

O adicional de insalubridade está disposto no art. 192 da CLT e é assegurada a percepção de um adicional de 10%, 20% ou 40% sobre o salário mínimo. A porcentagem do adicional será determinada através de perícia a ser realizada por Perito de Segurança e Medicina do Trabalho devidamente habilitado e nomeado pelo juiz, conforme art. 195, § 2º, da CLT. Os acréscimos referentes ao adicional de insalubridade serão calculados separadamente e depois somados.

O art. 405, I, da CLT preceitua que o menor não poderá atuar em ambientes insalubres e perigosos, sendo expressamente proibido.

Dispõe o art. 194 da CLT que uma vez sanada a causa de insalubridade, automaticamente cessa o percebimento do adicional.

O adicional será indevido quando a insalubridade for neutralizada ou eliminada com o uso de adoção de medidas especiais, ou eliminada pela utilização de equipamentos de proteção individual (art. 191 da CLT). Insta esclarecer que sobre o uso do EPI, as Súmulas ns. 80 e 289 do TST possuem posicionamentos distintos:

> — Súmula n. 80 — "A eliminação da insalubridade, pelo fornecimento de aparelhos protetores aprovados pelo órgão competente do Poder Executivo, exclui a percepção do adicional respectivo".
>
> — Súmula n. 289 — "O simples fornecimento do aparelho de proteção pelo empregador não o exime do pagamento do adicional de insalubridade, cabendo-lhe tomar as medidas que conduzam à diminuição ou eliminação da nocividade, dentre as quais as relativas ao uso efetivo do equipamento pelo empregado".

O adicional de insalubridade não deverá ter como base de cálculo o salário mínimo, é o que recentemente reconheceu o STF com a Súmula 4, onde declama que, salvo nos casos previstos na Constituição, o salário mínimo não pode ser usado como indexador de base de cálculo de vantagem de servidor público ou de empregado, nem ser substituído por decisão judicial. Contudo, o adicional de insalubridade deverá, por enquanto, ser calculado com base no salário mínimo, vez que a referida súmula está suspensa.

Se o adicional de insalubridade tiver caráter habitual, este integrará a remuneração do empregado para os cálculos de outras verbas (Súmula n. 139 do TST), 13º salário, férias, indenização, FGTS, aviso-prévio. Contudo não integrará o DSR e feriados (Lei n. 605/49, art. 7º, § 2º).

O pagamento do adicional de insalubridade não é afastando quando o trabalho é executado em condições intermitentes, é o que aponta a Súmula n. 47 do TST.

Caso o trabalhador rural labore em ambiente insalubre este perceberá o adicional de insalubridade.

Adicional de periculosidade

De acordo com o art. 193 da CLT, o adicional de periculosidade é devido ao empregado que presta serviços em contato permanente com elementos inflamáveis ou explosivos, em condições que ofereçam risco à vida. O contato permanente entende-se como contato diário com explosivos, radiação e inflamáveis. O percentual incidente sobre o salário contratual é de 30% sobre o salário básico.

O art. 7º, inciso XXIII, da CF também assegura o direito ao adicional de periculosidade.

Os eletricitários também percebem o adicional de periculosidade conforme Lei n. 7.369/85, como também todas as empresas em que existam condições que impliquem perigo de vida pelo contato com equipamentos energizados, tais como aqueles que trabalham na Speedy, Net, Telefônica. O percentual de 30% será sobre o salário recebido (art. 1º). A OJ n. 347 da SDI-I do TST expressa que é devido o adicional de periculosidade aos empregados cambistas, instaladores e reparadores de linhas e aparelhos de empresas de telefonia, desde que, no exercício de suas funções, fiquem expostos a condições de risco equivalente ao do trabalho exercido em contato com sistema elétrico de potência.

De acordo com a Súmula n. 191 do TST, o adicional de periculosidade incide apenas sobre o salário básico e não sobre este, acrescido de outros adicionais. Em relação aos eletricitários, o cálculo do adicional de periculosidade deverá ser efetuado sobre a totalidade das parcelas de natureza salarial.

O policial, de acordo com sua legislação própria, não percebe o adicional de periculosidade, mas recebe uma gratificação de 30%.

Uma vez eliminado o risco cessa o direito ao recebimento do adicional de periculosidade (art. 194 da CLT).

Corrobora a Súmula n. 132 do TST:

> "I — O adicional de periculosidade, pago em caráter permanente, integra o cálculo de indenização e de horas extras."
>
> "II — Durante as horas de sobreaviso, o empregado não se encontra em condições de risco, razão pela qual é incabível a integração do adicional de periculosidade sobre as mencionadas horas."

A propósito, a Súmula n. 39 do TST, aduz que os empregados que operam em bombas de gasolina têm direito ao percebimento do referido adicional.

A Súmula n. 364, I, do TST profere que faz jus ao adicional de periculosidade o empregado exposto permanentemente ou que, de forma intermitente, sujeita-se a condições de risco. Indevido, apenas, quando o contato dá-se de forma eventual, assim considerado fortuito, ou o que, sendo habitual, dá-se por tempo extremamente reduzido.

A fixação do adicional de periculosidade, em percentual inferior ao legal e proporcional ao tempo de exposição ao risco, deve ser respeitada, desde que pactuada em acordos ou convenções coletivos (Súmula n. 364, II, do TST).

Nesta oportunidade, o adicional integra o aviso-prévio, o FGTS, as férias, o 13º salário, a indenização (Súmula n. 132 do TST), salvo no DSR que não haverá a integralização.

O funcionário que trabalha em local insalubre e periculoso poderá pleitear na justiça ambos adicionais, contudo só perceberá um único adicional, que será analisado via perícia.

Adicional de transferência

É devido no importe de 25% sobre o salário do empregado que for transferido provisoriamente para outro local e incorrer na mudança de domicílio (art. 469, § 3º, da CLT). Nas hipóteses de transferência definitiva ou a pedido do empregado, não será devida e não se incorpora ao salário.

Merece mencionar a Súmula n. 43 do TST que verifica a verdadeira necessidade da transferência do empregado: "Presume-se abusiva a transferência de que trata o § 1º do art. 469 da CLT, sem comprovação da necessidade do serviço".

O art. 470 da CLT destaca que as despesas resultantes da transferência correrão por conta do empregador.

Os empregados que exerçam cargos de confiança e aqueles cujos contratos tenham como condição, implícita ou explícita, a transferência, não necessitam de cláusula contratual de transferência (art. 469, § 1º, da CLT). No entanto em contrato individual de trabalho deverá constar cláusula assegurando a transferência do empregado.

É licita a transferência quando ocorrer extinção do estabelecimento em que trabalhar o empregado (§ 2º).

Adicional de penosidade

Previsto na Constituição Federal, no art. 7º, inciso XXIII, são aquelas situações que exigem grandes esforços. Importante salientar que ainda não tem regulamentação legal que estipulasse o percentual a ser percebido bem como não houve edição de lei para tipificar. Trata-se de uma norma de eficácia contida. E assim fica impedido o direito ao adicional de penosidade por ausência de previsão legal.

Abonos

Trata da antecipação do salário para o empregado, pelo empregador, pago em dinheiro, de forma espontânea e caráter transitório. O abono poderá ser compensado nos reajustes futuros.

O abono (*plus salarial*) integra o salário, é o que depreende o art. 457, § 1º, da CLT: "Integram o salário não só a importância fixa estipulada, como também as comissões, percentagens, gratificações ajustadas, diárias para viagens e abonos pagos pelo empregador".

Comissões

São parcelas variáveis do salário, condicionadas ao volume de vendas ou produção que compõem a base irredutível, ou seja, são percentuais recebidos pelo empregado após uma venda, denominadas comissões, as quais integram ao salário (art. 457, § 1º, da CLT). O salário está condicionado à forma de trabalho do empregado. O salário não poderá ser inferior ao salário mínimo ou ao piso salarial estabelecido para a categoria (art. 7º, incisos V e VII, da CF). Portanto, diante do não preenchimento do valor mínimo legal, caberá ao empregador complementar.

A comissão é irredutível, salvo convenção ou acordo coletivo (art. 7º, IV, da CF).

Somente com a concretização do negócio é que se pode cobrar a comissão. Porém, quando a venda for parcelada o pagamento da comissão ocorrerá conforme a liquidação.

A Súmula n. 27 do TST alude que "é devida a remuneração do repouso semanal e dos dias feriados ao empregado comissionista, ainda que pracista". Assim, nota-se que com a exigência de produção incompatível com a jornada normal de trabalho ou a submissão de horário é cabível o pagamento de horas extras.

O empregado, sujeito a controle de horário, remunerado à base de comissões, tem direito ao adicional de, no mínimo, 50% (cinquenta por cento) pelo trabalho em horas extras, calculado sobre o valor-hora das comissões recebidas no mês, considerando-se como divisor o número de horas efetivamente trabalhadas (Súmula n. 340 do TST).

O pagamento de comissões e percentagem deverá ser feito mensalmente, expedindo a empresa, no fim de cada mês, a conta respectiva com as cópias das faturas correspondentes aos negócios concluídos (art. 4º da Lei n. 3.207/57).

Ressalva-se às partes interessadas fixar outra época para o pagamento de comissões e percentagens, o que, no entanto, não poderá exceder a um trimestre, contado da aceitação do negócio, sendo sempre obrigatória a expedição, pela empresa, da conta referida neste artigo (parágrafo único). Portanto as comissões poderão ser pagas em até 3 meses.

A transação será considerada aceita se o empregador não a recusar por escrito, dentro de 10 dias, contados da data da proposta. Tratando-se de transação a ser concluída com comerciante ou empresa estabelecida noutro Estado ou no estrangeiro, o prazo para aceitação ou recusa da proposta de venda será de 90 dias podendo, ainda, ser prorrogado, por tempo determinado, mediante comunicação escrita feita ao empregado (art. 3º).

Mesmo após a rescisão contratual será devida as comissões conquistadas durante o contrato de labor.

A cláusula contratual *star del credere,* não tem aplicação no ordenamento jurídico brasileiro, uma vez que faz aplicação da responsabilidade solidária ao trabalhador diante da impontualidade ou solvência pelo credor, transferindo assim o risco da atividade econômica do empreendimento ao trabalhador.

Assevera o art. 7º da Lei n. 3.207/57 que com a insolvência do comprador, o empregador poderá estornar o valor da comissão já paga.

De acordo com o art. 466 da CLT, o pagamento de comissões e percentagens só é exigível depois de ultimada a transação a que se refere. Frisa-se que só é considerada aceita a transação se o empregador não a recusar por escrito, dentro do prazo de 10 dias, contados da data da proposta.

Gratificação

As gratificações são valores pagos ao empregado como meio de agradá-lo. Caracterizam-se como forma de recompensa, dádiva por serviço eventual ou extraordinário ou agradecimento, que por serem eventuais ou pagas esporadicamente, não integram o salário. Por outro lado, quando pagas com habitualidade integram o salário e terão incidência no INSS, FGTS e IRRF.

Assim, as gratificações habituais, inclusive a de natal, consideram-se tacitamente convencionadas, integrando o salário (Súmula n. 207 do STF). Destarte, o fato de constar do recibo de pagamento de gratificação o caráter de liberalidade não basta, por si só, para excluir a existência de um ajuste tácito (Súmula n. 152 do TST). São exemplos de gratificação, a de função, em razão de maior responsabilidade, ou por tempo de serviço.

Integra a indenização, a gratificação que tiver sido incorporada ao salário (Súmula n. 459 do STF).

Não se pode abstrair que percebida a gratificação de função por dez ou mais anos pelo empregado, se o empregador, sem justo motivo, revertê-lo a seu cargo efetivo, não poderá retirar-lhe a gratificação tendo em vista o princípio da estabilidade financeira. E indubitavelmente, se mantido o empregado no exercício da função comissionada, não pode o empregador reduzir o valor da gratificação (Súmula n. 372, I e II, do TST).

Assim aconselha a Súmula n. 253 do TST: "A gratificação semestral não repercute no cálculo das horas extras, das férias e do aviso-prévio, ainda que indenizados. Repercute, contudo, pelo seu duodécimo na indenização por antiguidade e na gratificação natalina".

A prescrição aplicável será parcial quando do pedido de diferença de gratificação semestral que teve o valor congelado, conforme preceitua a Súmula n. 373 do TST.

Ajuda de custo

Objetiva ajudar um funcionário a executar seu trabalho. Não quer dizer que serve para custear despesas de viagem. Não integram o salário (art. 457, § 2º, da CLT).

Diárias

Em razão do contrato de trabalho, o empregador custeia as despesas de viagem do empregado, tais como hospedagem, deslocamento, alimentação e outros. Trata-se de uma indenização.

Com a reforma trabalhista, esse valor não integra mais ao salário, independentemente da porcentagem.

Prêmios

Prêmios referem-se a fatores de ordem pessoal como eficiência, produção, assiduidade etc. Geralmente são concedidos quando o empregado atinge metas. É aprazado individualmente através de negociação coletiva. Os prêmios não podem ser o único meio de retribuição salarial do empregado.

Segue o entendimento da Súmula n. 209 STF:

> "O salário-produção, como outras modalidades de salário-prêmio, é devido, desde que verificada a condição a que estiver subordinado, e não pode ser suprimido unilateralmente pelo empregador, quando pago com habitualidade."

Gueltas

São os pagamentos efetuados por terceiro ao obreiro de uma empresa, visando motivar a venda de seus produtos. Não é salário, pois é feito por um terceiro, é uma espécie de prêmio de incentivo ou de gratificação paga ao empregado.

Luvas

A palavra luvas quer dizer do encaixe exato, nos moldes empresariais. A aplicação das luvas se dá em dinheiro ou bens, cujo pagamento é feito de uma única vez ou em parcelas, prevalecendo o direito da preferência.

A renovação dos contratos de arrendamentos de prédios destinados ao uso comercial ou industrial é feito de acordo com o Decreto n. 24.150, de 10 de abril de 1934 — também conhecido como Lei de Luvas. Por disposição da Lei n. 6.354/76, art. 12, os atletas profissionais tiveram sua primeira aplicação na esfera trabalhista, através do conceito de luvas: "Entende-se por luvas a importância paga pelo empregador ao atleta na forma do que for convencionado, pela assinatura do contrato".

Quebra de caixa

A quebra de caixa refere-se à diferença encontrada e o que deveria conter em caixa. Seguindo a esteira, a Súmula n. 247 do TST permite que: "A parcela paga aos bancários sob a denominação quebra-de-caixa possui natureza salarial, integrando o salário do prestador dos serviços, para todos os efeitos legais".

Participação nos lucros ou resultados

Esse instituto visa o percebimento pelo empregado diante de um resultado positivo obtido pela empresa e com a ajuda deste.

A participação nos lucros e resultados é feito através de uma negociação entre o trabalhador e o empregador. É realizado um acordo, convenção coletiva e comissão mista, desde que esteja presente um representante do sindicato da categoria. Não havendo um consenso, poderá se eleger um árbitro ou um mediador. O laudo arbitral terá força normativa não sendo indispensável que este laudo seja homologado no judiciário.

Possui respaldo nos institutos, arts. 7º, inciso XI, da CF, 621 da CLT e na Lei n. 10.101/2000.

Não incide encargos trabalhistas, e não é salário, é uma forma de complementação do salário, é um pagamento que só ocorrerá se a empresa vier a obter lucros. A empresa computará esse valor como mera despesa operacional. Insta mencionar que essa participação deverá respeitar um período no mínimo 6 meses ou mais de duas vezes ao ano.

PIS — PASEP

O Programa de Integração Social, mais conhecido como PIS/PASEP ou PIS, é uma contribuição social de natureza tributária, devida pelas pessoas jurídicas, com objetivo de financiar o pagamento do seguro-desemprego e do abono para os trabalhadores (art. 239 da CF) que ganham até dois salários mínimos. Seu embasamento legal está na lei Complementar n. 7, de 7.9.1970 para o PIS e Lei Complementar n. 8, de 3.9.1970 para o PASEP (Programa de Formação do Patrimônio do Servidor Público).

São hipóteses para sacar o PIS-Pasep: morte do participante, reforma militar, aposentadoria, transferência para a reforma remunerada e invalidez permanente.

O § 2º do art. 239 da Carta Magna estabeleceu que se manterão os critérios de saque nas situações previstas nas leis específicas, com exceção da retirada por motivo de casamento, ficando vedada a distribuição da arrecadação de que trata o *caput* deste artigo, para depósito nas contas individuais dos participantes.

Por conseguinte dispõe o § 3º: "§ 3º Aos empregados que percebam de empregadores que contribuem para o Programa de Integração Social ou para o Programa de Formação do Patrimônio do Servidor Público, até dois salários mínimos de remuneração mensal, é assegurado o pagamento de um salário mínimo anual, computado neste valor o rendimento das contas individuais, no caso daqueles que já participavam dos referidos programas, até a data da promulgação desta Constituição".

Salário-família

Salário-família é o benefício pago pela Previdência Social brasileira aos trabalhadores com salário mensal na faixa de baixa renda, visando auxiliar no sustento de filhos (assemelham-se ao conceito de filhos: o enteado, o tutelado ou o que está sob a guarda do empregado) de até 14 anos de idade. O segurado recebe uma quota por filho e por emprego e ambos os pais recebem, tanto o pai, quanto a mãe.

Quem patrocina o salário-família é a Previdência Social, mas quem entrega o dinheiro ao trabalhador é o empregador, junto com o salário normal (o valor que a empresa pagou será descontado do que ela deve pagar à Previdência Social).

O salário-família não é salário, é uma prestação previdenciária.

O empregado doméstico não tem direito ao salário-família.

O termo inicial do direito ao salário-família coincide com a prova da filiação. Se feita em juízo, corresponde à data de ajuizamento do pedido, salvo se comprovado que anteriormente o empregador se recusara a receber a certidão respectiva (Súmula n. 254 do TST).

Salário-maternidade

A trabalhadora que contribui para a Previdência Social tem direito ao salário-maternidade nos 120 dias em que fica afastada do emprego por causa do parto (arts. 7º, XVIII, da CF e 392 da CLT). O benefício foi estendido também para as mães adotivas. O salário-maternidade é devido a partir do oitavo mês de gestação (comprovado por atestado médico) ou da data do parto (comprovado pela certidão de nascimento).

O salário-maternidade será compensado posteriormente nos recolhimentos do INSS.

Salário-educação

O salário-educação é uma contribuição social destinada ao financiamento de programas, projetos e ações voltados para o financiamento da educação básica pública. Também pode ser aplicada na educação especial, desde que vinculada à educação básica. A contribuição social do salário-educação está prevista no art. 212, § 5º, da Constituição Federal, regulamentada pelas Leis ns. 9.424/96, 9.766/98, Decreto n. 6.003/2006 e Lei n. 11.457/2007. É calculada com base na alíquota de 2,5% sobre o valor total das remunerações pagas ou creditadas pelas empresas, a qualquer título, aos segurados empregados.

São contribuintes do salário-educação as empresas em geral e as entidades públicas e privadas vinculadas ao Regime Geral da Previdência Social, entendendo-se como tal qualquer firma individual ou sociedade que assuma o risco de atividade econômica, urbana ou rural, com fins lucrativos ou não, sociedade de economia mista, empresa pública e demais sociedades instituídas e mantidas pelo poder público, nos termos do § 2º do art. 173 da Constituição.

Multa por atraso de pagamento

Dispõe o § 6º, art. 477, da CLT que o pagamento das parcelas constantes do instrumento de rescisão ou recibo de quitação deverá ser efetuado nos seguintes prazos:

> a) até o primeiro dia útil imediato ao término do contrato; ou
>
> b) até o décimo dia, contado da data da notificação da demissão, quando da ausência do aviso-prévio, indenização do mesmo ou dispensa de seu cumprimento.

Assim, a inobservância do disposto no § 6º deste artigo sujeitará o infrator à multa de 160 BTN, por trabalhador, bem assim ao pagamento da multa a favor do empregado, em valor equivalente ao seu salário, devidamente corrigido pelo índice de variação do BTN, salvo quando, comprovadamente, o trabalhador der causa à mora (§ 8º).

A Lei n. 6.708/79, no art. 9º, determina uma indenização adicional equivalente a um salário mensal, no caso de dispensa sem justa causa. A referida lei dispunha sobre a correção automática semestral dos salários, que instituiu uma indenização adicional com a intenção de impedir ou tornar mais onerosa a dispensa do empregado nos 30 dias que antecedessem sua data-base, pois os empregadores, nesse período, dispensavam seus empregados para não pagar as verbas rescisórias com o salário reajustado.

Prova do pagamento salarial

A prova do pagamento do salário se dará através de recibo de pagamento, ou recibo de depósito, em conta individual do empregado aberta para esse fim e com o seu consentimento, em estabelecimento de crédito próximo ao local de trabalho. Em se tratando de analfabeto, a prova do pagamento se dará mediante sua impressão digital, ou, não sendo esta possível, a seu rogo (art. 464 da CLT).

Prescreveu o art. 439 da CLT que é lícito ao menor firmar recibo pelo pagamento dos salários. Tratando-se, porém, de rescisão do contrato de trabalho, é vedado ao menor de 18 anos dar quitação ao empregador, sem assistência dos seus responsáveis legais, pelo recebimento da indenização que lhe for devida.

Dia do pagamento do salário

Os salários devem ser pagos em períodos máximos de um mês (art. 459 da CLT), excetuando-se as comissões, percentagens e gratificações (art. 466 da CLT). A data limite para pagamento do salário é o 5º dia útil subsequente ao do vencimento (art. 465 da CLT), vedando-se o pagamento em dias de repouso.

Em relação às comissões e porcentagens, o pagamento não poderá extrapolar o limite de 3 meses, contado da aceitação do negócio (Lei n. 3.207/57).

O atraso no pagamento do salário é denominado mora salarial. Havendo mora salarial, podem ocorrer dois efeitos, o empregado pode pleitear a rescisão do contrato de trabalho, de forma indireta pelo descumprimento das obrigações pelo empregador. A rescisão indireta é, portanto, a "justa causa" do empregado para com o empregador. (art. 483, alínea "d", da CLT) e o pagamento de multa prevista na Constituição Federal (art. 7º, X), para o empregador que reter dolosamente o salário.

O pagamento em audiência, ocorre quando o contrato de trabalho é rescindido, o saldo de salário, desde que incontroverso, deve ser pago na primeira audiência na Justiça do Trabalho, sob pena de multa de 50%.

Assim, o salário deve ser pago mensalmente, mas há duas exceções a serem observadas: os comissionários, que podem receber até 3 meses após a venda e o empregado rural safrista, que só recebe na colheita, pode esperar até 6 meses para receber.

Valor do salário

O salário é a quantia fixada para o pagamento do empregado, logo as partes fixam o quantum devido ao empregado. O princípio do art. 444 da CLT é o da "autonomia da vontade", segundo o qual as relações do trabalho podem ser objeto de livre negociação entre as partes envolvidas, desde que não sejam contrariadas as disposições de proteção ao trabalho, as convenções coletivas de trabalho e as decisões judiciais. Não só o valor do salário deve ser aprazado como também o período de pagamento e a data.

Diante de dúvidas quanto ao valor a ser pago para o funcionário, faz-se necessário observar o valor recebido pelo funcionário com função equivalente (art. 460 da CLT), que trata da equiparação por equivalência.

Impende destacar que as formas pelas quais a vontade se exercitará são as mesmas cabíveis para as condições de trabalho em geral, podendo ser expresso (verbal ou escrito), e tácito.

Neste diapasão os salários sofrem limitações. O princípio da livre estipulação dos salários tem limites pois há um valor mínimo a ser respeitado e correções periódicas obrigatórias. Portanto o empregador deve se atentar para alguns parâmetros ao estabelecer o valor do salário do empregado.

Salário mínimo

Dispõe o art. 7º, inciso IV, da Constituição e o art. 76 da CLT acerca do salário mínimo:

> Art. 7º, IV "salário mínimo, fixado em lei, nacionalmente unificado, capaz de atender a suas necessidades vitais básicas e às de sua família com moradia, alimentação, educação, saúde, lazer, vestuário, higiene, transporte e previdência social, com reajustes periódicos que lhe preservem o poder aquisitivo, sendo vedada sua vinculação para qualquer fim";

> Art. 76. "Salário mínimo é a contraprestação mínima devida e paga diretamente pelo empregador a todo trabalhador, inclusive ao trabalhador rural, sem distinção de sexo, por dia normal de serviço, e capaz de satisfazer, em determinada época e região do País, as suas necessidades normais de alimentação, habitação, vestuário, higiene e transporte".

O salário mínimo foi fixado com valores diferenciados por regiões e sub-regiões, atualmente o valor do salário mínimo é o mesmo em todo o território nacional.

O salário mínimo pode ser fixado por hora, dia, semana, quinzena ou mês. Para se obter o salário mínimo por hora basta dividir o valor mensal por 220, e para se obter o salário mínimo diário é só dividir por 30.

Dispõe o texto da Orientação Jurisprudencial n. 358 da SDI-1 do TST sobre a proporcionalidade de pagamento do salário mínimo: "Salário mínimo e piso salarial proporcional à jornada reduzida. Possibilidade. Havendo contratação para cumprimento de jornada reduzida, inferior à previsão constitucional de oito horas diárias ou quarenta e quatro semanais, é lícito o pagamento do piso salarial ou do salário mínimo proporcional ao tempo trabalhado".

Salário profissional

O salário profissional é aquele pago para as chamadas categorias diferenciadas, como engenheiros, secretárias, químicos, médicos etc. Difere-se do mínimo por que este é geral, enquanto o salário profissional alcança apenas a profissão ao qual foi instituído.

O salário normativo é aquele fixado por sentença normativa, proferida em ação de dissídio coletivo, conforme art. 868 da CLT.

Meios de pagamento

A obrigatoriedade do pagamento em dinheiro é imposta pelo art. 463 da CLT: "A prestação em espécie do salário será paga em moeda corrente do País". Portanto, a parcela do pagamento não representada por utilidade deverá ser efetuada em dinheiro, moeda corrente do curso legal e não cupons, vales, bônus, cartas de crédito.

Vale lembrar que, salvo duas exceções, para o empregado brasileiro contratado para trabalhar no exterior (Decreto n. 857/69) e o técnico estrangeiro contratado para trabalhar no Brasil (Decreto-lei n. 691/69), não é permitido estipular cláusula de pagamento em moeda estrangeira, desde que seja realizada a conversão para moeda nacional no dia do pagamento.

A Portaria n. 3.281/84 em seu art. 1º aduz que "as empresas situadas em perímetro urbano poderão efetuar o pagamento dos salários e da remuneração das férias através de conta bancária, aberta para esse fim em nome de cada empregado e com o consentimento deste, em estabelecimento de crédito próximo ao local de trabalho, ou em cheque emitido diretamente pelo empregador em favor do empregado, salvo se o trabalhador for analfabeto, quando o pagamento somente poderá ser efetuado em dinheiro".

O parágrafo único do art. 464 da CLT vaticina que terá força de recibo o comprovante de depósito em conta bancária, aberta para esse fim em nome de cada empregado, com o consentimento deste, em estabelecimento de crédito próximo ao local de trabalho.

Normas de proteção ao salário

Irredutibilidade

A CF, no seu art. 7º, inciso VI, declara que o salário é irredutível, ou seja, não poderá haver uma diminuição do valor na remuneração paga ao empregado.

Porém há uma exceção, no caso de acordo e convenção coletiva de trabalho, onde ocorre a redução da jornada de trabalho e do correspondente salário. Portanto a irredutibilidade não é absoluta.

Esta redução é sempre temporária e vem acompanhada de uma contrapartida em favor dos trabalhadores.

Para aqueles que trabalham em regime parcial receberão proporcionalmente àqueles que laboram em período integral.

Inalterabilidade

O art. 468 da CLT impede a modificação da forma de pagamento dos salários sem o consentimento do empregado. Mesmo no caso em que o consentimento do empregado é dado e a nova forma lhe seja prejudicial, será considerado nulo.

Cabe salientar que pequenas modificações podem ser feitas pelo empregador, em caso de necessidade ou melhorias no sistema de pagamento. A essa faculdade damos o nome de *jus variandi*, que é a possibilidade do empregador, em casos excepcionais, alterar unilateralmente as condições de trabalho, vez que possui o poder diretivo.

Intangibilidade

O salário do trabalhador é intangível, ou seja, não pode sofrer descontos não autorizados ou ilegais. No art. 462 da CLT dispõe o rol de descontos autorizados.

Porém, caso o trabalhador por negligência, imprudência ou imperícia causar prejuízo ao empregador culposamente, e no contrato individual de trabalho contiver cláusula permitindo o desconto, neste caso será permitido o desconto.

A Súmula n. 342 do TST aduz sobre os "descontos salariais efetuados pelo empregador, com a autorização prévia e por escrito do empregado, para ser integrado em planos de assistência odontológica, médico-hospitalar, de seguro, de previdência privada, ou de entidade cooperativa, cultural ou recreativa associativa dos seus trabalhadores, em seu benefício e dos seus dependentes, não afrontam o disposto pelo art. 462 da CLT, salvo se ficar demonstrada a existência de coação ou de outro defeito que vicie o ato jurídico".

O empregador não poderá descontar no mês de labor valor acima do percebido pelo empregado. É o que vaticina o art. 477, § 5º, da CLT, "qualquer compensação no pagamento de que trata o parágrafo anterior não poderá exceder o equivalente a 1 (um) mês de remuneração do empregado".

Impenhorabilidade

O salário não pode ser penhorado, ou seja, ser retido por medida judicial para pagamento de dívidas.

O Brasil não admite a penhora do salário, garantindo assim a subsistência do trabalhador. A exceção é feita para o pagamento de pensão alimentícia (art. 649, IV, do CPC).

Isonomia

De acordo com os arts. 7º, XXX, da CF e 461 da CLT, quando for idêntica a função, a todo trabalho de igual valor prestado ao mesmo empregador, na mesma localidade, corresponderá igual salário, sem distinção de sexo, nacionalidade ou idade.

São os requisitos da equiparação salarial: a mesma função, mesmo empregador, mesma localidade, diferença de tempos na função, com a exigência de que não seja superior a 2 anos, mesma produtividade e, o por fim, mesma perfeição técnica.

Insta esclarecer que, caso o empregador tenha pessoal organizado em quadro de carreira, não terá aplicação as regras da equiparação salarial. Na equiparação salarial, o empregado que tiver salário maior e atuar na mesma função é chamando de paradigma.

Substituição salarial

É comum acontecer substituições de empregados nos ambientes de trabalho. A grande problemática esta na exigência do trabalhador que substitui requerer que perceba o mesmo salário do empregado a ser substituído.

Ocorre que essa hipótese só será possível de acordo com a legislação quando essa substituição for de forma temporária e transitória.

Veja a Súmula n. 159 do TST:

> I — Enquanto perdurar a substituição que não tenha caráter meramente eventual, inclusive nas férias, o empregado substituto fará jus ao salário contratual do substituído.
>
> II — Vago o cargo em definitivo, o empregado que passa a ocupá-lo não tem direito a salário igual ao do antecessor.

Em que pese ao empregado chamado a ocupar, em comissão, interinamente, ou em substituição eventual ou temporária, cargo diverso do que exercer na empresa serão garantidas a contagem do tempo naquele serviço, bem como volta ao caso anterior (art. 450 da CLT).

Capítulo 13

Alteração do Contrato de Trabalho

Base Legal

"Art. 468. [...]

§ 1º [...]

§ 2º A alteração de que trata o § 1º deste artigo, com ou sem justo motivo, não assegura ao empregado o direito à manutenção do pagamento da gratificação correspondente, que não será incorporada, independentemente do tempo de exercício da respectiva função." (NR)

Teoria

Alteração do contrato de trabalho

Muitas das condições estabelecidas num contrato de trabalho podem ser alteradas no decorrer do tempo. No entanto, estabelece a lei alguns requisitos para que produzam efeito no contrato de trabalho.

O art. 468 da CLT esclarece-nos que para a validade de uma alteração nas disposições do contrato de trabalho primeiramente as partes devem estar de acordo mutuamente, além de que o empregado não deverá sofrer nenhum prejuízo direto ou indiretamente, independente de sua natureza (salários, benefícios, jornadas de trabalho, comissões, vantagens).

Princípio da imodificabilidade

Previsto no art. 468 da CLT o princípio da imodificabilidade estabelece que as condições do contrato de trabalho não podem ser modificadas unilateralmente evitando que o empregado, sendo o polo mais fraco da relação, não seja prejudicado por imposições do empregador.

Diante da ausência de prejuízo do empregado e com a concordância deste, esta regra é afastada. A concordância do empregado poderá ser escrita, verbal ou tácita, salvo quando imprescindível a forma escrita nos contratos de trabalho.

O prejuízo ao empregado poderá ser imediato ou mediato, vez que a alteração pode causar prejuízo no momento de sua modificação, ou ainda, logo depois.

Contudo, ainda que o empregado concorde com a alteração, mas esta alteração cause prejuízo imediato ou remoto ao trabalhador, está não terá validade e, por conseguinte, poderá o trabalhador prejudicado, postular a reparação de danos sofridos com o retorno do contrato à situação anterior.

Jus variandi e *jus resistentiae*

O *jus variandi*, quer dizer do poder do empregador em realizar pequenas alterações no contrato de trabalho, das quais não ocorram mudanças que não modifiquem substancialmente o pacto laboral. Esta relação é oriunda do poder de direção do empregador e da subordinação do empregado.

No *jus variandi* o empregador tem o direito de alterar algumas condições contratuais legalmente, por exemplo, qualquer mudança no horário de trabalho (entrada, saída, turno, intervalo), alteração na sala onde o empregado realiza suas atividades, ou mesmo o retorno ao cargo anteriormente ocupado (arts. 468 e 450 da CLT).

Salutar mencionar o que dispõe o art. 468, parágrafo único da CLT: "Não se considera alteração unilateral a determinação do empregador para que o respectivo empregado reverta ao cargo efetivo, anteriormente ocupado, deixando o exercício de função de confiança".

A Constituição Federal prevê exceções às regras do art. 468 da CLT, como nas hipóteses em que é exigida a negociação, acordo ou convenção coletiva para sua validade, a redução de salários prevista no art. 7º, VI, ou o aumento da jornada de trabalho nos turnos ininterruptos de revezamento (art. 7º, XIV).

Neste mesmo raciocínio, dispõe o art. 450 da CLT: "Ao empregado chamado a ocupar, em comissão, interinamente, ou em substituição eventual ou temporária, cargo diverso do que exercer na empresa, serão garantidas a contagem do tempo naquele serviço, bem como volta ao caso anterior".

Por outro lado, não será lícita a alteração contratual que causar prejuízos, mesmo que indiretamente, ao empregado (*jus resistentiae*), sendo-lhe permitido pleitear pela rescisão indireta do contrato de trabalho (art. 483, CLT).

Aduz a Súmula n. 265 do TST: "A transferência para o período diurno de trabalho implica a perda do direito ao adicional noturno".

Transferência de empregados

O empregador não pode transferir o empregado para localidade diversa do contrato de trabalho sem a sua devida anuência. Não será caracterizada transferência se a alteração do local de trabalho não obrigar o empregado a mudar seu domicílio (art. 469, *caput,* da CLT). Quando o legislador menciona expressão "domicílio", quer dizer residência, onde o trabalhador tem sua moradia, fica sua família.

São requisitos para a validade da transferência: o consentimento do empregado e a demonstração da necessidade de prestação de serviços em outra localidade.

Ao empregador é vedado transferir o empregado, sem a sua anuência, para localidade diversa da que resultar do contrato, contudo no art. 469, §§ 1º e 2º da CLT, a lei abre algumas exceções, vejamos:

> a) exercício de cargo de confiança;
>
> b) extinção do estabelecimento onde prestar serviços;
>
> c) quando o contrato estiver convencionado a uma real necessidade imperiosa do serviço; e
>
> d) quando condição implícita do contrato, decorre da própria natureza do serviço.

A Súmula n. 43 do TST considera abusiva a transferência de que dispõe o § 1º do art. 469 da CLT quando inexistir a comprovação da necessidade do serviço.

Aqueles empregados contratados no Brasil e que são transferidos para trabalhar no exterior, por empresas de engenharia, obras, projetos, regulados pela Lei n. 7.064/82, com aplicação analógica para todos aqueles que forem transferidos para o exterior, terão como garantia: FGTS e PIS/PASEP, Previdência Social e aplicação da legislação brasileira de proteção ao trabalhador.

A Lei n. 7.064/82, em seu art. 16, aduz que "a permanência do trabalhador no exterior não poderá ser ajustada por período superior a 3 (três) anos, salvo quando for assegurado a ele e seus dependentes o direito de gozar férias anuais no Brasil, com despesas de viagem pagas pela empresa estrangeira". Para a transferência do empregado para o exterior, deve se pedir autorização do Ministério do Trabalho.

Adicional de transferência

Este adicional tem como função oferecer ao empregado uma compensação financeira em função de sua retirada do convívio familiar, lembrando que os gastos acarretados pela transferência como passagens, transporte, hospedagem, entre outros, correm por conta do empregador.

Ficará o empregador obrigado ao pagamento do adicional de transferência, enquanto durar a situação, que não poderá ser inferior a 25% do salário do trabalhador transferido (art. 469, § 3º, CLT). Se a transferência se tornar definitiva o pagamento deixará de ser devido.

O adicional só será devido para transferência provisória. Se a transferência for definitiva o empregado não fará jus ao percebimento dos 25%, conforme entendimento do TST.

A Súmula n. 29 do TST estabelece que o empregado transferido por ato unilateral do empregador para local mais distante de sua residência, mesmo sem haver a necessidade de mudança de domicílio, terá direito a uma indenização em face das despesas de transporte.

O adicional de transferência pago de forma habitual constitui salário (art. 457, 1º, CLT).

O adicional de transferência não é definitivo, o empregado só terá direito ao seu percebimento enquanto perdurar a transferência provisória. Finda essa situação, cessa também o pagamento do adicional, portanto, a transferência não se incorpora ao salário.

Reversão

Prevista no art. 450 da CLT, a reversão significa retornar, voltar, retroceder. Ocorre quando um trabalhador chamado a ocupar um cargo de confiança ou de comissão, retorna à sua função anterior e à contagem do período no tempo de serviço.

No entanto, o empregado nesta situação não poderá ter nenhum tipo de prejuízo, pois as vantagens adquiridas na função anterior lhe são asseguradas.

Insta esclarecer que com a extinção do cargo ocupado, o empregado retornará à função anterior ocupada, contudo não ocorrerá o rebaixamento salarial ou diminuição de seus benefícios.

O art. 468, parágrafo único, da CLT, dispõe que: "Não se considera alteração unilateral a determinação do empregador para que o respectivo empregado reverta ao cargo efetivo, anteriormente ocupado, deixando o exercício de função de confiança".

Capítulo 14

Rescisão do Contrato de Trabalho

Base Legal

"Art. 477. Na extinção do contrato de trabalho, o empregador deverá proceder à anotação na Carteira de Trabalho e Previdência Social, comunicar a dispensa aos órgãos competentes e realizar o pagamento das verbas rescisórias no prazo e na forma estabelecidos neste artigo.

§ 1º (Revogado).

[...]

§ 3º (Revogado).

§ 4º O pagamento a que fizer jus o empregado será efetuado:

> **I — em dinheiro, depósito bancário ou cheque visado, conforme acordem as partes; ou**
>
> **II — em dinheiro ou depósito bancário quando o empregado for analfabeto.**

[...]

§ 6º A entrega ao empregado de documentos que comprovem a comunicação da extinção contratual aos órgãos competentes bem como o pagamento dos valores constantes do instrumento de rescisão ou recibo de quitação deverão ser efetuados até dez dias contados a partir do término do contrato.

a) (revogada);

b) (revogada).

§ 7º (Revogado).

[...]

§ 10. A anotação da extinção do contrato na Carteira de Trabalho e Previdência Social é documento hábil para requerer o benefício do seguro-desemprego e a movimentação da conta vinculada no Fundo de Garantia do Tempo de Serviço, nas hipóteses legais, desde que a comunicação prevista no *caput* deste artigo tenha sido realizada." (NR)

"Art. 477-A. As dispensas imotivadas individuais, plúrimas ou coletivas equiparam-se para todos os fins, não havendo necessidade de autorização prévia de entidade sindical ou de celebração de convenção coletiva ou acordo coletivo de trabalho para sua efetivação."

"Art. 477-B. Plano de Demissão Voluntária ou Incentivada, para dispensa individual, plúrima ou coletiva, previsto em convenção coletiva ou acordo coletivo de trabalho, enseja quitação plena e irrevogável dos direitos decorrentes da relação empregatícia, salvo disposição em contrário estipulada entre as partes."

"Art. 482. [...]

[...]

m) perda da habilitação ou dos requisitos estabelecidos em lei para o exercício da profissão, em decorrência de conduta dolosa do empregado.

[...]." (NR)

"Art. 484-A. O contrato de trabalho poderá ser extinto por acordo entre empregado e empregador, caso em que serão devidas as seguintes verbas trabalhistas:

I — por metade:

a) o aviso-prévio, se indenizado; e

b) a indenização sobre o saldo do Fundo de Garantia do Tempo de Serviço, prevista no § 1º do art. 18 da Lei n. 8.036, de 11 de maio de 1990;

II — na integralidade, as demais verbas trabalhistas.

§ 1º A extinção do contrato prevista no caput deste artigo permite a movimentação da conta vinculada do trabalhador no Fundo de Garantia do Tempo de Serviço na forma do inciso I-A do art. 20 da Lei n. 8.036, de 11 de maio de 1990, limitada até 80% (oitenta por cento) do valor dos depósitos.

§ 2º A extinção do contrato por acordo prevista no *caput* deste artigo não autoriza o ingresso no Programa de Seguro-Desemprego."

Teoria

Extinção do Contrato de Trabalho

Conceito e terminologia

O termo extinção do contrato de trabalho designa o fim das relações jurídicas em geral. Dá-se quando não existir qualquer forma de continuação das relações reguladas pela legislação do trabalho, ou seja, é o momento de rompimento contratual, onde o empregador ou o empregado, resolve não dar continuidade à relação de emprego, devendo saldar os direitos legais, quais sejam o empregador, tem o dever de pagar pelos serviços prestados, e o empregado, a obrigação de prestar os serviços.

Há outros termos que se referem à extinção do contrato de trabalho tais como, resolução, resilição, rescisão, cessação e dissolução, todavia, há grande conflito entre os doutrinadores, uma vez que cada um adota uma terminação, apesar de todas levarem à solução ou ao fim do contrato laboral.

Proteção legal

A Organização Internacional do Trabalho (OIT), por intermédio de sua Convenção n. 158, ratificada pelo Brasil, dispõe sobre a extinção do contrato de trabalho por iniciativa do empregador, estabelecendo que, para tanto, o empregado dispensado deve ser previamente comunicado do motivo da sua dispensa, a intenção da Convenção está em evitar represálias pelo empregador, assim como, a demissão de um funcionário em detrimento de nova contratação com salário menor.

Quanto às normas em vigência, nossa atual legislação trata o tema em caráter constitucional, pois o inciso I, do art. 7º, da Constituição Federal, dispõe sobre a vedação da possibilidade de ocorrer dispensa arbitrária ou sem justa causa, entretanto não é obrigatória a justificativa do motivo da rescisão contratual pelo empregador.

Diante de tal controvérsia, de um lado a Convenção n. 158 da OIT e de outro o dispositivo constitucional 7º, inciso I, o Decreto n. 2.100, de 25.12.1996, acarretou a perda de vigência da Convenção n. 158 da OIT, sanando assim eventuais conflitos entre os institutos legais.

Extinção do contrato de trabalho

São formas de extinção do contrato laboral:

- Extinção do contrato por iniciativa do empregador:
  - Dispensa arbitrária ou sem justa causa.
  - Dispensa com justa causa.
- Extinção do contrato por iniciativa do empregado:
  - Pedido de demissão.
  - Rescisão indireta.
  - Aposentadoria espontânea/voluntária.
- Extinção do contrato por iniciativa de ambas as partes:
  - Acordo entre as partes.
  - Culpa recíproca.
- Extinção do contrato por desaparecimento dos sujeitos:
  - Morte do empregador (pessoa física).
  - Morte do empregado.
  - Extinção (fechamento) da empresa.
- Extinção do contrato por motivo de força maior ou caso fortuito:
  - Falência.
  - *Factum principis.*
- Extinção do contrato por prazo determinado:
  - Rescisão antecipada do contrato por prazo determinado.
  - Extinção antecipada por vontade do empregado.
  - Cessação do contrato por prazo determinado.

- Extinção antecipada por justa causa do empregado.
- Extinção antecipada com cláusula assecuratória.

No estudo que segue, será tratada cada uma das formas de extinção do contrato de trabalho.

- Extinção do contrato por iniciativa do empregador.
- Dispensa arbitrária ou sem justa causa.

Preferencialmente, importante mencionar o que dispõe o art. 7º, I, da CF: "relação de emprego protegida contra despedida arbitrária ou sem justa causa, nos termos de lei complementar, que preverá indenização compensatória, dentre outros direitos". Ocorre, que a lei complementar disposta no artigo supra citado ainda não foi criada, facilitando assim a dispensa imotivada pelo empregador.

A dispensa arbitrária, conforme define o art. 165 da CLT, é aquela que não se funda em motivo disciplinar, técnico, econômico ou financeiro, sendo que esta forma de extinção do contrato de trabalho se atêm apenas às dispensas realizadas pelo empregador quando este extingue o contrato de trabalho do empregado sem motivo ensejador, o empregador se utiliza do seu poder potestativo.

Verificada a existência desta modalidade de dispensa, o empregador poderá sofrer consequências outras, como a hipótese de ser o empregado reintegrado ao trabalho ou ser obrigado a indenizá-lo com todos os rendimentos que lhe são afeitos até o término virtual do período em que a condição que lhe rendia a estabilidade perduraria.

Enquanto a dispensa arbitrária é aquela que não se funda em motivo disciplinar, técnico, econômico ou financeiro, a dispensa sem justa causa é o ato voluntário de o empregador extinguir o contrato de trabalho firmado com o seu empregado, ou seja, é a busca pela extinção daquela relação empregatícia ante a ausência de ato faltoso realizada pelo empregado.

Nos casos de dispensa sem justa causa ou arbitrária, será devido ao empregado, com base no seu maior salário, nos contratos por prazo indeterminado os seguintes títulos:

- saldo de salário dos últimos dias trabalhados;
- aviso-prévio indenizado (se for o caso) — mínimo de 30 dias;
- férias proporcionais e vencidas (se houver), acrescidas de 1/3 constitucional;
- 13º salário proporcional;
- saque do FGTS (rescisão e os valores depositados na conta vinculada do empregado a este título);
- multa de 40% sobre os valores referentes ao FGTS;
- guias do seguro-desemprego para receber o benefício.

Pagas estas verbas e respeitado o prazo previsto no art. 477 da CLT, a relação empregatícia estará encerrada, principalmente nos limites das obrigações e deveres de cada parte do contrato de trabalho. Todavia, se o empregado tiver mais de 1 ano de trabalho, é necessário a assistência do Sindicato ou do Órgão do Ministério do Trabalho (§ 1º).

Deve-se verificar o cumprimento do aviso-prévio, com relação aos prazos previstos no artigo acima citado, pois quando este for cumprido integralmente, o empregador terá 24 horas para efetuar o pagamento das verbas rescisórias na sua integralidade. Por outro lado, se não houver o cumprimento deste prazo, além da indenização, o empregador terá 10 dias para efetuar o referido pagamento das verbas (art. 477, § 6º, da CLT).

Importante se ater que as regras ora expostas se referem aos contratos por prazo de trabalho indeterminado, pois naqueles aprazados previamente, não há que se falar em pagamento de aviso-prévio ou na multa de 40% sobre os valores depositados a título de FGTS, sendo devida apenas as verbas rescisórias.

No entanto, caso o empregado seja dispensado antes do termo determinado com o final na relação de emprego, o empregador deverá indenizá-lo com a metade dos valores que lhe seriam devidos até o prazo que foi preestipulado, conforme determina o art. 479 da CLT.

Dispensa com justa causa

Sobre os institutos da falta grave e da justa causa, nota-se uma grande discussão entre os pensadores do direito. Não há unanimidade nas expressões, vez que existem particularidades que demonstram constituírem institutos distintos. Do conceito legal, conclui-se que a falta grave se refere somente ao trabalhador estável, ao contrário da justa causa, que se relaciona com os empregados não estáveis. Outra diferença é que a falta grave, por se tratar dos empregados estáveis, necessita ser apurada por meio de ação judicial de inquérito (arts. 494 e 853 a 855 da CLT), o que não se exige na justa causa.

Será considerada dispensa por justa causa, quando esta for justificada por uma das hipóteses contidas nos incisos do art. 482 da CLT, ou seja, o empregador extingue o contrato de trabalho firmado com o empregado quando este realiza ato ilícito, violando, assim, alguma obrigação legal ou contratual, explícita ou implícita.

A justa causa é todo ato faltoso do empregado que faz desaparecer a confiança e a boa-fé existentes entre as partes, tornando indesejável o prosseguimento da relação empregatícia. Assim, os atos faltosos do empregado ensejadores da rescisão contratual pelo empregador, referem-se não só às obrigações contratuais, como também, à conduta pessoal do empregado que reflete na relação contratual.

Requisitos da justa causa

Para a configuração da justa causa, deve-se analisar dois requisitos: o subjetivo e o objetivo:

Requisito subjetivo — diz respeito ao *animus* e às características pessoais do empregado. Ao se referir ao *animus* do empregado, deve-se ater que o empregador tomará por base, para a caracterização da justa causa, a real motivação do empregado para a realização daquele ato que resultou na demissão por justa causa. É o caso de se analisar se o empregado, por exemplo, agiu com culpa ou dolo. Por dolo entende-se a intenção de praticar o ato faltoso e se caracteriza pela vontade dirigida à produção de resultado ilícito, enquanto que a culpa refere-se à imprudência, negligência ou imperícia do empregado, fazendo com que o ato faltoso acabe ocorrendo no descumprimento de um dever de cuidado. Em suma, no dolo, o agente quer a ação e quer o resultado, ao passo que na culpa, em sentido estrito, o agente quer apenas a ação, mas não quer resultado.

Quanto às características pessoais o empregador condicionará aos aspectos relacionados à personalidade do empregado, por exemplo, seu grau de instrução, sua cultura, seus antecedentes e outros.

Requisito objetivo — refere-se às características específicas da justa causa, tais como sua tipificação legal, a imediatidade na apuração da falta, a apuração da gravidade do ato, o nexo de casualidade, a gradação na punição (proporcionalidade) e o non bis in idem, para que assim acarrete em demonstração da prova de tal situação, despertando a possibilidade da dispensa por justa causa do empregado, senão, vejamos cada uma das características da justa causa:

a) *Tipicidade*: requer que o ato praticado pelo empregado se enquadre em uma ou mais condutas arroladas pelo art. 482 da CLT. Note-se que o rol elaborado pelo legislador em *numerus clausus*, ou seja, o rol é taxativo, e não exemplificativo, não admite a inserção de outra conduta ali não tipificada, sequer por analogia ou semelhança, muito menos, por convenção, acordo coletivo e regulamento de empresa. Assim, para aplicação da pena de despedimento justo, deve o empregado agir exatamente como prevê a Lei.

b) *Imediatidade*: deve ser observada quando da aplicação da justa causa ao empregado. Diz do momento em que o empregador tomou conhecimento do ato faltoso, para o qual deve providenciar a imediata aplicação da penalidade sob pena de ser considerada nula a sanção, entendendo-se assim, que houve o perdão tácito por parte do empregador em face da mora na tomada da decisão. Tipificado o ato, caso entenda que deva ser aplicada a justa causa ao empregado, deve o empregador ser célere na rescisão do contrato. Caso ocorra o tardiamento da penalidade, poderá ser descaracterizada a justa causa, salvo necessidade do empregador em apurar e investigar o ato faltoso, como é o caso de empresas de grande porte, nas quais realizam sindicância interna, e ainda, quando o ato faltoso só foi descoberto muito tempo depois. Nessas duas hipóteses não será levado em conta o perdão tácito.

c) *Gravidade da conduta*: firma-se, na mensuração por parte do empregador, do ato praticado pelo empregado, que enseja a dispensa por justa causa e na impossibilidade de continuidade da relação laboral. Deve o empregador, ser ponderado e equânime para não dar margem à anulação da sua decisão pelo Poder Judiciário.

d) *Nexo de casualidade*: esse requisito, vem assegurar o empregado que é dispensado por mera liberalidade do empregador, isto é, o empregador não poderá se valer da justa causa para simplesmente demitir um empregado que não lhe é mais viável. Por isso se faz necessário a relação entre a justa causa e a dispensa do empregado.

e) *Proporcionalidade*: deve haver a proporção na pena entre o ato praticado e a aplicação justa da pena, evitando assim abusos pelo empregador. Neste requisito cabe ao empregador analisar o perfil do funcionário, para assim, aplicar a pena.

A simples aplicação errônea pelo empregador na classificação das alíneas da justa causa não acarreta a nulidade do ato, uma vez que, cabe ao Juiz, diante do ingresso na Justiça do Trabalho, tipificar a correta conduta a ser enquadrada na justa causa e o Juiz não pode graduar a pena.

f) *Non bis in idem:* um dos poderes do empregador é o poder de punir, contudo, esse poder encontra limites. Se já houve a aplicação de uma pena para o empregado, o empregador não poderá puni-lo novamente pela mesma infração.

Outro aspecto que merece reflexão, são os três sistemas fundamentais da justa causa: genérico, taxativo ou misto.

a) *Genérico*: no sistema genérico, a Lei autoriza o despedimento do empregado sem mencionar ou tipificar as diferentes hipóteses casuísticas. Apenas aponta as teses de forma ampla, com definições gerais e abstratas.

b) *Taxativo*: é o sistema adotado pelo Brasil. Este sistema enumera os casos da justa causa, fazendo-o de forma exaustiva através da Lei. É impossível estipular a justa causa por meio de outras normas jurídicas, como as convenções e acordos coletivos de trabalho, os regulamentos de empresa etc.

c) *Misto*: o sistema misto é a junção dos dois critérios anteriores, isto é, o genérico e o taxativo. No sistema misto, a Lei, além de enumerar as hipóteses da justa causa, permite que um fato seja considerado, mesmo não tipificado.

O empregado dispensado por justa causa terá direito ao recebimento das seguintes verbas: saldo de salário e férias vencidas acrescido de 1/3 constitucional, se houver.

Com base no art. 482 da CLT, rol taxativo, são atos que constituem justa causa para a extinção do contrato de trabalho pelo empregador.

a) Ato de improbidade

Baseia-se no ato desonesto do empregado, malícia, desonestidade, mau caráter, fraude no desempenho de suas funções, como por exemplo, realizar furto no caixa da empresa, apropriação indébita de materiais ou objetos da empresa, falsificação de documentos etc.

No direito do trabalho não se aplica a teoria da insignificância penal, portanto, torna-se desprezível o valor da monta que o empregado furta da empresa, assim, será caracterizado como ato de improbidade e acarretará em justa causa.

b) Incontinência de conduta ou mau procedimento

A incontinência de conduta é o procedimento grosseiro que ofende a dignidade do empregador ou de outros empregados, são os atos obscenos, assédio sexual etc. É qualquer ato que tenha conotação sexual dentro da empresa.

O mau procedimento são os demais atos irregulares que não se encaixam nas outras hipóteses do art. 482 da CLT. É uma das figuras mais amplas da justa causa. De qualquer forma, cabe observar que, nesta figura especificamente, a subjetividade é muito grande dando margem a controvérsias que somente se resolvem na Justiça do Trabalho, mediante as provas que ali foram produzidas.

Essas hipóteses são justos motivos, que se fundamentam no comportamento irregular do empregado, que melindra a confiança do empregador, tornando-se incompatível a sua permanência no emprego.

c) Negociação habitual

É aquela que ocorre quando o empregado exerce atividades mercantis e, com tal ato, acaba por prejudicar o seu próprio desempenho na empresa em que presta serviços, assim como, a atitude de negociar com empresa concorrente daquela em que foi contratado. Logo, havendo habitualidade nesta negociata, caracteriza-se ato o ilícito. Exemplo mandar um cliente para o concorrente de seu empregador.

d) Condenação criminal

Para caracterizar ato criminoso, exige-se a condenação criminal com sentença transitada em julgado, sem a suspensão da execução da pena, ou seja, que não haja sursis. Enfim, deve repercutir na privação da liberdade do empregado. O ato criminoso não precisa ter relação com o serviço, basta o trânsito em julgado de qualquer crime. Por outro lado, a mera detenção do empregado para apuração de um crime, com a prisão preventiva, não resulta na aplicação da justa causa.

e) Desídia funcional

É o desinteresse do empregado no exercício de suas funções, descumprimento das obrigações, pouca produção, atrasos frequentes, faltas injustificadas, produção imperfeita, descuido na execução dos serviços etc., ou seja, a desídia é o desleixo, preguiça e má vontade do empregado em trabalhar. Para ficar bem caracterizada a desídia, supõe a repetição de procedimentos, ficando mais evidenciada, quando o empregador aplicar outras penalidades prévias, como a advertência e a suspensão.

f) Embriaguez habitual ou em serviço

A pena de demissão por justa causa prevista no art. 482 da CLT para os casos de embriaguez em serviço é passível de ser aplicada mesmo quando o fato ocorre uma única vez ao longo do contrato de trabalho.

Caracteriza-se pela ingestão de álcool ou substâncias tóxicas, tais como drogas, por exemplo.

Sendo a embriaguez habitual, provoca a degradação física e moral do empregado que pressupõe o prolongamento da prática no tempo. A embriaguez se dá fora de serviço, porém, o empregado deixa transparecer seu estado alterado no serviço, caracterizando a falta grave. Em contrapartida se há embriaguez em serviço, também será caracterizada a justa causa.

Aquele que toma uma bebida e não fica embriagado, não será dispensado do serviço. Contudo, há julgados, além de posições doutrinárias, contrárias à caracterização da justa causa, vez que tal situação é entendida como doença, exigindo tratamento adequado.

g) Violação de segredo da empresa

Este ato atenta ao dever de fidelidade que o empregado tem em relação às atividades do empregador, sendo que este dever, pode estar expresso ou implícito nos contratos de trabalho. São exemplos, fórmulas, informações, marcas, inventos, listas de clientes etc.

h) Indisciplina e insubordinação

A indisciplina se caracteriza pela desobediência às ordens gerais, relativas à organização interna do estabelecimento, tais como instruções gerais, regulamentos internos empresariais, circulares, portarias e outros, enquanto que a insubordinação é o descumprimento de uma ordem direta, pessoal e específica do empregador para o empregado, como é o caso do obreiro que se recusa a fazer determinada tarefa solicitada pelo superior hierárquico, e esta tarefa condiz com o contrato de trabalho.

Abandono de emprego

Pressupõe a falta ao serviço a intenção do empregado em não retornar mais ao trabalho, mediante prova do abandono. Como a Lei silencia quanto ao prazo, o empregador deve aguardar durante 30 dias (podendo o prazo ser inferior se comprovada a intenção em não trabalhar), entendimento este com aplicação analógica do art. 474 da CLT. Entretanto, deve ser feita comunicação ou convocação ao empregado por carta com aviso de recebimento (telegrama), notificação judicial ou extrajudicial.

Corroborando com esse entendimento, a Súmula n. 32 do TST aduz: "Para se caracterizar o abandono de emprego, deve-se observar as seguintes características:

- Ausência injustificada.
- Prazo mais ou menos longo (Súmula n. 32 do TST).
- Intenção de abandono do emprego.

j) Ato lesivo da honra ou da boa fama praticado em serviço contra qualquer pessoa, ou ainda, ofensa física, exceto legítima defesa própria ou de outrem

Este ato se caracteriza quando realizado contra qualquer pessoa no ambiente de trabalho ou a serviço da empresa. Não há necessidade de lesão corporal ou ferimentos, bastam brigas, tapas, empurrões ou até mesmo tentativas.

k) Ato lesivo da honra ou da boa fama ou ofensas físicas praticadas contra o empregador e superiores hierárquicos

Este ato se caracteriza quando realizado contra o empregador e aos superiores hierárquicos no ambiente de trabalho ou a serviço da empresa.

l) Prática constante de jogos de azar

A finalidade do jogo é a obtenção de vantagem sobre a outra pessoa. São tidos como jogos de azar o dominó, bingo, jogos de cartas, jogo do bicho etc. Entende a lei que os viciados em jogos, ou ainda, aqueles que jogam por hábito, colocam em risco o patrimônio do empregador, além da perda de confiança pelo empregador.

m) Atos atentatórios à segurança nacional

São os atos de terrorismo, malversação de coisa pública, organização para a prática atentatória à soberania etc. Trata-se de regra resultante da ditadura militar, sem muita aplicação atualmente. Exige a devida e prévia apuração e comprovação do período.

Além do rol do art. 482 da CLT, deve-se ater que existem outras situações de justa causa não elencadas neste dispositivo citado:

- O empregado bancário (art. 508 da CLT) deverá manter suas contas pagas e quitadas em dia, sob pena de ser caracterizada a justa causa.

- A não observância das normas de segurança e medicina do trabalho e o uso do equipamento de proteção individual — EPI — (art. 158, parágrafo único, da CLT) caracteriza a justa causa perante o não cumprimento pelo empregado.

- O único empregado obrigado a fazer horas extras é o ferroviário (art. 240 da CLT), diante de necessidade em caráter de urgência ou acidente capaz de afetar a segurança ou a regularidade de serviço. Se não fizer as horas extraordinárias, poderá sofrer dispensa por justa causa.

- O aprendiz poderá ser demitido por justa causa quando da reprovação do curso ou faltas injustificadas (art. 433, inciso II, da CLT).

- A declaração falsa ou o uso indevido do vale-transporte constitui justa causa (Decreto n. 95.247/87, art. 7º, § 3º).

m) perda da habilitação ou dos requisitos estabelecidos em lei para o exercício da profissão, em decorrência de conduta dolosa do empregado

Nova modalidade com a reforma, mas não deixa dúvidas que sejam atos dolosos!

Diante da caracterização do justo motivo para o empregador dispensar o empregado, caberá a este o recebimento apenas das verbas adquiridas no decorrer do contrato de trabalho, como o saldo de salário e as férias vencidas, perdendo o direito às verbas rescisórias, assim como de levantar os valores referentes ao FGTS.

Extinção do contrato por iniciativa do empregado

Pedido de demissão

O pedido de extinção do contrato de trabalho pelo empregado, deverá ser informado ao empregador com 30 dias de antecedência, para que este possa qualificar outra pessoa que venha substituir aquele que realizou o pedido, sendo que a falta de informação desse pedido ao empregador ocasionará ao empregado no pagamento destes dias (art. 487, § 2º, da CLT). Não depende de aceitação do empregador, porém, esta situação, assim como no caso da dispensa sem justa causa, somente se verifica nas hipóteses dos contratos por prazo indeterminado.

Com o intuito de evitar nulidade futura do pedido de demissão do empregado, e em razão do princípio da continuidade da relação de emprego, é conveniente fazer uma declaração por escrito, de próprio punho, da intenção de não mais continuar laborando para a empresa.

Contudo, quando o empregado pede demissão, perde o direito ao recebimento da multa de 40% sobre o FGTS além de não poderá sacar os valores depositados neste fundo, não receberá as guias do seguro desemprego e não terá direito a indenização do art. 477 da CLT. Assim, será devido pelo empregador o saldo de salário, as férias proporcionais, o 13º salário proporcional aos meses trabalhados (Súmula n. 157 do TST), férias vencidas e proporcionais, com o terço constitucional se houver (Súmula n. 171 do TST).

Vale ressaltar que nos contratos regidos por prazo determinado, se o empregado resolve pedir demissão antes de encerrado o prazo final do aludido contrato, este estará obrigado a indenizar o empregador dos prejuízos que seu ato resultar, sendo que não poderá superar o valor que seria devido ao empregado no caso contrário, conforme prevê o art. 480 e seu § 1º da CLT.

Rescisão indireta

Também chamada de dispensa indireta, se dá quando o empregado põe fim ao contrato laboral. O art. 483 da CLT concede ao empregado a possibilidade de rescindir o contrato de trabalho com o empregador quando comprovada falta grave cometida pela empresa, ou seja, na ocorrência destes fatos o contrato de trabalho se extinguirá pela rescisão indireta.

A rescisão indireta, no entanto, deve obedecer os mesmos requisitos da justa causa quando cometida pelo empregado, quais sejam, a tipificação legal, a imediatidade na apuração da falta, a apuração da gravidade do ato, o nexo de casualidade, a gradação na punição (proporcionalidade) e o *non bis in idem.*

Assim, será devido ao empregado todas as verbas que lhe seriam pagas no caso de extinção do contrato por rescisão sem causa justificada, ficando caracterizada a rescisão indireta como forma de extinção do contrato de trabalho. Não se comprovando a falta grave cometida pelo empregador, o empregado somente receberá direitos como se tivesse pedido demissão. Contudo, julgada procedente a ação o empregado terá direito a receber as verbas rescisória nas mesmas condições da rescisão sem justa causa, feita pelo empregador.

Entretanto, para a aplicação da rescisão indireta, é preciso que o empregado ingresse na Justiça do Trabalho para caracterizar a justa causa e, por conseguinte a rescisão indireta. Como dificilmente o empregador admitirá a justa causa de que é acusado pelo empregado, a dispensa indireta é seguida de processo judicial em que este pede o seu reconhecimento e a condenação daquele aos pagamentos devidos.

Esta modalidade é de difícil comprovação, pois normalmente o empregado não conhece esta forma de extinção e pede demissão quando percebe que está sendo acometido de falta grave pela empresa, perdendo, assim, a oportunidade de receber os valores que lhe são devidos. Por isso é muito importante que o empregado avise ao empregador o motivo ensejador da extinção do contrato de trabalho pelo empregado, para que não resulte em abandono de emprego, ou ainda, pedido de demissão, que poderá acarretar, com isso, o não recebimento de todas as verbas rescisórias que lhe são devidas com a rescisão indireta.

Na hipótese de rescisão indireta, são devidas as seguintes verbas: aviso-prévio (art. 487, § 4º, da CLT), férias proporcionais,

13º salário proporcional, levantamento do FGTS com a indenização de 40% e o seguro desemprego.

Problemas Jurídicos sobre a dispensa indireta

Pode o empregado mover ação de dispensa indireta e permanecer no emprego até sentença transitada em julgado, nos casos de "descumprimento das obrigações contratuais" pelo empregador, de que é exemplo a mora salarial e "redução sensível do trabalho por peça ou tarefa" (CLT, art. 483, § 3º).

Se o empregado permanecer no serviço este pode ser dispensado pelo empregador, até como represália pelo ingresso da ação. Nesse caso, a dispensa direta superveniente e sem justa causa absorve a dispensa indireta antecedente, e os direitos do empregado serão os previstos para a dispensa direta sem justa causa. Porém, a dispensa direta superveniente pode resultar de justa causa. Nesse caso, a relação de emprego terá o seu termo final com a dispensa, como no caso anterior, mas surge a questão consistente em saber quais são os efeitos sobre os direitos do empregado.

Figuras da justa causa pelo empregador

As hipóteses de justa causa cometidas pelo empregador estão dispostas no art. 483 da CLT, isto é, o empregado poderá considerar rescindido o contrato de trabalho e pleitear a devida indenização quando:

> a) Forem exigidos serviços superiores às suas forças, defesos por lei, contrários aos bons costumes, ou alheios ao contrato — ocorre quando o empregador exigir do empregado serviços superiores à sua condição física ou intelectual, exigir da mulher força muscular superior a 20 quilos, ou ainda, que a lei não permita, como é o caso de exigir do menor que labore no período noturno e, por fim, alheios ao contrato, ou seja, é contratado para atuar como auxiliar administrativo, e no entanto faz trabalhos de faxineiro.

b) For tratado pelo empregador ou por seus superiores hierárquicos com rigor excessivo — são as situações em que o empregado é tratado com muita severidade. O respeito com o empregado deve prevalecer.

c) Correr perigo manifesto de mal considerável — são as hipóteses em que o empregado é submetido a situações que coloquem sua vida em risco. Aqui o risco não é essencial à profissão do obreiro, como por exemplo, trabalhar em lugares de elevado risco sem a utilização de equipamentos necessários para a proteção.

d) Não cumprir o empregador as obrigações do contrato — como por exemplo, não pagar os salários por período igual ou superior a 3 meses sem motivo grave e relevante. A jurisprudência e a doutrina vêm interpretando que seja necessário pelo menos 3 meses de atraso para caracterizar a mora contumaz (art. 2º, § 1º, do Decreto-lei n. 368/68, devendo ser configurada de imediato, para que assim não acarreta prejuízo ao empregado e à sua família perante a sociedade.

e) Praticar o empregador ou seus prepostos, contra o empregado ou pessoas de sua família ato lesivo à honra e boa fama — se dá diante da calúnia, injúria ou difamação ao empregado ou a seus familiares.

f) O empregador ou seus prepostos ofenderem-no fisicamente, salvo em caso de legítima defesa, própria ou de outrem.

g) O empregador reduzir o seu trabalho, sendo este por peça ou tarefa, de forma a afetar sensivelmente a importância dos salários — é o exemplo da diminuição do preço das unidades produzidas pelo empregado.

As hipóteses constantes do art. 483 da CLT configuram os motivos que ensejam o pedido de rescisão indireta do contrato de trabalho pelo empregado, acarretando em uma indenização pela ruptura contratual.

Verificado pela autoridade competente que o trabalho executado pelo menor é prejudicial à sua saúde, ao seu desenvolvimento físico ou à sua moralidade, poderá ela obrigá-lo a abandonar o serviço, devendo a respectiva empresa, quando for o caso, proporcionar ao menor todas as facilidades para mudar de funções. Quando a empresa não tomar as medidas possíveis e recomendadas pela autoridade competente para que o menor mude de função, configurar-se-á a rescisão do contrato de trabalho, na forma do art. 483 da CLT (art. 407, parágrafo único da CLT).

Aposentadoria espontânea/voluntária

Grandes celeumas foram trazidas com a decisão do Plenário do Supremo Tribunal Federal quando do julgamento das liminares concedidas na ADIn (ns. 1.770 e 1.721) declarou inconstitucional os §§ 1º, 2º e 3º do art. 453 da CLT. Até então a concessão de aposentadoria pelo INSS rescindia automaticamente o contrato de trabalho de todo e qualquer empregado regido pela CLT. Atualmente a concessão de aposentadoria pelo INSS não rescindo o contrato de trabalho, logo, o empregado que se aposenta deve continuar a trabalhar, salvo se ele quiser requerer a sua demissão.

É importante se ater que a aposentadoria versa como um benefício, não como um malefício. A aposentadoria voluntária se dá por efeito do exercício regular de um direito, e não, de colocar o seu titular em uma situação jurídico-passiva de efeitos ainda mais drásticos do que aqueles que resultariam do cometimento de uma falta grave, por exemplo.

A Lei n. 8.213, em seu art. 49, inciso I, alínea "b", alude que não há necessidade do desligamento do emprego para o requerimento da aposentadoria, inclusive pode o empregado continuar trabalhando na empresa.

Dispõe a Lei n. 8.213/91 em seu art. 51 "A aposentadoria por idade pode ser requerida pela empresa, desde que o segurado empregado tenha cumprido o período de carência e completado 70 (setenta) anos de idade, se do sexo masculino, ou 65 (sessenta e cinco) anos, se do sexo feminino, sendo compulsória, caso em que será garantida ao empregado a indenização prevista na legislação trabalhista, considerada como data da rescisão do contrato de trabalho a imediatamente anterior à do início da aposentadoria".

Versa o art. 453 da CLT: "No tempo de serviço do empregado, quando readmitido, serão computador os períodos, ainda que não contínuos, em que tiver trabalhado anteriormente na empresa, salvo se despedido por falta grave, recebido indenização legal ou se aposentado espontaneamente".

Para aquele empregado que se aposentar, e efetivamente não mais laborar, fará jus ao percebimento das seguintes verbas rescisórias: férias vencidas e proporcionais, 13º salário e o levantamento do FGTS (art. 20, III, da Lei n. 8.036/90). Porém, não terá direito ao aviso-prévio e nem a multa rescisória.

A aposentadoria espontânea não é causa de extinção do contrato de trabalho se o empregado permanecer prestando serviços ao empregador após a jubilação. Assim, por ocasião da sua dispensa imotivada, o empregado tem direito à multa de 40% do FGTS sobre a totalidade dos depósitos efetuados no curso do pacto laboral (OJ n. 361, SBDI-1 do TST).

O Tribunal Superior do Trabalho, em Sessão Extraordinária do Tribunal Pleno, realizada no dia 15.10.2006, decidiu, por unanimidade, pelo cancelamento da Orientação Jurisprudencial n. 177 da C. SBDI-1 que previa a extinção do contrato de trabalho com a aposentadoria espontânea, mesmo quando o empregado continuava a trabalhar na empresa, após a concessão do benefício previdenciário.

A aposentadoria espontânea não constitui causa de extinção automática do contrato de trabalho. Seja à vista da inexistência de previsão legal que lhe atribua tal efeito, seja em face do quanto disposto nos arts. 1º, IV, 7º, I, 170, *caput* e VIII, e 193 da Constituição Federal.

Extinção do contrato por iniciativa de ambas as partes

Acordo entre as partes

Cessa o contrato amigavelmente por iniciativa de ambas as partes, empregado e empregador, através do acordo ou da transação, é o que chamamos de distrato. As próprias partes estabelecerão quais serão as formam e consequências do rompimento do vínculo empregatício. Contudo, vale lembrar que o empregado poderá transacionar todas as verbas trabalhistas, salvo férias vencidas e salários, contudo, com o acordo, não será permitida o levantamento dos depósitos do FGTS (art. 20 da Lei n. 8.036/90).

Segue a nova base legal, com a reforma:

> *"Art. 484-A. O contrato de trabalho poderá ser extinto por acordo entre empregado e empregador, caso em que serão devidas as seguintes verbas trabalhistas:*
>
> *I — por metade:*
>
> *a) o aviso-prévio, se indenizado; e*
>
> *b) a indenização sobre o saldo do Fundo de Garantia do Tempo de Serviço, prevista no § 1º do art. 18 da Lei n. 8.036, de 11 de maio de 1990;*
>
> *II — na integralidade, as demais verbas trabalhistas.*
>
> *§ 1º A extinção do contrato prevista no caput deste artigo permite a movimentação da conta vinculada do trabalhador no Fundo de Garantia do Tempo de Serviço na forma do inciso I-A do art. 20 da Lei n. 8.036, de 11 de maio de 1990, limitada até 80% (oitenta por cento) do valor dos depósitos.*
>
> *§ 2º A extinção do contrato por acordo prevista no caput deste artigo não autoriza o ingresso no Programa de Seguro-Desemprego."*

Culpa recíproca

Quando ambas as partes cometem faltas graves reciprocamente, a falta do empregado está no art. 482 da CLT e a do empregador no art. 483 da CLT. Pelo artigo cuja grávida dos atos torna impossível a continuação da relação empregatícia, ocorre a extinção do contrato de trabalho por culta recíproca, por exemplo, quando ocorre a troca de tapas e insultos entre o empregado e o empregador.

Entretanto, sua existência é prevista em nossa legislação trabalhista, fato que nos permite analisar a matéria, inclusive na forma de sua indenização, sendo que no caso de ocorrência da culpa recíproca (art. 484 da CLT), o empregado receberá metade do valor que teria direito, ou seja, 50% do aviso-prévio, 13º salário e férias proporcionais com 1/3 constitucional em consonância à Súmula n. 14 do TST.

Em relação ao FGTS, ocorrendo rescisão do contrato de trabalho, por parte do empregador, ficará este obrigado a depositar na conta vinculada do trabalhador no FGTS os valores relativos aos depósitos referentes ao mês da rescisão e ao imediatamente anterior, que ainda não houver sido recolhido, sem prejuízo das cominações legais. Contudo, quando ocorrer despedida por culpa recíproca ou força maior, reconhecida pela Justiça do Trabalho, o percentual de 40% passará a ser metade, isto é, será de 20% (art. 20, inciso I, da Lei n. 8.036/90). O mesmo ocorrendo em relação à extinção do contrato de trabalho por iniciativa de ambas as partes, com a diferença de que nesta modalidade, as verbas que não seriam devidas pelo empregador no caso de culpa recíproca, serão objeto de transação pelas partes.

Extinção do contrato de trabalho por desaparecimento dos sujeitos

Morte do empregador (pessoa física)

Ficando encerrada a atividade do empreendimento em razão da morte do empregador individual, o contrato se extingue e os direitos são os mesmos da rescisão sem justa causa. É o que dispõe o art. 483, § 2º, da CLT: "No caso de morte do empregador constituído em empresa individual, é facultado ao empregado rescindir o contrato de trabalho.

O empregado fará jus ao saldo salarial, férias proporcionais e vencidas com 1/3 constitucional e será autorizado o levantamento do FGTS.

Se o herdeiro der continuidade ao negócio, é facultado ao empregado rescindir o contrato, caso em que não terá que dar aviso-prévio.

Morte do empregado

Trata-se de rescisão equivalente ao pedido de demissão, com a diferença da que houve a morte do obreiro. Como este não poderá ser substituído, o contrato será extinto.

Os valores a receber cabem aos herdeiros pagar, mediante alvará judicial, independente de inventário ou arrolamento, com a possibilidade de levantar o valor depositado no FGTS durante a vigência contratual (art. 20, IV, da Lei n. 8.036/90) e do PIS-PASEP, tendo direito ao saldo de salário correspondente aos dias trabalhados e ainda não pagos, 13º salário proporcional, férias vencidas e proporcionais (se tiver) acrescidas de 1/3 constitucional, todavia, os herdeiros não farão jus ao aviso-prévio e à indenização de 40%.

No que se refere aos créditos trabalhistas, deve-se respeitar a ordem sucessória. Primeiramente os dependentes habilitados em cotas iguais, e, depois os sucessores até os colaterais, nos termos da lei civil (art. 1063 CC), sendo excluídos os entes estatais, e por fim, na ausência de sucessores, o crédito reverterá aos fundos sociais, ou seja, o FGTS, PIS-PASEP e a Previdência Social Lei n. 6.858/80 arts. 1º, §§ 1º e 2º e art. 2º, parágrafo único.

Extinção (fechamento) da empresa

A rescisão ocorre nos mesmos termos da dispensa sem justa causa feita pelo empregador, uma vez que não foi o empregado que deu causa à cessação do contrato, devendo, pois, receber todas as verbas, tais como, saldo de salário, aviso-prévio (trabalhado ou indenizado), 13º salário, férias proporcionais e vencidas com 1/3 constitucional, FGTS e multa de 40%, podendo, inclusive, levantar o FGTS (Lei n. 8.036/90, art. 20, II).

Extinção do contrato por motivo de força maior ou caso fortuito

Preferencialmente, cabe esclarecer que, caso fortuito é um fato imprevisível, enquanto a força maior é um fato imprevisível e inevitável em relação à vontade do empregador, por exemplo, um incêndio, inundação, terremoto e outros. O empregador não pode ter concorrido, direta ou indiretamente para a ocorrência do motivo alegado (art. 501 da CLT).

Na modalidade em análise, o empregador não fica isento do pagamento das verbas rescisórias, entretanto, será devido pela metade. De acordo com o que estabelece o art. 502 da CLT, receberá aviso-prévio, saldo de salário, férias vencidas e proporcionais, acrescidas de 1/3, 13º salário proporcional, levantamento do FGTS (Lei n. 8.036/90, art. 20, I) cujo valor depositado deve ser acrescido de multa reduzida pela metade (20%) conforme art. 502, incisos II e III, da CLT.

Falência

Com a falência poderá ocorrer a rescisão do contrato de trabalho, uma vez que há a cessação da atividade laboral da empresa, o não cumprimento das obrigações e a manifestação de vontade do síndico.

O crédito trabalhista é o primeiro a receber no juízo falimentar, no entanto, se os valores forem ilíquidos, deverá haver uma ação trabalhista para que, após o trânsito em julgado, haja um título executivo.

O empregado terá direito ao percebimento de todas as verbas rescisórias, quais sejam, saldo de salário, aviso-prévio, 13º salário, férias vencidas e proporcionais com 1/3 constitucional, saque do FGTS e a indenização de 40%.

Extinto automaticamente o vínculo empregatício com a cessação das atividades da empresa, os salários são devidos até à data da extinção (Súmula n. 173 do TST).

Nessa seara, vale comentar que os contratos bilaterais não se resolvem pela falência, e podem ser cumpridos pelo administrador judicial se o cumprimento reduzir ou evitar o aumento do passivo da massa falida, ou for necessário a manutenção e preservação de seus ativos, mediante autorização do Comitê de Credores (art. 117 da Lei n. 11.101/05).

Factum principis **(*Fato do príncipe*)**

Diante da ocorrência do *factum principis*, isto é, a paralisação temporária ou definitiva do trabalho motivada por ato de autoridade municipal, estadual ou federal ou pela promulgação de lei, ou resolução que impossibilite a continuação da atividade, prevalecerá o pagamento da indenização que ficará a cargo do governo responsável (art. 486 da CLT).

Cumpre esclarecer que o empregado terá direito ao percebimento de todos os direitos previstos pela dispensa sem justa causa, contudo ficará a cargo do Poder Público o pagamento das indenizações como, por exemplo, a multa do FGTS. O restante do pagamento das verbas rescisórias é encargo do empregador.

Extinção de contrato por prazo determinado

Rescisão antecipada do contrato por prazo determinado

Término do contrato a prazo é a extinção da relação de emprego antes de atingir o termo final ajustado pelas partes. O empregado receberá uma indenização equivalente ao salário pela metade, sendo autorizado o levantamento do FGTS, a multa de 40%, direito ao saldo de salário, férias vencidas e proporcionais e 13º salário, contudo não há o direito ao aviso-prévio.

Extinção antecipada por vontade do empregado

De acordo com o art. 480 da CLT, havendo termo estipulado, o empregado não poderá se desligar do contrato sem justa causa, sob pena de ser obrigado a indenizar o empregador dos prejuízos que desse fato lhe resultar. Essa indenização, não poderá exceder àquela a que teria direito o empregado em idênticas condições (art. 480, § 1º, da CLT).

Será devido ao empregado o saldo de salário, as férias vencidas e proporcionais (se mais de 1 ano de casa), e o 13º salário.

Cessação do contrato por prazo determinado

Nesta situação, onde extinguiu o contrato de trabalho em razão do termo, o funcionário recebe o saldo salarial, férias proporcionais com 1/3 constitucional e o 13º salário proporcional, além de autorizado o levantamento do FGTS, inclusive para os temporários (art. 20, IX, da Lei n. 8.036/90). Não há o direito ao aviso-prévio e nem da indenização de 40% do FGTS, vez que a iniciativa do rompimento não é do empregador.

Em consonância com o art. 479 da CLT, nos contratos que tenham termo estipulado, o empregador que, sem justa causa despedir o empregado, será obrigado a pagar-lhe, a título de indenização, e por metade, a remuneração a que teria direito até o termo do contrato.

Extinção antecipada por justa causa do empregado

Nesta hipótese o empregado terá direito apenas ao saldo de salário e às férias vencidas.

Extinção antecipada com cláusula assecuratória

Nos contratos que tenham termo estipulado, o empregador que, sem justa causa, despedir o empregado, será obrigado a pagar-lhe, a título de indenização, e por metade, a remuneração a que teria direito até o termo do contrato (art. 481 da CLT), além do aviso-prévio (Súmula n. 163 do TST).

O pagamento será devido no próprio ato da homologação em dinheiro ou cheque visado, entretanto, o pagamento das verbas rescisórias do analfabeto deve ser pago necessariamente em dinheiro. Qualquer compensação no pagamento, no ato da homologação, não poderá exceder o equivalente a 1 mês de remuneração do empregado (art. 477, § 5º, da CLT). O instrumento de rescisão ou recibo de quitação, qualquer que seja a causa ou forma de dissolução do contrato, deve ter especificada a natureza de cada parcela paga ao empregado e discriminado seu valor, sendo válida a quitação, apenas, relativamente às mesmas parcelas (§ 2º).

Em elação ao empregado estável, só será válido quando realizado com a assistência do respectivo Sindicato e, se não houver, perante autoridade local competente do Ministério do Trabalho ou da Justiça do Trabalho (art. 500 da CLT).

Assevera a Súmula n. 330 do TST que a quitação passada pelo empregado, com assistência de entidade sindical de sua categoria, ao empregador, com observância dos requisitos exigidos nos parágrafos do art. 477 da CLT, tem eficácia liberatória em relação às parcelas expressamente consignadas no recibo, salvo se oposta ressalva expressa e especificada ao valor dado à parcela ou parcelas impugnadas. A quitação não abrange parcelas não consignadas no recibo de quitação e, consequentemente, seus reflexos em outras parcelas, ainda que estas constem desse recibo. Quanto a direitos que deveriam ter sido satisfeitos durante a vigência do contrato de trabalho, a quitação é válida em relação ao período expressamente consignado no recibo de quitação.

Prazo para quitação das verbas rescisórias

As parcelas da rescisão contratual ou do termo de quitação do contrato devem ser pagas até o 1º dia útil após o encerramento do contrato. As verbas rescisórias devem ser pagas até o 10º dia da data da notificação da demissão quando da ausência do aviso-prévio, sua indenização ou dispensa de seu cumprimento (art. 477, § 6º, da CLT).

A inobservância do disposto no § 6º deste artigo sujeitará o infrator à multa de 160 BTNs, por trabalhador, bem assim ao pagamento da multa a favor do empregado, em valor equivalente ao seu salário, devidamente corrigido pelo índice de variação do BNT, salvo quando, comprovadamente, o trabalhador der causa à mora, de acordo com o § 8º do art. 477 da CLT.

Vaticina a Súmula n. 388 do TST: "A Massa falida não se sujeita à penalidade do art. 467 e nem à multa do § 8º do art. 477, ambos da CLT".

Seguro-desemprego

O seguro-desemprego ou salário-desemprego regido pelas Leis ns. 7.998/90 e 8.900/94, é um benefício temporário para o trabalhador demitido sem justa causa, que tem por finalidade de prover assistência financeira temporária ao trabalhador desempregado em virtude de dispensa sem justa causa, inclusive a indireta; ao pescador artesanal no período de proibição da pesca, e auxiliar os trabalhadores na busca de emprego, promovendo, para tanto, ações integradas de orientação, recolocação e qualificação profissional.

Para o empregado ter direito ao seguro-desemprego é necessário que se encontre em situação de "desemprego involuntário", conforme redação clara do art. 7º, II, da CF. A perda do posto de trabalho deve resultar em ato pelo qual o trabalhador não tenha concorrido, ou, quando vencido o contrato de prazo determinado.

O trabalhador tem o prazo do 7º ao 120º dia após a data da sua demissão para fazer o respectivo requerimento. Para tanto, no ato da dispensa, o empregador é obrigado a fornecer ao ex-empregado o Requerimento de Seguro-Desemprego (RSD) devidamente preenchido, com a Comunicação de Dispensa (CD), onde deverão constar os dados necessários para o trabalhador se habilitar ao recebimento do seguro-desemprego.

O trabalhador poderá requerer o seguro-desemprego nas agências credenciadas da Caixa Econômica Federal ou nos Postos de atendimento das Delegacias Regionais de Trabalho — DRT, ou do Sistema Nacional de Emprego — SINE.

De acordo com o art. 3º da Lei n. 7.998/90, são estabelecidas as situações cabíveis para se receber o seguro-desemprego, como segue:

- Desemprego involuntário, oriundo da dispensa sem justa causa.
- Ter recebido salário, de 1 ou mais empregadores, nos 6 meses imediatamente anteriores à dispensa.
- Não ter recebido seguro-desemprego nos últimos 16 meses.

- Ter exercido relação de emprego por, no mínimo 15 meses nos últimos 24 meses, ou exercido atividade reconhecida como autônoma neste mesmo período.

- Não estar em gozo de benefício previdenciário de prestação continuada, salvo auxílio acidentário, auxílio suplementar e o abono de permanência.

- Não possuir renda própria para garantir o seu sustento e o de sua família.

De acordo com o art. 5º da Lei n. 7.998/90, o valor do benefício será fixado em Bônus do Tesouro Nacional (BTN), devendo ser calculado segundo 3 faixas salariais, senão vejamos:

> I — até 300 (trezentos) BTN, multiplicar-se-á o salário médio dos últimos 3 (três) meses pelo fator 0,8 (oito décimos);
>
> II — de 300 (trezentos) a 500 (quinhentos) BTN aplicar-se-á, até o limite do inciso anterior, a regra nele contida e, no que exceder, o fator 0,5 (cinco décimos);
>
> III — acima de 500 (quinhentos) BTN, o valor do benefício será igual a 340 (trezentos e quarenta) BTN.

O valor do benefício não poderá ser inferior ao valor do salário mínimo.

Para se estabelecer a quantidade do número de parcelas mensais a serem pagas ao trabalhador, deverá ser observado o tempo de serviço nos 36 meses que antecederam a data da dispensa:

- de 6 a 11 meses de trabalho — receberá 3 parcelas;

- de 12 a 23 meses de trabalho — receberá 4 parcelas;

- de 24 a 36 meses de trabalho — receberá 5 parcelas.

Importante ressaltar que no caso de morte do beneficiário, os descendentes terão direito apenas às parcelas vencidas, visto que o seguro-desemprego é de caráter pessoal e intransferível.

A Lei n. 10.208/2001, assegurou esse direito também aos domésticos, contudo, impende destacar que trata de regra discriminatória, pois o legislador vinculou o direito ao recebimento do seguro-desemprego, ao recolhimento, pelo empregador, dos percentuais mensais relativos ao FGTS. Assim, como este é facultativo, não havendo estes depósitos mensais, o doméstico não terá direito ao seguro desemprego. O doméstico perceberá 3 parcelas no valor de 1 salário mínimo.

O trabalhador resgatado da condição análoga à de escravo, em decorrência de ação de fiscalização do Ministério do Trabalho e Emprego, perceberá 3 parcelas no valor de 1 salário mínimo.

Nos termos da Lei n. 10.779/2003, o pescador artesanal, que labora em regime de economia familiar, perceberá 1 salário mínimo por mês, prazo este fixado pelo IBAMA.

A suspensão do seguro-desemprego ocorrerá quando o trabalhador for admitido em novo emprego, como também no caso de recebimento de benefício previdenciário de prestação continuada, exceto o auxílio acidente, auxílio suplementar e abono de permanência.

Haverá o cancelamento da concessão do seguro-desemprego ao empregado, quando houver:

> a) a recusa do desempregado a novo emprego condizente com sua qualificação e salário anterior;
>
> b) diante de falsidade de informações para a sua concessão;
>
> c) na prática de fraude para a percepção do benefício;
>
> d) com a morte do segurado.

Contudo, vale ressaltar que, exceto no caso de morte, em todas as situações acima expostas, o trabalhador perderá por 2 anos o direito de receber novo seguro-desemprego quando tais infrações forem percebidas. Em caso de reincidência, o prazo será dobrado e terá que devolver o valor já recebido quando se constatar fraude, além de arcar com as consequências penais, que será realizada com a devida condenação criminal.

Capítulo 15

Arbitragem no Direito do Trabalho

Base Legal

"Art. 507-A. Nos contratos individuais de trabalho cuja remuneração seja superior a duas vezes o limite máximo estabelecido para os benefícios do Regime Geral de Previdência Social, poderá ser pactuada cláusula compromissória de arbitragem, desde que por iniciativa do empregado ou mediante a sua concordância expressa, nos termos previstos na Lei n. 9.307, de 23 de setembro de 1996."

"Art. 507-B. É facultado a empregados e empregadores, na vigência ou não do contrato de emprego, firmar o termo de quitação anual de obrigações trabalhistas, perante o sindicato dos empregados da categoria.

Parágrafo único. O termo discriminará as obrigações de dar e fazer cumpridas mensalmente e dele constará a quitação anual dada pelo empregado, com eficácia liberatória das parcelas nele especificadas."

Teoria

História da arbitragem no Brasil

A arbitragem é um dos métodos alternativos mais utilizado de solução de litígios fora da esfera judiciária.

É uma instituição privada, instalada exclusivamente por vontade das partes, devendo essas, serem capazes e o conflito versar sobre direitos patrimoniais disponíveis (as partes possam legalmente dispor), confiando a um terceiro neutro e imparcial, o qual é denominado juiz arbitral (imparciais), que pode ser indicado pelas partes, nomeados por juiz ou consentidos por elas em indicação de terceiro.

Esses julgam esse conflito de interesses conforme seu douto entendimento, lhe dando uma sentença, tendo força de coisa julgada como na justiça comum, porém, nem sempre foi assim.

O nosso judiciário brasileiro, embora tenha desenvolvido ao longo dos últimos anos mecanismos que tentam dar celeridade às suas demandas judiciais, ainda está aquém de cumprir essas demandas dentro do menor espaço de tempo na sua jurisdição.

Com esse colapso institucional gerado principalmente pelo número insuficiente de magistrados em relação a tais demandas, os que esperam a resposta do Estado para usufruir da justiça pleiteada ficam inconformados, gerando certa revolta e o levando muitas vezes a tutelar essa justiça de forma executória.

Talvez essa grande demanda acumulada não esteja ligada apenas ou diretamente ao insuficiente número de magistrados ou omissão do Estado que procura conter suas contas e para isso evita contratações, mas sim, pela falta de conhecimento por parte da grande maioria da população de outras formas de resolver e até mesmo prevenir os litígios, evitando assim, o deságue no Judiciário.

É por isso que vem ganhado mais força e se consolidando no nosso ordenamento jurídico os métodos alternativos de resolução de conflitos, como a arbitragem, a conciliação e a mediação que são formas, que não só resolvem, mas também resolvem da melhor forma, a partir de um comum acordo entre as partes chegando até mesmo obter a satisfação completa como coisa julgada sem a interferência do Poder Judiciário, como é o caso da arbitragem, tema específico deste artigo.

Serão abordadas algumas das normas do nosso ordenamento jurídico que fazem referências à arbitragem, como nossa Carta Magna CF/88, o Código Civil e Código de Processo Civil.

Com os avanços, será abordado também a primeira lei específica sobre arbitragem, a Lei n. 9.307, de 23 de setembro de 1996, bem como a promulgação da última, a Lei n. 13.129, de 26 de maio de 2015, fazendo comparativos entre as duas leis, as principais mudanças, as revogações, o que melhorou e o que foi inovado pela nova lei.

No Brasil império

A arbitragem se desenvolve no Brasil a partir do império por meio da Constituição Política do Império do Brazil (Brazil com "z" escrita da época) de 25 de março de 1824, outorgada em nome da Santíssima Trindade, pelo imperador D. Pedro I, mencionado no art. 160, que permitia por meio de um juiz arbitral ser resolvido causas penais, bem como as causas cíveis e sua decisão resolveria definitivamente a causa.

> Art. 160. Nas cíveis e nas penais civilmente intentadas, poderão as partes nomear juízes árbitros. Suas sentenças serão executadas sem recurso, se assim o convencionarem as mesmas partes. (Constituição Política do Império do Brasil — 1824)

Em 1850, com o código comercial do Brasil império, o imperador deu mais notoriedade à arbitragem, e, o que era opcional, passou a ser obrigatória para as controvérsias mercantis ao estabelecer nos arts. 245 e 249:

> Art. 245. Todas as questões que resultarem de contratos de locação mercantil serão decididas em juízo arbitral.

> Art. 294. Todas as questões sociais que se suscitarem entre sócios durante a existência da sociedade ou companhia, sua liquidação ou partilha, serão decididas em juízo arbitral.

Apesar desses avanços, a arbitragem obrigatória foi revogada pela Lei n. 1.350/1866, mas manteve em seu ordenamento jurídico a voluntária. Com o retrocesso, a arbitragem estagna, e aos poucos vai perdendo vigência, sobretudo com o surgimento de outras leis esparsas, mas, o maior entrave era a interpretação da suprema corte que julgava inconstitucionais as regras que tratavam a arbitragem obrigatória nas matérias já mencionadas.

No Código Civil de 1916

No código de 1916, Clóvis Beviláqua inseriu a arbitragem tratando a matéria, destacando o compromisso, mas considerando a arbitragem como facultativa no art. 1.037:

> Art. 1.037. As pessoas capazes de contratar, poderão em qualquer tempo, louvar-se, mediante compromisso escrito, em árbitros, que lhes resolvam as pendências judiciais, ou extrajudiciais.

Contudo, no art. 1.048, nivelava a arbitragem privada com a jurisdição estatal:

> Art. 1.048. Os árbitros são juízes de direito e de fato, não sendo sujeito o seu julgamento a alçada ou recurso, exceto se o contrário convencionarem as partes.

A proposta de Clóvis Beviláqua reacendeu a chama da arbitragem e na constituição federal promulgada em 1934 no art. 4º citava que:

> Art. 4º O Brasil só declarará guerra se não couber ou malograr-se o recurso do arbitramento; e não se empenhará jamais em guerra de conquista, direta ou indiretamente, por si ou em aliança com outra nação.

O referido diploma também instituiu a competência privativa da união para legislar sobre a arbitragem comercial.

Art. 5º Compete privativamente à União:

XIX — legislar sobre:

a) direito penal, comercial, civil, aéreo e processual, registros públicos e juntas comerciais;

b) divisão judiciária da União, do Distrito Federal e dos Territórios e organização dos Juízos e Tribunais respectivos;

c) normas fundamentais do direito rural, do regime penitenciário, da arbitragem comercial, da assistência social, da assistência judiciária e das estatísticas de interesse coletivo;

d) desapropriações, requisições civis e militares em tempo de guerra.

No Código de Processo Civil

Em 1939, através da Lei n. 1.808/39 e a codificação do processo civil brasileiro foram unificadas diversas leis civis até então esparsas em diversos estados da federação. A arbitragem ganhou destaque sob o título "Do Juízo Arbitral", composto por 18 artigos.

Em 1973, a arbitragem se firma mais no nosso ordenamento, dispondo no código de processo civil de um capítulo inteiro ao juízo arbitral. Esse capítulo tratava de detalhes até então não tratados sobre a arbitragem, como: o compromisso, os árbitros, o procedimento e sobre a homologação do laudo, nos arts. 1.072 ao 1.102.

Com a promulgação da nossa Constituição da Republica Federativa do Brasil de 1988, a arbitragem se aloca no art. 4º, VII, que traz a solução de forma pacífica aos litígios a arbitragem, ainda que de forma implícita.

Art. 4º, VII — A Republica Federativa do Brasil rege-se nas suas elações internacionais pelos seguintes princípios:

[...]

VII — solução pacífica dos conflitos.

E assim a arbitragem no Brasil, meio que pegando carona em dispositivos legais, aos poucos conquistava adeptos, estudiosos, doutrinadores, juristas e políticos, todos com a certeza de que a arbitragem precisava ser fortalecida e ocupar o seu lugar exclusivo no nosso ordenamento jurídico.

O grande defensor da arbitragem no Brasil e o processo para aprovação de uma lei própria.

A arbitragem teve como um dos marcos, o empenho do senador Marco Maciel que vislumbrando a possibilidade da agilidade nos processos que se amontoavam no nosso judiciário, e, principalmente de olho no desenvolvimento econômico por conta dos contratos internacionais.

No data de 17.12.1991 em Brasília, foi assinado o Protocolo de Brasília que recomendava o processo arbitral como uma realidade irreversível.

No dia 3 de junho de 1992 começou uma incansável luta do então Senador Marco Maciel que apresentou um Projeto de Lei do Senado n. 78/92, justificando "criar um foro adequado às causas envolvendo questões de direito comercial, negócio internacionais ou matéria de alta complexidade para os quais os Poder Judiciário não está aparelhado". O Projeto passa Comissão de Constituição, Justiça e Cidadania do Senado.

Aprovado o projeto no Senado Federal, foi enviado em 14 de junho de 1993 à Câmara dos Deputados. Na Câmara, por falta de interesse na causa, o projeto andou a passos lentos, e só em 1995 o presidente da Comissão de Defesa do Consumidor, Meio Ambiente e Minorias, solicitou que fosse divulgado para recebimento de eventuais emendas.

Aprovado pela Comissão, o projeto de lei foi submetido à apreciação das Comissões de Constituição e Justiça e de Redação que por sua vez o aprovou em 28 de maio de 1996 e a Câmara dos Deputados e o Senado Federal aprovaram o projeto que foi sancionado em sessão solene pelo Presidente da República, dando criação 9.307/96, a Lei de arbitragem. A então nova lei sobre arbitragem estava composta de 7 capítulos e 44 artigos.

O primeiro teste da lei de arbitragem, sua constitucionalidade

Após vários debates, em 2001 passa pelo crivo da confirmação de constitucionalidade e foi reinserida a arbitragem comercial no ordenamento jurídico brasileiro. Nesse mesmo ano, aparecem os primeiros dados estatísticos fornecidos pelo CONIMA — Conselho Nacional das Instituições de Mediação e Arbitragem e registram 1.386 demandas cíveis e empresariais nas entidades brasileiras.

A crescente adesão à arbitragem pode ser justificada no fato da atividade refletir o caráter da lei de arbitragem, que equilibra liberdade, flexibilidade e igualdade. A escolha dos próprios julgadores aliados à celeridade dos julgamentos contribuem para a redução dos custos de transação.

No novo código civil

Com o NCC — Novo Código Civil, Lei n. 10.406, de 10 de janeiro de 2002, em seus arts. 853, 852 e 853, tratam do compromisso arbitral e admitindo-se nos contratos a cláusula compromissória, para resolver divergências mediante juízo arbitral, na forma estabelecida em lei especial. Tudo concorria para cada vez mais, consolidar a arbitragem como meio legítimo de resolução de litígios.

No novo código de processo civil

Em 2015, foi sancionada a Lei n. 13.105, de 16 de março de 2015 que instituiu o NCPC — Novo Código do Processo Civil brasileiro. O novo código em seu art. 3º institui a arbitragem como Jurisdição, permitindo a Arbitragem na forma da lei, no art. 42 estabelece que "As causas cíveis serão processadas e decididas pelo órgão jurisdicional nos limites de sua competência, ressalvado às partes o direito de instituir juízo arbitral, na forma da lei", agora, sem dúvidas Novo CPC confirma de forma segura a arbitragem como um instituto jurisdicional e reconhece e garante o direito das partes a optarem pela jurisdição arbitral, mas trataremos dos detalhes em tópico específico.

A nova lei de arbitragem: Lei n. 13.129/2015

Como a arbitragem avançava no Brasil, foi preciso fazer alterações, então a Lei n. 9.307/96 foi alterada pela Lei n. 13.129, de 26 de maio de 2015, entrando em vigor em julho de 2015:

> Altera a Lei n. 9.307, de 23 de setembro de 1996, e a Lei n. 6.404, de 15 de dezembro de 1976, para ampliar o âmbito de aplicação da arbitragem e dispor sobre a escolha dos árbitros quando as partes recorrem a órgão arbitral, a interrupção da prescrição pela instituição da arbitragem, a concessão de tutelas cautelares e de urgência nos casos de arbitragem, a carta arbitral e a sentença arbitral, e revoga dispositivos da Lei n. 9.307, de 23 de setembro de 1996.

A Lei de Arbitragem n. 13.129/2015 entrou em vigor em julho de 2015, e ampliou o âmbito da aplicação da arbitragem, adotou o que já vinha funcionando e incluiu o que vem sendo consolidado na jurisprudência dos tribunais ao longo dos últimos 20 anos.

Ponto importante disposto na nova lei foi a inclusão da possibilidade de plena utilização da arbitragem para solução de conflitos relativos à administração pública. O poder público é quem mais tem processos tramitando no Judiciário, 51% das demandas do país (de acordo com o CNJ), assim, há uma diminuição dos processos em que atua autor e réu, isso também poderá contribuir para desafogar a Justiça brasileira.

Com a nova lei de arbitragem, as mudanças são desde regras processuais, e arbitragem aplicada aos contratos da administração pública, até a regulamentação do direito de retirada de acionista dissidente em relação à deliberação societária que inclui a convenção de arbitragem no estatuto social.

Com relação a sentença estrangeira a nova redação dos arts. 35 e 39 da lei de arbitragem estabelece que o STJ, e não mais o STF, homologue ou denegue sentença arbitral estrangeira. Tratou essa alteração de formalizar, pois na verdade já era uma prática esse tipo de homologação em virtude da EC n. 45 que transferiu a competência do STF para o STJ para processar e julgar sentenças estrangeiras.

Há quem considere que a mais sugestiva e importante inovação trazida pela nova lei seja a regulamentação da arbitragem aplicada aos contratos com a administração pública, que teve seu regime confirmado com os novos §§ 1º e 2º do art. 1º e o § 3º do art. 2º da lei.

Na arbitragem, em contratos administrativos a referida lei previu de forma genérica, a possibilidade de a administração pública direta e indireta valer-se da arbitragem para os conflitos que envolva direitos patrimoniais disponíveis, refletindo a orientação da jurisprudência do STJ sobre o assunto e sepultando de vez as controvérsias suscitadas no âmbito do Tribunal de Contas da União.

Esse tema vinha de forma adaptado inserido em determinados diplomas legislativos com a possibilidade de se utilizar a arbitragem em contratos administrativos.

A Lei n. 11.079/2004, que previu expressamente que seria possível instituir arbitragem nos contratos de parceria público -privada (art. 11, III).

Ainda, a Lei n. 11.196/2005, que acrescentou o art. 23-A, à Lei n. 8.987/95, esta lei tratava dos contratos de concessão que previa o emprego de mecanismos privados para resolução de disputas decorrentes ou relacionadas ao contrato, inclusive a arbitragem seguindo os termos da Lei n. 9.307/96, também nos contratos a serem realizados no Brasil e em língua portuguesa.

Outras leis: Lei n. 11.909/2009 (Lei de Transporte de Gás Natural); Lei n. 11.196/2005 (Lei de Incentivos Fiscais à Pesquisa e Desenvolvimento da Inovação Tecnológica); Lei n. 10.438/2002 (Lei do Setor Elétrico); Lei n. 10.233/2001 (Lei de Transportes Aquaviários e Terrestres); Lei n. 9.478/1997 (Lei de Petróleo e Gás); Lei n. 9.472/1997 (Lei Geral de Telecomunicações).

Apesar de tudo, tais leis encontravam grandes resistências por parte dos administrativistas mais tradicionais.

Para evitar desconfortos e inseguranças, foi tomada uma decisão contundente por meio da Lei n. 13.129/2015, de forma genérica, que possibilitou entendimento da administração pública valer-se da arbitragem quando a lide versar sobre direitos disponíveis. Para tanto, foram acrescentados dois parágrafos ao art. 1º da Lei n. 9.307/1996, com a seguinte redação:

> Art. 1º [...]
>
> § 1º A administração pública direta e indireta poderá utilizar-se da arbitragem para dirimir conflitos relativos a direitos patrimoniais disponíveis.
>
> § 2º A autoridade ou o órgão competente da administração pública direta para a celebração de convenção de arbitragem é a mesma para a realização de acordos ou transações.

Embora de forma genérica, existe uma autorização para a utilização da arbitragem pela administração pública para todo e qualquer conflito que envolva direitos patrimoniais disponíveis. Quer seja de entes federativos: União, Estados/DF e Municípios.

O poder para firmar a celebração de convenção de arbitragem é, e continua sendo de que detém a competência para assinar acordos ou transações, conforme legislação do respectivo ente. Como por exemplo, Secretário de Estado poderá firmar a convenção de arbitragem no âmbito daquele órgão, que ele tem competência para assinar acordos.

O princípio da autonomia da vontade

Como dito linhas acima, o fato de o procedimento arbitral privilegiar a autonomia da vontade das partes, confere-lhe certa vantagem frente ao procedimento judicial litigioso.

Assim, quem se dedica, ainda que pouco, ao estudo da arbitragem, certamente já ouviu falar desse princípio, próprio do direito civil. Por oportuno, nos reportamos aqui às lições do professor Francisco Amaral[(8)], segundo o qual:

---

(8) AMARAL, Francisco. *Direito civil:* introdução. 5. ed. rev. atual. e aum. Rio de Janeiro: Renovar, 2003. p. 334-335.

> Para o direito, a vontade tem especial importância, porque é um dos elementos fundamentais do ato jurídico. [...]
>
> A possibilidade de a pessoa agir de acordo com sua vontade, podendo fazer ou deixar de fazer algo, chama-se liberdade, que, sendo conceito plurívoco, extremamente complexo compreende várias espécies, como a liberdade natural, a social ou política, a pessoal e a jurídica, que é a que nos interessa.
>
> A liberdade jurídica é a possibilidade de a pessoa atuar com eficácia jurídica. Sob o ponto de vista do sujeito, realiza-se no poder de criar, modificar ou extinguir relações jurídicas. Encarada objetivamente, é o poder de regular juridicamente tais relações, dando-lhes conteúdo e efeitos determinados, com o reconhecimento e a proteção do direito.
>
> A esfera de liberdade de que o agente dispõe no âmbito do direito privado chama-se autonomia, direito de reger-se por suas próprias leis. Autonomia da vontade é, assim, o princípio do direito privado pelo qual o agente tem a possibilidade de praticar um ato jurídico, determinando-lhe o conteúdo, a forma e os efeitos. [...]
>
> Apesar da diferenciação que o referido autor faz entre autonomia da vontade e autonomia privada, trataremos, nesse contexto, ambas as expressões como idênticas, entendendo-as como "o poder que os particulares têm de regular, pelo exercício de sua própria vontade, as relações de que participam, estabelecendo-lhes o conteúdo e a respectiva disciplina jurídica", nas palavras do citado professor.[9]

Transportando esse entendimento para o âmbito da Lei n. 9.307/96, podemos dizer, como o faz Carlos Alberto Carmona

---

(9) AMARAL, Francisco. *Direito civil:* introdução. 5. ed. rev. atual. e aum. Rio de Janeiro: Renovar, 2003. p. 335.

(p. 15), com toda a propriedade que lhe é inerente, até porque integrou a Comissão redatora do anteprojeto da Lei de Arbitragem, que "prestigiou-se em grau máximo e de modo expresso o princípio da autonomia da vontade, de forma a evitar dúvidas na aplicação da Lei".

De fato, se analisarmos os primeiros dispositivos do Diploma Legal em comento, fica bastante claro que a arbitragem depende tão somente da submissão de partes capazes de contratar à convenção de arbitragem, que poderá ser a cláusula compromissória ou o compromisso arbitral. Afora isso, e por questões atinentes à ordem pública, o litígio deve tratar de direitos patrimoniais disponíveis.

Os contraentes, porém, são livres para escolherem o direito material e processual aplicável, podendo, até mesmo, decidirem pela resolução da controvérsia por meio da equidade (o que, não se nega, é bastante raro), pela aplicação dos princípios gerais do direito, dos usos e costumes e das regras internacionais do comércio.

É o que se lê abaixo:

> Art. 1º As pessoas capazes de contratar poderão valer-se da arbitragem para dirimir litígios relativos a direitos patrimoniais disponíveis.
>
> Art. 2º A arbitragem poderá ser de direito ou de equidade, a critério das partes.
>
> § 1º Poderão as partes escolher, livremente, as regras de direito que serão aplicadas na arbitragem, desde que não haja violação aos bons costumes e à ordem pública.
>
> § 2º Poderão, também, as partes convencionar que a arbitragem se realize com base nos princípios gerais de direito, nos usos e costumes e nas regras internacionais de comércio.

No julgamento do Recurso Especial n. 1.288.251 — MG, o relator do caso, Ministro Sidnei Beneti, utilizando-se de expressão cunhada pela 12ª Câmara Cível do Tribunal de Justiça de Minas Gerais (APC n. 1.0003.09.030673-3/001), chega a afirmar que "a autonomia da vontade é o sustentáculo da validade da cláusula arbitral".

Em outras palavras, significa dizer que a arbitragem é hoje unicamente voluntária, ou seja, ela só será adotada se ambas as partes pactuarem nesse sentido. Não há, dessa forma, modalidade de sujeição compulsória ao juízo arbitral no Brasil.

Dada sua especificidade, de se notar que, em verdade, a autonomia da vontade deve ser levada ao seu extremo, ou seja, privilegiada ao máximo, já que a escolha por se submeterem ao procedimento arbitral foi das próprias partes, sob pena de se causar um descrédito nessa modalidade heterocompositiva de solução de controvérsias.

Foi por essa razão, aliás, que escolhemos aqui tratar sobre o § 1º do art. 20 da Lei n. 9.307/96. Acreditamos que sua leitura e aplicação deve ser feita com extrema cautela, tendo sempre em mente o princípio da autonomia da vontade das partes, a fim de justificar as duras lutas travadas para a promulgação da referida Lei.

Sobre os conceitos de suspeição e impedimento

Antes, ainda, de passarmos efetivamente à análise do dispositivo legal ora escolhido, necessário discorrer, mesmo que brevemente, acerca dos conceitos de suspeição, impedimento e incompetência, próprios do direito processual, e dos de nulidade, invalidade e ineficácia, mais voltados ao direito material.

Como se sabe, a relação processual é tríade, formada pelas partes, autor e réu, e pelo Estado-juiz, que se apresenta em posição de supremacia e equidistância daquele outros. Como nos ensina Alexandre Freitas Câmara (p. 136):

> A supremacia decorre do fato de o processo ser um instrumento de exercício do poder soberano do Estado, através de uma de suas manifestações, qual seja, a jurisdição. Já a equidistância, que nada mais é do que a demonstração gráfica da imparcialidade, é corolário

> da substitutividade, que, como se viu, é uma das características essenciais da jurisdição. Sendo certo que, no exercício da função jurisdicional, substitui o Estado a atividade dos titulares dos interesses que lhe são submetidos, não se poderia admitir que tal substituição se desse de modo parcial. A imparcialidade é requisito essencial para que se possa ter como legítima a atuação estatal no processo.

Por tal motivo, criou-se os arts. 134 e 135 do Código de Processo Civil, que tratam, respectivamente, das situações que caracterizam o impedimento ou a suspeição do órgão julgador.

No primeiro caso (impedimento), o que se tem são hipóteses em que a parcialidade é objetivamente presumida (presunção *iuris et de iuri*), devendo o juiz ser imediatamente afastado da causa. Por isso mesmo, pode ser arguida a qualquer tempo, mesmo após o trânsito em julgado, desde que respeitado o prazo de 2 (dois) anos para o ingresso da ação rescisória.

A suspeição, por outro lado, pode ser afastada, já que trata de casos menos graves sobre os quais paira a presunção iuris tantum. Sua arguição, portanto, deve ser feita no momento oportuno e pela forma adequada, qual seja, aquela prevista no art. 304 do Digesto Processual Civil

É importante ressaltar que o árbitro, quando assume essa função, traz para si um *munus* público e, por isso mesmo, está submetido a idênticas restrições de um juiz togado. A Lei de Arbitragem fala claramente no § 6º de seu art. 13 que o árbitro deve proceder com imparcialidade, atribuindo-lhe o dever de informar qualquer situação que possa parecer estranha às partes (art. 14, § 1º, da Lei n. 9.307/96).

Foi justamente por isso que a *International Bar Association* (IBA) criou o que se conhece como *Guidelines on Conflicts of Interest in International Arbitration*, que nada mais é do que uma lista de situações, devidamente catalogadas e divididas por sua gravidade, que podem causar o impedimento ou a suspeição do árbitro, e, por isso, devem ser por ele reveladas antes do início do procedimento arbitral.

As diretrizes são compostas por 4 (quatro) listas, quais sejam: *non-waivable red list* (as situações nela descritas impedem que o sujeito seja árbitro, porque ligado diretamente a uma das partes); *waivable red list* (hipóteses que geram presunção de parcialidade, mas que pode ser desconsiderada por acordo expresso das partes); *orange list* (situações que, se devidamente reveladas, não causam impedimento se as partes não as impugnarem); e *green list* (situações básicas que não geram qualquer impedimento).

Trata-se apenas de um guia, não obrigatório, mas extremamente útil.

> Vistos tais conceitos, passamos, por conseguinte, ao terceiro item. Para definir o que vem a ser a competência, e, por via de consequência, a incompetência, nos socorremos do professor Marcelo Abelha Rodrigues (p. 106-107), que assim a conceitua: Iniciamos o conceito de competência com uma afirmação "consequencial": todo juiz competente possui jurisdição, mas nem todo juiz que possui jurisdição possui competência. Isso porque a competência pode ser definida, segundo Liebman, como a medida da jurisdição, ou seja, é a concretização da jurisdição, ou, ainda, a quantidade de jurisdição cujo exercício é atribuído a cada órgão ou grupo de órgãos.
>
> [...]
>
> Na aferição da competência, ou seja, para se saber qual o órgão ou juiz competente para julgar uma determinada causa, diversos são os critérios utilizados pelo legislador, como, por exemplo, a matéria que será discutida em juízo, a pessoa que está sendo demandada, o local onde ocorreu o fato que deu origem à propositura da ação, o pedido formulado, o valor da causa etc.

São justamente esses critérios que irão permitir que se entregue a específico órgão jurisdicional determinada medida de jurisdição, para que o órgão possa exercê-la num caso concreto.

Não obstante esse significado seja correto, ele encontra uma feição própria no procedimento arbitral, traduzido por meio do princípio da Kompetenz-Kompetenz, por nós importado do direito alemão. De acordo com Beat Walter Rechsteiner, em seu livro *Arbitragem privada internacional no Brasil* (p. 64-66):

> Atualmente, na prática da arbitragem internacional, é quase pacífico cumprir ao próprio tribunal arbitral decidir quanto à sua competência perante a lide submetida à sua apreciação. Tal princípio é denominado pela doutrina Kompetenz-Kompetenz.
>
> [...]
>
> Conforme a Lei n. 9.307, de 23.9.1996, caberá ao tribunal arbitral decidir, de ofício ou por provocação das partes, as questões quanto à existência, validade e eficácia da convenção de arbitragem, ou seja, da sua competência, em decidir a lide submetida a sua apreciação. [...]

Na doutrina internacional parece estar assentado que a questão quanto a determinar quando uma lide á suscetível à arbitragem, deverá ser examinada de ofício pelo tribunal arbitral.

Infere-se, portanto, do trecho acima, que é do árbitro (ou do Tribunal Arbitral) a competência para definir sobre sua própria competência, o que claramente passará por uma análise da convenção de arbitragem, para verificar a (in)existência de vícios insanáveis. Caso eles sejam percebidos, aí sim é que o conflito será remetido ao Judiciário, cuja função primordial é dizer o direito no caso concreto.

Ao falarmos em vício, necessariamente havemos de explicar os conceitos de nulidade, invalidade e ineficácia, até porque expressamente citados pelo § 1º do art. 20 da Lei de Arbitragem, o que nos remete, outra vez, a conceitos básicos do direito civil.

Todo negócio jurídico somente poderá ser considerado completo se existir, for válido e possuir eficácia; figurativamente, podemos falar nos degraus que ele deve subir para, enfim, produzir efeitos no mundo jurídico.

Como o próprio termo sugere, no plano da existência, o que se verifica é o preenchimento dos requisitos necessários para a formação do contrato. São eles a exteriorização de vontade, o consentimento, a finalidade negocial e o elemento econômico, além de outros que podem ser especificamente exigidos. No plano da validade, por outro lado, observa-se se estão presentes os requisitos para que não seja o negócio declarado nulo ou anulável, sendo a nulidade e a anulabilidade espécies de sanções. É nesse momento que se analisa se a vontade foi externada sem vícios, se as partes são capazes e legítimas, se a forma prescrita foi obedecida e se o objeto é lícito, possível e determinável. esse ponto, vale uma breve explicação. É que o artigo em testilha fala tanto em nulidade como em invalidade, mostrando, com isso, uma certa atecnia, já que, como visto acima, essa (a invalidade) compreende o negócio nulo e o anulável. É o que preleciona Maria Helena Diniz (p. 157-158), como podemos confirmar a seguir:

> O contrato, para ter validade, precisará observar as normas jurídicas atinentes a seus requisitos subjetivos, objetivos e formais, sob pena de não produzir consequências jurídicas.

A nulidade é, portanto, uma sanção, por meio da qual a lei priva de efeitos jurídicos o contrato celebrado contra os preceitos disciplinadores dos pressupostos de validade do negócio jurídico. Essa nulidade poderá ser absoluta ou relativa.

A nulidade absoluta (CC, arts. 166, I a VII, e 167) é a sanção cominada ao contratante que transgride preceito de ordem pública, operando de pleno direito, de sorte que o contrato não poderá ser confirmado, nem convalescerá pelo decurso de tempo, da mesma forma que não produzirá efeitos desde a sua formação (CC, art. 169). Como se vê, produz efeitos *ex tunc*.

A nulidade relativa (CC, art. 171) é uma sanção que apenas poderá ser pleiteada pela pessoa a quem a lei protege e que se dirige contra os contratos celebrados por relativamente incapazes ou por pessoas cujo consentimento se deu por erro, dolo, coação, estado de perigo, lesão e fraude contra credores.

Tais contratos, porém, subsistirão até o instante de sua anulação, produzindo efeitos durante algum tempo, admitindo, ainda, confirmação e purificando-se com o decurso do tempo (CC, arts. 172 a 174).

Por essa razão a nulidade relativa não deve ser incluída entre os modos de dissolução do contrato.

Trata-se tão somente do reconhecimento de que o contrato é defeituoso, o que não lhe tira a relevância jurídica, visto que permanecerá eficaz enquanto não se mover ação que decrete tal nulidade, por ter a nulidade relativa efeito *ex nunc*. Por fim, no plano da eficácia, e ante a inexistência de termo ou condição suspensivos pendentes, o contrato estará apto a produzir os efeitos a que se propõe.

Arbitragem como técnica alternativa de solução de conflito em matéria tributária.

Anualmente, o Conselho Nacional de Justiça publica um minucioso relatório, denominado *Justiça em Números*, com estatísticas oficiais que permitem dimensionar o Poder Judiciário Brasileiro, bem como monitorar a eficiência das políticas institucionais.

Atualmente, o Poder Judiciário conta com 15.773 unidades judiciárias de primeiro grau, das quais 10.156 unidades da Justiça Estadual e 976 da Justiça Federal, ou seja, 64,4% e 6,2% respectivamente. Nessas unidades, trabalham 14.883 juízes de direito com o apoio de 182.998 servidores efetivos apenas no 1º grau de jurisdição. Apesar do pequeno aumento da força de trabalho em comparação a 2014, o índice de congestionamento de processos nas Justiças Estaduais e Federais se mantém elevado, especialmente devido ao "gargalo da execução".

Segundo o IPEA, o processo de execução fiscal tem um custo individual de até R$ 4.368,00 (quatro mil, trezentos e sessenta e oito reais) somente para a movimentação da máquina pública, excluído do cômputo os honorários advocatícios. A despeito desse alto valor, a sua efetividade é baixa.

O Relatório Justiça em Números 2016, referente a 2015, aponta que o Poder Judiciário contava com um acervo de quase 74 milhões de processos pendentes de baixa. Desses, quase 52% se referiam à fase da execução. A partir de uma comparação entre as execuções judiciais criminais, as execuções judiciais não criminais e as execuções de títulos executivos extrajudiciais, relatou o CNJ que os processos de execução fiscal são os grandes responsáveis pela alta taxa de congestionamento do Poder Judiciário, com um índice de congestionamento de 91,9%. "A cada 100 processos de execução fiscal que tramitaram no ano de 2015, apenas 8 foram baixados".

Essa crise enfrentada pelo Poder Judiciário tem se intensificado ao longo dos anos e apresenta reflexos diretos na arrecadação dos Entes Federados. A recuperação do crédito tributário através das execuções fiscais mostra-se insuficiente. Em pesquisa da Procuradoria da Fazenda Nacional, constatou-se que o valor da dívida ativa federal em 2006 alcançou o valor de R$ 401.678.658.155,33 (quatrocentos e um bilhões, seiscentos e setenta e oito milhões, seiscentos e cinquenta e oito mil, cento e cinquenta e cinco reais e trinta e três centavos) ao passo que o valor recuperado judicialmente alcançou apenas 0,6% desse montante.

Ante esse cenário alarmante do Poder Judiciário, especificamente nas execuções fiscais, busca-se, aqui, sem a ambição de esgotar, mas, sim, provocar a reflexão interdisciplinar acerca da viabilidade ou não de aplicação de mecanismos alternativos de solução de conflitos, com foco na arbitragem, para a solução às demandas tributárias, como opção capaz de desafogar o Poder Judiciário e conferir a eficiência que se espera na solução dessas lides.

O processo, inicialmente, era visto como um procedimento que permitia a aplicação do direito material, ou seja, uma série de atos que deveriam ser praticados para a solução de um litígio. Porém, quando o Estado invocou para si a função de solucionar os conflitos, esse conceito ganhou novas nuances, passando a ser tratado o direito processual como um campo do direito público. "O processo não mais poderia ser pensado como uma mera sequência de atos destinada à aplicação judicial do direito material violado".

A partir dessa separação do direito processual e o direito material, bem como a definição daquele como um campo do direito público, Oskar Von Büllow, em sua obra *Teoria dos Pressupostos Processuais e das Exceções Dilatórias*, sistematizou a existência de uma relação jurídica processual de direito público entre as partes e o Estado, desde que atendidos determinados pressupostos e princípios. "A relação jurídica processual teria sujeitos (juiz, autor e réu), objeto (prestação jurisdicional) e pressupostos próprios (propositura da ação, capacidade para ser parte e investidura na jurisdição daquele a quem a ação é dirigida)".

O processo judicial tributário, à luz da teoria de Büllow, portanto, consiste numa relação jurídica entre o Estado-Juiz, Estado-Fisco e os contribuintes, onde aquele soluciona com caráter de definitividade eventuais conflitos relacionados à obrigação tributária. Inexiste um direito processual tributário autônomo, mas, sim, a aplicação do direito processual civil às relações jurídicas tributárias sem prejuízo dos valores e premissas do direito tributário material.

A prestação da tutela jurisdicional é, insista-se, monopólio do Estado, que a exerce através dos órgãos do poder Judiciário. No âmbito tributário, caso o conflito não seja equacionado na esfera administrativa, seja porque o administrado não a utilizou, seja porque não se satisfez com o seu resultado, sempre haverá a possibilidade de acesso ao Poder Judiciário, único competente para impor às partes uma solução definitiva para o conflito.

Dentre as diversas classificações doutrinárias, destaca-se aquela que classifica o processo segundo o autor da provocação jurisdicional: os processos iniciados por provocação do Estado-Fisco são classificados como exacionais enquanto que os iniciados por provocação do contribuinte, por sua vez, antiexacionais.

Conforme já destacado ao longo desse capítulo, a Fazenda Pública é capaz de constituir o seu próprio título executivo extrajudicial de forma unilateral, extraindo a certidão de dívida ativa a partir das anotações do livro da dívida ativa e, por isso, prescinde de tutela de conhecimento. O direito já está dito na CDA. Restam à Fazenda a tutela jurisdicional executiva e a cautelar, de natureza satisfativa e assecuratória respectivamente.

Dentre as ações de iniciativa do Fisco ou exacionais, destaca-se a Execução Fiscal, disciplinada pela Lei n. 6.830/1980 e, subsidiariamente, pelo Código de Processo Civil. Trata-se de uma espécie de processo de execução por quantia certa de título extrajudicial, que visa a satisfação de um direito certo, líquido e exigível, reconhecido através da CDA e até então inadimplido. A Execução Fiscal é um dos procedimentos mais utilizados e contém alguns aspectos específicos, pensados na sua edição como mecanismo para conferir maior eficiência e efetividade à cobrança do crédito tributário.

Segundo a Exposição de Motivos da LEF, o CPC de 1973 teria dado "ao crédito público o mesmo tratamento da nota promissória e da letra de câmbio", o que justificaria que, em 1980, a LEF tratasse de: assegurar à realização da receita pública os melhores meios da execução judicial, [através de] disposições capazes de conferir condições especiais para a defesa do interesse público, como é tradição em nosso direito, desde o Império.

Apesar da possibilidade de citação pelo correio, do despacho inicial integrado e outros aspectos pensados para conferir maior eficiência à Execução Fiscal, ela é atualmente a grande responsável pela alta taxa de congestionamento de processos no Poder Judiciário, conforme destaca o relatório Justiça em Números 2016, referente ao ano 2015, publicado pelo CNJ:

> Dentro do quadro geral das execuções, pode-se afirmar que o maior problema são as execuções fiscais. Na verdade, como sabido, o executivo fiscal chega a juízo depois que as tentativas de recuperação do crédito tributário se frustraram na via administrativa, levando à sua inscrição da dívida ativa.

O relatório vai além na análise e aponta como principal responsável por essa frustração das Execuções Fiscais a repetição de etapas e providências de localização do devedor ou patrimônio já adotadas pela Administração Fazendária ou pelo Conselho de Fiscalização Profissional sem sucesso. Apontou ainda serem frequentes as Execuções Fiscais justamente de títulos cujos valores são mais difíceis de serem recuperados, ou seja, dos "créditos podres" que, independente do procedimento adotado, a execução fiscal não lograria êxito, pois "natimorta".

A baixa eficiência da execução fiscal decorre de vários aspectos, entre os quais a desconsideração de elementos essenciais, como a qualidade das informações para localização do executado e de seus bens ou a exequibilidade do crédito, a morosidade e a quantidade exorbitante de processos, a reduzida taxa de solução e a falta de estrutura dos órgãos de cobrança.

A análise da exequibilidade do crédito, quando ocorre, é pautada exclusivamente na classificação do crédito segundo o seu montante, não quanto à sua qualidade ou ao seu potencial de recuperação. O montante é levado em conta, por exemplo, ao não se ajuizarem cobranças de créditos da Procuradoria-Geral da Fazenda Nacional (PGFN) inferiores a R$ 20 mil (vinte mil reais), conforme art. 20, Lei n. 10.522/02, cumulado com a Portaria n. 130/2012 do Ministério da Fazenda. No entanto, esse não é o mecanismo mais indicado. Além da análise do montante do crédito, deve-se ter em mente a análise da solvabilidade do devedor.

O exame da qualidade e solvabilidade do crédito parece igualmente recomendável. A pesquisa encontrou casos que permitem afirmar que a estratégia do processamento diferenciado das execuções fiscais contra grandes devedores pode ser um desperdício de energia, tempo e dinheiro nos casos em que o devedor teve sua falência decretada há muito tempo e o crédito não foi levado a concurso de credores. Isto revela que a análise do valor cobrado deve ser feita conjuntamente com a qualidade ou solvabilidade deste crédito. A partir desta classificação prévia será possível decidir qual o melhor destino a se dar ao crédito — e muitas vezes este não será a cobrança judicial.

Repise-se que a execução fiscal não é somente ajuizada pelo Fisco em decorrência de créditos tributários. Segundo o art. 1º da Lei n. 6.830/80, a execução fiscal pode ser ajuizada para cobranças dos entes e suas autarquias de dívidas tributárias ou não. E é quando esses outros órgãos, a exemplo dos Conselhos Profissionais, figuram no polo ativo da execução que, segundo a pesquisa do IPEA, verifica-se a propositura de ações de execução para cobranças irrisórias que não compensam os custos envolvidos na movimentação da máquina judiciária.

A Execução Fiscal, regulamentada pela Lei n. 6.830/80, foi pensada para ser menos burocrática do que a execução de título extrajudicial para pagamento de quantia certa, dispensando o magistrado das atividades burocráticas para se concentrar tão somente na atividade jurisdicional. Ocorre que, depois de quase três décadas da sua entrada em vigor, a execução fiscal mostra-se como uma das maiores mazelas do Poder Judiciário, obstruindo especialmente a Justiça Federal e a Justiça Estadual.

Esse infeliz cenário não é exclusivamente brasileiro. Em Portugal, diante de mazelas semelhantes na execução fiscal, foi promulgado o Decreto-Lei n. 10/2011, de 20 de janeiro, que regula, no ordenamento lusitano, a arbitragem em matéria tributária como forma alternativa de solução de conflitos fiscais. A partir desse exemplo lusitano, pergunta-se se a arbitragem seria o caminho para a solução alternativa e pacificação do conflito tributário também no Brasil.

Cabe ao Poder Judiciário, como função precípua, a solução de conflitos. Por integrar a Administração Pública, essa esfera de poder também tem sua atividade orientada pelos princípios estampados no art. 37 da Constituição Federal. Deveria o Poder Judiciário Brasileiro ser, portanto, eficiente. Contudo, não é.

É conhecimento de todos que o Poder Judiciário Brasileiro, já há algum tempo, não consegue solucionar a contento os inúmeros problemas que afloram na sociedade e lhe são apresentados. Inúmeras causas são apontadas para essa danosa morosidade, violentadora do princípio da eficiência e, por que não, do direito fundamental de acesso à justiça.

Geralmente são apontados como culpados pelo crescente acervo de processos pendentes de solução o aumento da litigiosidade, a escassez de recursos humanos e precariedade das condições de trabalho, os inúmeros recursos manejáveis, a desorganização do trabalho cartorário etc. Numa análise dos principais processos que obstruídos, a execução fiscal desponta.

Esforços têm sido empregados para contornar esse cenário. Exemplo disso é a publicação, no dia 6 de maio de 2016, da Portaria RFB n. 719, que estabelece a revisão de ofício de créditos tributários, inscritos ou não na Dívida Ativa da União (DAU). Trata-se de uma clara tentativa de reduzir a necessidade de judicialização de questões tributárias através da valorização do processo administrativo.

Segundo essa portaria, as decisões sobre a revisão de ofício, seja nas hipóteses do art. 149, CTN, ou ainda em decorrência da prescrição ou revisão de juros ou multa de mora, passam a ser proferidas por despacho decisório dos Auditores-Fiscais da Receita Federal. Já a revisão da cobrança de créditos tributários será efetuada por despacho simples de Auditor-Fiscal da Receita Federal do Brasil ou por Analista-Tributário da Receita Federal do Brasil, passível de reanálise pela chefia imediata ou até mesmo pelo Inspetor-Chefe da Receita Federal. O ponto alto dessa portaria é a previsão de uma via alternativa ao questionamento de um débito indevido sem que o contribuinte precise recorrer ao Conselho Administrativo de Recursos Fiscais ou mesmo ao Poder Judiciário.

A doutrina também vem defendendo a opção por soluções alternativas de conflito, tendo em vista especialmente a simplicidade e agilidade desses métodos. Na busca por mecanismos alternativos para o adequado tratamento dos conflitos entre o Fisco e os contribuintes, desponta a arbitragem em matéria tributária.

Parcela da doutrina enxerga na arbitragem em matéria tributária um mecanismo hábil a desafogar o Poder Judiciário de demandas que questionam aspectos relacionados à interpretação de leis e demais atos normativos para concentrar a atividade jurisdicional somente quando necessária a sua coercibilidade. Outros já entendem cabível a arbitragem como alternativa para as demandas mais simples e numerosas. Independente da natureza das demandas, se complexas ou simples e numerosas, a aplicação da arbitragem em matéria tributária encontra fortes argumentos que põem em xeque a sua possibilidade.

Enfim, é chegado o momento de verificar se a relação jurídica tributária atende aos requisitos para ser submetida a arbitragem. Para tanto, serão enfrentados alguns questionamentos sobre a disponibilidade ou não do crédito tributário, bem como a existência de autonomia da vontade e, por fim, se a arbitragem seria efetivamente a solução para o gargalo da execução fiscal.

Certamente, a disponibilidade ou não do crédito tributário é o primeiro grande obstáculo que induz a negativa da arbitragem em matéria tributária. De início, é mesmo difícil aceitar a ideia de disponibilidade do crédito tributário por esse ser entendido como um patrimônio público. A tendência é negar que os direitos patrimoniais públicos sejam indisponíveis ante o princípio da supremacia do interesse público.

O Código Tributário Nacional, em seu art. 139, define a natureza jurídica do crédito tributário, porém não lhe conceitua. A partir da leitura combinada desse com o art. 142 do CTN, é possível conceituar o crédito tributário como a obrigação tributária que, a partir da prática de um ato administrativo, o lançamento, tornou-se certa, líquida e exigível.

A obrigação tributária nasce com a ocorrência, no mundo fenomênico, de um fato definido em lei como fato gerador do tributo. No entanto, para que seja definido o crédito correspondente, exige-se um procedimento administrativo que culminará na prática de um ato administrativo. No decorrer desse procedimento, será definido com precisão o montante do tributo ou penalidade, o devedor e o prazo para pagamento, aspectos que estarão expressos no ato de lançamento.

É o ato administrativo de lançamento que conferirá exigibilidade à obrigação. Somente a partir dele é possível, nos termos do CTN, falar em crédito tributário. Trata-se o lançamento, como visto, de um ato que declara a obrigação tributária, na medida em que verifica a ocorrência do fato gerador, e constitui o crédito tributário, sendo, portanto, um ato de natureza mista. Não há, portanto, razão para se confundir obrigação, lançamento e crédito tributário, malgrado a doutrina critique o tratamento apartado da obrigação e do crédito tributário.

No momento em que o CTN afirma, no parágrafo único do art. 142, que a atividade administrativa de lançamento é vinculada e obrigatória, alguns autores defendem a partir dessa afirmativa a suposta indisponibilidade do crédito tributário. Hugo de Brito Machado argumenta ser vetado ao agente público abrir mão desse direito, salvo em situações excepcionais.

Segundo o art. 3º do CTN, "tributo é toda prestação pecuniária compulsória, em moeda ou cujo valor nela se possa exprimir, que não constitua sanção de ato ilícito, instituída em lei e cobrada mediante atividade administrativa plenamente vinculada". Logo, a atividade de cobrar a obrigação tributária com a constituição do crédito tributário, é indisponível, pois vinculada.

Assim, verificada ocorrência do fato gerador no mundo fenomênico, não pode o agente público furtar-se do procedimento de constituição do crédito. No entanto, o crédito tributário, apesar de integrar o patrimônio da Administração Pública, não é em si indisponível.

A indisponibilidade do interesse público decorre da sua titularidade: a coletividade é titular do interesse público, cabendo à Administração tão somente, por mais óbvio que isso possa parecer, administrar conferindo-lhe efetividade. Conforme destaca Maria Sylvia Zanella Di Pietro, nem todo direito patrimonial, no âmbito do direito público, é indisponível. "Por vezes, a disponibilidade de um patrimônio público pode ser de mais interesse da coletividade do que a sua preservação."

O crédito tributário insere-se nesse conjunto patrimonial público disponível, apesar do valor da sua arrecadação ser uma das principais fontes de renda para a efetivação de direitos públicos primários, como a saúde, educação e segurança. Tanto é disponível que o próprio CTN prevê a possibilidade de anistia, transação e remissão do crédito tributário, nos arts. 151, 156 e 171.

A opção pela arbitragem não viola a indisponibilidade do interesse público. Repise-se que não é todo e qualquer interesse público que é indisponível, mas tão somente o interesse público primário. No caso, conforme ressaltado pelo Ministro Luiz Fux, relator do Agravo Regimental no Mandado de Segurança n. 11.308/DF, ao optar pela arbitragem não se está transigindo com o interesse público, nem abrindo mão de instrumentos de defesa de interesses públicos; mas, sim, opta-se por uma forma mais expedita, ou um meio mais hábil, para a defesa do interesse público. "Em verdade, não há que se negar a aplicabilidade do juízo arbitral em litígios administrativos, em que presente direitos patrimoniais do Estado, mas ao contrário, até mesmo incentivá-la, porquanto mais célere."

A arbitragem em matéria tributária, portanto, versa sobre um interesse de geração de riqueza para o Estado, essencialmente secundário e consequentemente disponível. Ademais, na arbitragem, o fisco está simplesmente optando por uma forma diversa de resolução da controvérsia. Porém, ante os princípios da legalidade e a segurança jurídica que norteiam a atuação administrativa, a submissão do conflito tributário à arbitragem depende de lei específica que regule o processo arbitral.

A Constituição Federal estipula limitações ao poder de tributar, ou seja, ela procura limitar a invasão patrimonial perpetrada pelo Estado ao exigir dos governados uma participação no custeio dos encargos públicos. Essa limitação tem amparo, especialmente, nos princípios constitucionais encontrados nos arts. 150 a 152, CF/88, dos quais destaca-se o princípio da legalidade.

O princípio da legalidade tem origem remota, sendo historicamente apontado como primeira manifestação escrita a Carta Magna de 1215, subscrita pelo Rei João Sem Terra como contrapartida exigida pela nobreza para a sua manutenção no poder. Esse documento consistia num verdadeiro estatuto e procurava inibir a atividade expropriante avassaladora. Para tanto, foi imposta a necessidade de concordância prévia dos súditos para a cobrança dos tributos.

A invasão patrimonial precisava ser precedida pelo consentimento popular. O tributo haveria de ser consentido.

O art. 150 da Constituição Federal de 1988, ao estipular as garantias do contribuinte, veda à União, Estados, Municípios e ao Distrito Federal a exigência ou aumento de tributo sem lei que o estabeleça. Numa interpretação mais imediatista, associa-se a necessidade da lei tão somente à criação e majoração do tributo. Contudo, a melhor interpretação exige previsão legal também para a extinção do tributo, bem como as desonerações.

Ademais, a legalidade, também consagrada no art. 5º, inciso II, da Constituição Federal, se impõe nas relações processuais, sendo aplicável também aos processos administrativos preparatórios e os de controle interno da legalidade dos atos administrativos, bem como no processo tributário judicial.

Toda a atividade processual tributária deve ser desenvolvida na forma prevista em lei, materializando o devido processo legal.

A arbitragem ou qualquer outro método de solução de controvérsias se desprovido de respaldo legal, em matéria tributária, padece de ineficácia.

Essa previsão legal poderá ser feita através de lei ordinária. Apesar da Constituição Federal, em seu art. 146, determinar que cabe a lei complementar estabelecer normas gerais em matéria de legislação tributária, essa exigência não é extensível ao processo tributário, sendo possível que uma lei ordinária federal autorize a arbitragem em matéria tributária.

A despeito de o Código Tributário Nacional tratar das normas gerais em matéria tributária, ele é omisso em relação ao processo tributário em si. Para o processo tributário, em verdade, aplica-se muito do Código de Processo Civil e a Lei n. 6.830/80 — Lei de Execução Fiscal, ambas ordinárias. Além disso, a própria CF/88, em seu art. 22, I, autoriza que Lei Federal ordinária verse sobre normas processuais.

Em posicionamento favorável à arbitragem em matéria tributária, Antônio Souza Ribas afirma que a "indisponibilidade do crédito tributário e a estrita legalidade não impedem a administração de se submeter à arbitragem, exigindo-se apenas que o legislador possa definir com suficiente precisão os pressupostos e o alcance deste mecanismo de solução de conflitos".

A opção pela arbitragem em matéria tributária não significa que as partes estejam dispondo ao seu bel prazer do crédito tributário em si e violando a indisponibilidade do interesse público. Ao revés! Elas apenas renunciam à solução jurisdicional do conflito. A Administração Pública deverá sempre, na busca do seu fim precípuo, ser eficiente, conforme art. 37, *caput*, CF/88. E mais desrespeitoso ao interesse público do que eventual opção pela arbitragem é uma decisão demorada ou até mesmo menos especializada, ainda que proferida pelo juízo estatal.

Ademais, insta ressaltar que essa renúncia à jurisdição estatal não é total. A sentença arbitral é título executivo extrajudicial, porém o juízo arbitral não detém *executio*, ou seja, poder de executar a sua própria decisão, tampouco coercibilidade para cumprir alguma diligência. Nessas hipóteses, deverão as partes recorrer ao Poder Judiciário necessariamente. Eventuais questões que suplantem a competência do juízo arbitral, portanto, deverão ser levadas ao Poder Judiciário.

Advirta-se que a opção pela arbitragem não implica necessariamente em resultado positivo favorável aos contribuintes ou à Administração Pública. Define apenas que a solução será dada através de uma sentença arbitral proferida por um terceiro imparcial, nada além.

No entanto, a norma material alcançada ao final, quando da prolação dessa sentença arbitral, deverá encontrar fundamento no próprio CTN ou em lei que verse sobre matéria tributária. O parágrafo terceiro do artigo segundo da Lei de Arbitragem veda o uso da equidade em arbitragem que envolva a Administração Pública. Assim, "caso venha a ser possível que o crédito tributário regularmente constituído pelo Fisco seja desconstituído por sentença arbitral, tal hipótese deverá constar expressamente no CTN".

Por fim, a adoção da arbitragem dependerá da anuência do contribuinte.

A arbitragem promove a plena autonomia do indivíduo e desponta como um meio ágil e eficaz de solução de conflitos ante a morosidade e pouca efetividade da tutela jurisdicional. Dentre os seus princípios basilares, destaca-se a autonomia da vontade.

Segundo Francisco Amaral, autonomia da vontade não se confunde com a autonomia privada. A autonomia da vontade tem uma conotação subjetiva, consiste no querer, o impulso psicológico que dá causa ao ato jurídico praticado. É o princípio da autonomia da vontade que dá ampla liberdade às partes para optarem pelo juízo via arbitral, escolherem os árbitros, a lei aplicável e até mesmo definirem o procedimento.

Somete haverá solução arbitral se as partes manifestarem interesse em submeter o conflito à arbitragem. Porém, em matéria tributária, essa liberdade não é ampla, mas, sim, encontra limites na lei e na tipicidade tributária.

A arbitragem deverá ser desenvolvida respeitando o contraditório, a igualdade das partes, a imparcialidade do árbitro e seu livre convencimento, conforme § 2º do art. 21 da Lei de Arbitragem, e especialmente o devido processo legal, consagrado constitucionalmente no inciso LIV do art. 5º.

Ocorre que, na relação jurídica tributária, há a vulnerabilidade do contribuinte, potencializada pelo Estado de Direito que, ao mesmo tempo em que cria a regra obrigacional tributária, também constitui e cobra o crédito tributário através do lançamento e, por fim, julga eventual conflito através de seus órgãos administrativos ou judiciais. O Estado Fiscal é, ao mesmo tempo, credor, executor e julgador na relação jurídica tributária.

Sem dúvida este ente jurídico domina amplamente os três momentos da relação tributária. Momento estático, relacionado ao Direito Tributário Material (DTM); e crítico, relativo ao Direito Processual Tributário (DTP). Semelhante condição de controle pluripotencial do devedor pelo credor não ocorre nas relações obrigacionais civis ou comerciais, quer sejam, *excontractus*, e portanto diretamente decorrentes de contratos, cártulas ou mesmo quando *ex lege, i.e.*, decorrentes da lei.

Essa tripla função do Estado ao longo da relação jurídica tributária bem como o aparato da máquina estatal submetem o contribuinte à vulnerabilidade material, formal e processual. A função arrecadatória da norma tributária assume um relevo político econômico que implica na vulnerabilidade do contribuinte ante a Fazenda Pública. Já a formal consiste na dificuldade do controle da atuação fazendária, marcada fiscalização, lançamento e cobrança de tributos. Por fim, "a vulnerabilidade processual do contribuinte se exprime quando a função jurisdicional do Estado, administrativa ou judicial, ocorre especificamente no caso de o julgador integrar os quadros funcionais do próprio Estado, gerando assim susceptibilidade ao contribuinte".

A vulnerabilidade do contribuinte, portanto, é um importante obstáculo à adoção da arbitragem, ante a desigualdade das partes envolvidas. Apesar disso, há quem defenda ainda assim a viabilidade da arbitragem em matéria tributária. Argumenta Priscila Faricelli de Mendonça que, nesse caso, a arbitragem deverá ser adotada a partir da previsão legal para sua instauração nas controvérsias, não como manifestação exclusiva da autonomia da vontade.

Mendonça propõe uma mitigação da autonomia da vontade. Seria necessário, então, uma cláusula compromissória suis generis, pois, ao invés de pactuada entre as partes num contrato paritário, ela estaria fruto de uma prévia imposição legal, ante a marcante hipossuficiência do contribuinte na relação jurídica tributária.

Como a seara tributária é sui generis e ambas as partes compõem um vínculo jurídico independentemente de vontade — na medida em que o Estado deve exercer a competência tributária e não pode abrir mão da arrecadação; a seu turno, o contribuinte, ao praticar um fato jurídico relevante para fins de tributação, não escolhe estar sujeito ou não à tributação, sendo-lhe tal imposta por decorrência legal — não se mostra necessário que a solução da controvérsia tributária dependa exclusivamente da autonomia da vontade.

Ela questiona se a ausência de manifestação puramente decorrente da autonomia da vontade seria suficiente para impedir que seja adotada a solução arbitral para a apuração do valor devido, por exemplo. A essência da arbitragem e a natureza vinculante do ato de lançamento levam a crer que sim, pode haver impedimento.

A apuração do valor devido pelo contribuinte é feita através do procedimento preparatório de lançamento, que, segundo o parágrafo único do art. 142, é atividade vinculada e obrigatória. Conforme já ressaltado anteriormente, a verificação da ocorrência do fato gerador da obrigação correspondente, a determinação da matéria tributável, o cálculo do montante do tributo devido e a identificação do sujeito passivo devem ser praticados pelo agente público nos exatos limites fixados pela lei.

Ademais, não se pode olvidar que a autonomia da vontade é elemento intrínseco da arbitragem. A sua imposição legal rompe com a voluntariedade marcante da sua essência e limita o acesso à justiça estatal, que acabaria restrito aos casos que suplantam os limites da sentença arbitral ou de sua nulidade. Melhor seria uma autorização legal, não imposição. Repise-se que a sentença arbitral é irrecorrível, salvo nos casos de *error in procedendo*.

Tradicionalmente, a vinculação dos atos impõe que a vontade do agente, exteriorizada pelo ato administrativo, reproduza a do legislador, que de antemão já fixou, em lei, todos os elementos do ato administrativo. A discricionariedade, contudo, existe nas hipóteses em que é conferida ao agente uma maior liberdade de atuação, com a viabilização de opções de ação ao agente público, que escolherá a melhor segundo um juízo de conveniência e oportunidade.

Atualmente, essa dicotomia vinculação e discricionariedade vem sendo relativizada. Argumenta-se que "não se pode conceber que a atuação do Administrador seja exclusivamente vinculada e mecanizada, pois sempre existirá alguma margem interpretativa da norma jurídica".

No caso da norma tributária, apesar da vinculação do procedimento de lançamento à lei e da tipicidade tributária, nem sempre a norma jurídica é clara, valendo-se em alguns até mesmo casos de conceitos jurídicos indeterminados, o que intensifica a margem de discricionariedade.

Sucede que a clareza do texto da norma, com os seus conceitos determinados e enumerações taxativas, nem sempre é possível no Direito Tributário. A própria procura da clareza pode conduzir ao preciosismo, ao perfeccionismo e ao excesso de regulamentação. As normas tributárias, inflacionadas e de duração efêmera, não primam, nem mesmo em países de sólida tradição jurídica, pela perfeição da forma, sendo defeituosas e imprecisas em grande número. Além disso, o Direito Tributário não pode prescindir dos conceitos indeterminados e dos tipos jurídicos que, abertos por natureza, possibilitam a reelaboração e a renovação da norma por parte do intérprete

Contudo, de acordo com Aurélio Pitanga Seixas Filho, a doutrina não é uníssona quanto à discricionariedade na interpretação da norma tributária. Tradicionalmente, defende-se a tipicidade fechada, na qual à luz do art. 150, I, cumulado com o art. 5º, I, da Constituição Federal, os tributos devem ser criados por lei, em sentido formal, com a previsão de todos os aspectos do fato gerador necessários à quantificação do tributo.

Porém, conforme pontua Humberto Ávila, "a lei não contém as próprias decisões, mas indica os parâmetros ou padrões em razão dos quais a decisão será tomada. Por isso, a representação da tipicidade enquanto cálculo antecipado legal 'de todas as decisões possíveis' é ilusória". As leis tributárias não são necessariamente minuciosas como desejam os formalistas e não há que falar em qualquer prejuízo para a segurança jurídica, pois essa "não significa qualquer garantia de previsão absoluta de conteúdo por meio de conceitos, uma vez que é impossível à linguagem do Direito assegurar uma predeterminação absoluta".

Ao interpretar a lei tributária, o aplicador encontra nela um ponto de partida, não uma resposta pronta, preconcebida e afastada do mundo fenomênico no qual ele está inserido. Na construção da norma tributária, invariavelmente o agente público aplicará sua bagagem cultural, que pode divergir da do contribuinte, gerando um conflito de interpretações a respeito da verificação ou não da hipótese de incidência no caso concreto, podendo evoluir para um litígio.

Recorda Aurélio Pitanga Seixas Filho que não raras vezes o fato gerador "tem particularidades ou especificidades que não estão ao alcance do conhecimento comum, como a classificação tarifária para pagar o imposto de importação ou a contabilidade para o imposto de renda". Tais divergências ou mal-entendidos a respeito da matéria de fato podem ser dirimidos pela aplicação da arbitragem em matéria tributária.

Assim, apesar do caráter vinculante do ato de lançamento, a arbitragem pode encontrar terreno fecundo em matéria tributária para dirimir eventuais conflitos sobre matéria de fato, ou seja, a ocorrência ou não dos fatos geradores, com a demonstração através de provas concretas.

Ao convencionarem pela submissão do conflito à arbitragem, as partes envolvidas celebram uma convenção sobre as normas de processo. Para que tal convenção tenha validade, exige-se razoável igualdade entre as partes para que possam negociar técnicas e organização. Do contrário, as disposições podem ser facilmente manipuladas pela parte mais forte com vistas a eximir-se de ônus ou deveres, dificultando a atuação da parte adversária, a mais fraca.

As relações jurídicas tributárias compõem um dos melhores exemplos dessa disparidade de poderes, marcada, por um lado, pelo Estado, farto de verdadeiros privilégios disfarçados sob a denominação de prerrogativas, e, por outro, o contribuinte, que, não raras vezes, paga o tributo porque lhe deram um prazo para tanto, sem nem mesmo questionar a legalidade das razões invocadas.

James Marins de Souza destaca que o contribuinte necessita de certidões negativas para o desenvolvimento regular de suas atividades, porém a Fazenda Pública não; o contribuinte está sujeito à penhora de bens móveis e imóveis, mas a Fazenda Pública não; o contribuinte está sujeito a "penhora *on line*" dos recursos eventualmente existentes em sua conta corrente, porém a Fazenda Pública não; o contribuinte recebe seus créditos, determinados judicialmente, somente através de precatórios, se chegar a recebê-los, mas a Fazenda Pública não. Por fim, ele destaca que o contribuinte pessoa jurídica está sujeito à insolvência ou à falência, mas a Fazenda Pública não.

A verticalidade dessa relação jurídica é notória desde antes da Carta Magna de 1215, cujo advento teve, como um de seus escopos, limitar a sede arrecadatória do Estado, até então desenfreada.

Os defensores da arbitragem em matéria tributária, conforme ressaltado alhures, invocam a legalidade mais uma vez como instrumento equalizador da relação jurídica tributária para, enfim, viabilizar a sua aplicação. No entanto, o cabimento da arbitragem depende de algo mais do que conferir apenas ao contribuinte a escolha pela arbitragem e imposição dela à Administração Pública.

Uma das principais vantagens do juízo arbitral é a sua celeridade e simplificação, fruto da possibilidade de fixação pelas próprias partes do procedimento arbitral. Ocorre que essa negociação processual geralmente não encontra validade numa relação jurídica hierarquizada ante os abusos praticados pela parte mais forte. Por outro lado, repetir o procedimento processual civil, tão criticado pelo leque de recursos cabíveis e necessidade de múltiplos atos para o seu desenvolvimento, acabaria sendo uma repetição dos primeiros erros, verdadeira transferência de problema dos escaninhos do Poder Judiciário para as Câmaras Arbitrais.

Oswaldo Othon de Pontes Saraiva Filho destaca ainda que a irrecorribilidade das sentenças arbitrais, apesar de conferir celeridade ao procedimento arbitral, abre a possibilidade para múltiplas soluções divergentes entre os casos, sem possibilidade de harmonização ou uniformização posterior e final de jurisprudência.

A arbitragem, nos moldes previstos na Lei n. 9.307/96, prima pelo sigilo do procedimento, o que viola frontalmente a publicidade, um dos princípios basilares que devem nortear a atuação da Administração Pública, estampados nos arts. 5º, LX e 37, *caput*, da Constituição Federal.

Assim, diante da hipossuficiência e vulnerabilidade do contribuinte na relação jurídica tributária, entende-se ser difícil a aplicação da arbitragem como mecanismo alternativo de solução de conflitos tributários. Apesar disso, o direito português, em 2010, editou um decreto consagrando essa possibilidade.

A arbitragem voluntária em Portugal foi inicialmente regulada pela Lei n. 31, de 1986, posteriormente revogada pela ainda vigente Lei n. 63, de 2011. O item 5 da legislação vigente autoriza que o Estado e outras pessoas de direito público celebrem convenções de arbitragem, desde que estejam autorizados por lei ou se tais convenções tiverem por objeto litígios de direito privado.

A Lei Orçamentária de 2010 autorizou a arbitragem em matéria tributária atendendo ao requisito anterior, já que o tributo é uma matéria de direito público. Porém, somente em 20 de janeiro de 2011, através do Decreto-Lei n. 10/2011, a arbitragem foi minuciosamente regulada como forma alternativa de resolução jurisdicional de conflito em matéria tributária.

De acordo com o seu preâmbulo, o DL n. 10/2011 visa o cumprimento de três objetivos principais: reforçar a tutela eficaz dos direitos e interesses legalmente protegidos dos sujeitos passivos, imprimir uma maior celeridade na resolução de litígios tributário e , por fim, reduzir o acervo de processos pendentes nos tribunais administrativos e fiscais.

Para alcançar a celeridade processual, o Regime Jurídico da Arbitragem Tributária adotou um processo sem muito formalismo, baseado na oralidade e pautado pelo princípio da autonomia dos árbitros na condução do processo e com a fixação de um limite temporal de seis meses para a prolação da decisão arbitral, ainda que prorrogável por sucessivos períodos de dois meses, com o limite de seis meses.

Em termos gerais, a arbitragem tributária portuguesa tem disposições semelhantes às existentes na Lei Brasileira n. 9.307/96. A arbitragem tributária portuguesa é um método de solução de conflito através de um terceiro imparcial, o árbitro, que pode ser singular ou coletivo, escolhido pelas partes ou designado pelo Centro de Arbitragem Administrativa (CAAD), cuja decisão também tem o mesmo valor que as sentenças judiciais, sendo vedado o recurso à equidade.

O CAAD é um centro de arbitragem de caráter institucionalizado, que funciona a partir de uma associação privada sem fins lucrativos, cuja constituição foi promovida pelo Ministério da Justiça. Os tribunais arbitrais funcionam sob a organização do CAAD, o qual funciona, por sua vez, sob a égide do Conselho Superior dos Tribunais Administrativos e Fiscais.

Assim como no Brasil, a arbitragem portuguesa somente tem início com a constituição do tribunal arbitral. Porém, não é todo e qualquer conflito tributário que pode ser submetido à essa forma alternativa de solução de conflitos.

Segundo o art. 2º do Decreto Lei Português n. 10/2011, alterado pela Lei n. 64-B/2011, os tribunais arbitrais são competentes para apreciar tão somente a "declaração de ilegalidade de actos de liquidação de tributos, de autoliquidação, de retenção na fonte e de pagamento por conta", bem como a "ilegalidade de actos de fixação da matéria tributável quando não dê origem à liquidação de qualquer tributo, de actos de determinação da matéria colectável e de actos de fixação de valores patrimoniais". As execuções fiscais não estão incluídas na competência dos Tribunais Arbitrais Portugueses.

Em síntese, o contribuinte realiza o pedido de instauração da arbitragem e a administração pública é chamada ao processo para, caso deseje, revogar ou substituir o ato sob o qual o contribuinte está solicitando a arbitragem. Caso o fisco não realize nenhum desses atos, dar-se-á início ao procedimento arbitral pela designação dos árbitros, conquanto a administração tributária fique impossibilitada de praticar novo ato relativo ao mesmo sujeito passivo, ao imposto e ao período de tributação, exceto com fundamento em fatos novos. Quando apresentado o pedido de constituição de tribunal arbitral, o crédito tributário terá o mesmo efeito que lhe caberia quando do ingresso em juízo, ou seja, a suspensão do processo de execução fiscal e a suspensão e interrupção dos prazos de caducidade e de prescrição da prestação tributária.

O Regime de Arbitragem Tributária Português, regulado pelo Decreto n. 10/2011 e Portaria n. 112-A/2011, diverge muito pouco da Lei de Arbitragem brasileira, sendo uma marcante diferença entre eles a possibilidade excepcional de interposição de recurso em face da decisão arbitral nos casos em que ela divergir de acórdão proferido pelo Tribunal Central Administrativo ou pelo Supremo Tribunal Administrativo.

O recurso ao Tribunal Central Administrativo ou pelo Supremo Tribunal Administrativo nos casos de sentença arbitral divergente de seus acórdãos consiste em instrumento que, por um lado, compromete um pouco a celeridade do processo arbitral, porém mostra-se capaz de harmonizar e uniformizar a jurisprudência, contornando a crítica tecida por Oswaldo Othon de Pontes Saraiva Filho à arbitragem tributária no direito brasileiro.

Como alternativa ao problema suscitado anteriormente da hipossuficiência e vulnerabilidade do contribuinte e a fixação do procedimento arbitral, o RJAT Português atribuiu competência ao CAAD, "um centro de arbitragem institucionalizado, com um procedimento próprio previamente regulamentado, insusceptível de manipulação pelas partes, e que actua sob supervisão do Conselho Superior dos Tribunais Administrativos e Fiscais", similar ao Conselho Administrativo de Recursos Fiscais no Brasil. Essa foi a forma encontrada pelo ordenamento lusitano para resguardar a imparcialidade, transparência e idoneidade da arbitragem tributária.

Pesquisas promovidas pelo Conselho Nacional de Justiça e IPEA apontam a insuficiência da execução fiscal como instrumento exacional para a solução de conflitos tributários entre o Fisco e os contribuintes. Com um custo individual de até R$ 4.368,00 (quatro mil, trezentos e sessenta e oito reais) somente para a movimentação da máquina pública, a cada 100 execuções fiscais, 91 permanecem enchendo os escaninhos das Justiças Comuns Estaduais e Federais.

Nesse cenário, não é raro que as partes aguardem por anos e anos para, através de uma sentença judicial, seja alcançada uma solução, ainda que muitas vezes pautada mais em prescrição intercorrente do que verdadeiramente técnica, ao conflito apresentado.

A partir dessa frontal violação ao princípio da eficiência, que também deve nortear a atividade jurisdicional e do exemplo do direito comparado, especificamente português, procurou-se analisar, sem pretensão de esgotar o tema, se a arbitragem seria, tal como defendem alguns autores mais modernos, uma solução alternativa viável para os conflitos tributários no sistema jurídico brasileiro.

Dentre todos os meios alternativos de conflito, o enfoque foi conferido à arbitragem por se tratar de um método de heterocomposição que, à semelhança do Poder Judiciário, visa alcançar a solução do conflito apresentado através da imposição de uma decisão emitida por um terceiro, em tese, imparcial. A partir dessa característica, alguns doutrinadores enxergam na arbitragem uma jurisdição privada. Outros, no entanto, criticam veementemente esse posicionamento e interpretam a arbitragem como um equivalente jurisdicional.

Ocorre que a arbitragem, segundo a Lei n. 9.307/96, somente é possível para dirimir conflitos sobre direitos patrimoniais disponíveis. Adentrou-se, então, na análise de temas bastante caros ao Direito Tributário, como a natureza do crédito tributário, se disponível ou não, e Direito Administrativo, ao alinhar-se a uma interpretação moderna do princípio da indisponibilidade do interesse público.

Verificou-se que, ao revés do que uma interpretação mais imediata possa dar a entender, a suposta indisponibilidade que se depreende do art. 142, CTN, não é do crédito tributário em si, mas, sim, do procedimento preparatório de lançamento, seja ele de ofício, direto ou por homologação. Interpretação diversa afundaria o Sistema Tributário Nacional em perigosa contradição, haja vista que o próprio CTN autoriza, em seu art. 156, a extinção do crédito por meios alternativos de solução de conflito, como a transação, importante subespécie da autocomposição, possível somente sobre direitos disponíveis.

Um alerta, porém, mostrou-se necessário. Ainda que disponível o crédito tributário, devido ao princípio da legalidade, que limita o poder de tributar, a sua disposição somente poderia ser feita mediante autorização legal expressa.

O Estado desempenha uma tríplice função ao longo da relação jurídica tributária. Em sua fase embrionária, cabe ao Estado a criação de tributos segundo a competência fixada constitucionalmente, através da edição de leis que supostamente representam a vontade popular. Ocorrido o fato gerador, o Estado passa a agir como parte interessada ao cobrar o tributo que entende ser devido pelo contribuinte. Por fim, a última trincheira também é ocupada pelo Estado, que, no desempenho da sua função jurisdicional, invocou para si o poder de solucionar eventuais conflitos. Em outras palavras, o Estado cobra e também executa o tributo que ele alega ser devido.

Trata-se, portanto, de uma relação jurídica verticalizada, diametralmente oposta à tradicionalmente submetida à arbitragem. Conforme evidenciado anteriormente, a arbitragem é um método alternativo de solução de conflitos marcado pelo mais puro exercício da autonomia da vontade das partes, que viabiliza até mesmo que as partes disponham sobre o procedimento arbitral e escolham o juiz arbitral, responsável por dirimir o conflito. Tudo isso somente é possível em relações paritárias. Relações jurídicas verticalizadas como a tributária são, ao revés do que se espera na arbitragem, terreno fértil para a perpetração de abusos.

Identificou-se, assim, o principal obstáculo à aplicação da arbitragem: a hipossuficiência e vulnerabilidade do contribuinte perante o fisco. Ventilada pela doutrina a possibilidade de manifestação da vontade do contribuinte através da adesão a um modelo preconcebido pela própria Administração Pública, não identificamos nessa hipótese a autonomia da vontade inerente à arbitragem, mas, sim, uma confusão entre o método alternativo de solução de conflito e o processo administrativo fiscal.

Diante desse impasse, concluímos pela impossibilidade, na atual conjuntura jurídica, da submissão, no ordenamento jurídico brasileiro, de conflitos tributários à arbitragem. No entanto, como último fio de esperança, buscou-se no direito comparado alguma alternativa para a manifestação de vontade do contribuinte em aderir à arbitragem, mesmo numa relação jurídica nada igualitária como a tributária.

Verificou-se que o Direito Português, malgrado vanguardista na adoção da arbitragem em matéria tributária, parece ter passado por cima desse obstáculo e, autorizou, através de lei orçamentária com regulamentação via decreto-lei, a arbitragem de conflitos tributários, cabendo ao CAAD, um centro de arbitragem institucionalizado, com um procedimento próprio previamente regulamentado, o julgamento.

Por fim, repise-se que dificilmente a arbitragem em conflitos tributários seria suficiente para, tal qual uma boia salva-vidas, retirar o Poder Judiciário do afogamento das execuções fiscais. Tal ceticismo deve-se à principal característica da sentença arbitral: A sentença arbitral é título executivo extrajudicial, porém o juízo arbitral não detém *executio*, ou seja, poder de executar a sua própria decisão, tampouco coercibilidade para cumprir alguma diligência. Nessas hipóteses, deverão as partes recorrer ao Poder Judiciário necessariamente. Assim, de qualquer sorte, execuções fiscais continuarão sendo ajuizadas, ainda que para dar efetividade a sentenças arbitrais tributárias.

Da extensão subjetiva da cláusula compromissória arbitral

Nos termos do art. 3º da Lei de Arbitragem, a cláusula compromissória é espécie do gênero convenção arbitral, e possui "força de determinar a instauração futura de um juízo arbitral". Logo, diante de uma cláusula compromissória válida e eficaz, opera-se o seu efeito negativo, que impede o Poder Judiciário de analisar as matérias compreendidas no objeto da referida cláusula.

Dessa forma, não devem ser discutidas questões relacionadas a um contrato que contenha tal cláusula na Justiça Estatal.

Segundo Carmona, "a convenção de arbitragem tem um duplo caráter: como acordo de vontades, vincula as partes no que se refere a litígios atuais ou futuros, obrigando-as reciprocamente à submissão ao juízo arbitral; como pacto processual, seus objetivos são os de derrogar a jurisdição estatal, submetendo as partes à jurisdição dos árbitros. Portanto, basta a convenção de arbitragem (cláusula ou compromisso) para afastar a competência do juiz togado, sendo irrelevante estar ou não instaurado o juízo arbitral".

A exceção de arbitragem é amplamente reconhecida em nosso direito, inclusive pelo Superior Tribunal de Justiça:

> "DIREITO PROCESSUAL CIVIL. RECURSO ESPECIAL. EXCEÇÃO DE PRÉ-EXECUTIVIDADE. NULIDADE DE SENTENÇA ARBITRAL. CLÁUSULA COMPROMISSÓRIA 'CHEIA'. COMPROMISSO ARBITRAL. PRESCINDIBILIDADE. ATA DE MISSÃO. DELIMITAÇÃO DA CONTROVÉRSIA E DAS REGRAS APLICÁVEIS. CONSENTIMENTO EXPRESSO. ARTIGOS ANALISADOS: 5º, 6º E 19 DA LEI N. 9.307/96.
>
> 1. Agravo de instrumento interposto na origem em 10.7.2007, do qual foi extraído o presente recurso especial, concluso ao Gabinete em 31.7.2013.
>
> 2. Exceção de pré-executividade oposta com o fim de declarar a nulidade de sentença arbitral, ante a ausência de assinatura de compromisso arbitral.
>
> 3. A convenção de arbitragem, tanto na modalidade do compromisso arbitral quanto na modalidade de cláusula

> compromissória, é suficiente e vinculante, afastando definitivamente a jurisdição estatal. (...)."
>
> "PROCESSO CIVIL. JUÍZO ARBITRAL. CLÁUSULA COMPROMISSÓRIA. EXTINÇÃO DO PROCESSO. ART. 267, VII, DO CPC. SOCIEDADE DE ECONOMIA MISTA. DIREITOS DISPONÍVEIS.
>
> 1. Cláusula compromissória é o ato por meio do qual as partes contratantes formalizam seu desejo de submeter à arbitragem eventuais divergências ou litígios passíveis de ocorrer ao longo da execução da avença. Efetuado o ajuste, que só pode ocorrer em hipóteses envolvendo direitos disponíveis, ficam os contratantes vinculados à solução extrajudicial da pendência.
>
> 2. A eleição da cláusula compromissória é causa de extinção do Processo sem julgamento do mérito, nos termos do art. 267, inciso VII, do Código de Processo Civil. (...)."

A questão da existência de cláusula arbitral e do afastamento da jurisdição estatal sobre as controvérsias existentes relacionadas é matéria de ordem pública (hipótese de incompetência absoluta, ou melhor, falta de jurisdição), inclusive, a Ministra Isabel Gallotti já teve a oportunidade de se posicionar, manifestando, em decisão proferida na Medida Cautelar n. 22.5745, seu entendimento de que a ausência de jurisdição do Poder Judiciário Brasileiro é "tema relativo às condições da ação e, que, portanto, deve preceder ao exame dos requisitos para o deferimento da antecipação de tutela".

Embora a convenção de arbitragem seja uma imposição da autonomia da vontade das partes, como ensina o Professor Dinamarco, há a possibilidade de se estender esse compromisso a sociedades integrantes de um mesmo grupo econômico, isto porque "a confusão patrimonial eventualmente existente nesses casos seria fator legitimante da desconsideração da personalidade jurídica, legitimando a extensão subjetiva da convenção".

Isto seria possível tendo-se em vista o objetivo da *disregard doctrine*, que visa coibir o uso da personalidade jurídica para evitar fraudes e abusos. Entretanto, trata-se de instituto muito delicado, que não deve ser aplicado indistintamente.

Entretanto, tal discussão não é pacífica em sede doutrinária, visto que muitos doutrinadores consideram que tal extensão só seria possível se presentes ambos pressupostos consignados no art. 50 do Código Civil, sendo eles o abuso da personalidade jurídica e a confusão patrimonial.

O Tribunal de Justiça do Estado de São Paulo já decidiu pela extensão da cláusula compromissória arbitral para grupos societários no precedente conhecido como caso Trelleborg.

Nos casos da Arbitragem processada à luz do art. 7º da Lei de Arbitragem (instituição judicial da arbitragem), havendo determinação na sentença judicial de inclusão no polo passivo da demanda a empresa-mãe de um grupo econômico do qual uma empresa que efetivamente tenha celebrado contrato com cláusula arbitral, as alegações mais comum são as que negam o vínculo direto por cláusula compromissória.

Entretanto, a jurisprudência tem entendido que quando resta demonstrado nos autos que a empresa controladora de um grupo econômico teve participação ativa no contrato objeto da arbitragem e/ou, quando há transferência de controle de determinada empresa à empresa do grupo que celebrou a cláusula de arbitragem, é possível a instauração de processo arbitral em face da empresa controladora. Segue abaixo ementa de apelação que corrobora com o referido entendimento:

> "Sentença que instituiu Tribunal Arbitral para dirimir conflito entre as partes — Ilegitimidade de parte passiva afastada — Argumento reiteradamente desenvolvido que cai por terra, face às provas dos autos que demonstram à toda evidência o envolvimento nas negociações de que decorreu o litígio instaurado — Inexigibilidade de haver prévio contrato — art. 1º da Lei n. 9.307/96 que tem como exigência a capacidade das partes para contratar, o que deve ser entendido como capacidade civil para manter relação jurídica que envolva direitos patrimoniais disponíveis."

Nesse sentido, ainda que haja a limitação das responsabilidades de cada companhia, vale lembrar que se for demonstrada a confusão entre a personalidade jurídica da empresa controladora e da personalidade jurídica da empresa do grupo que celebrou o contrato com cláusula compromissória, restarão fortes indícios da dominação das atividades da empresa que celebrou o contrato com cláusula compromissória pela empresa controladora.

Ora, restando a evidência de que a empresa controladora foi a responsável por convencionar a cláusula arbitral, mesmo que em nome da outra empresa, haverá a presunção de que a empresa controladora teve a devida ciência tanto da existência e quanto da finalidade da cláusula arbitral, portanto, será cabível sim a extensão subjetiva da cláusula arbitral, ainda que a empresa controladora não seja parte no contrato que convencionou a cláusula compromissória e o resultado será, portanto, a eventual instauração de processo arbitral em face desta.

Grupos Econômicos são conjuntos de empresas que atuam em sincronia com o intuito de lograr maior eficiência em sua atividade, unidas por vínculo de coordenação ou subordinação.

Os grupos econômicos surgiram entre 1939 a 1945, durante o pós-guerra, em virtude das grandes transformações sociais que acarretaram verdadeira revolução no campo empresarial, tendo como principal pilar a globalização da economia.

A globalização tem por consequência a interdependência e internalização dos mercados nacionais, revolução tecnológica e um novo modelo de livre mercado, sendo que, neste ambiente, teve-se a necessidade da união das empresas para atenderem às necessidades do desenvolvimento do processo de produção.

Segundo Bulgarelli, para que o conjunto de empresas seja caracterizado como grupo econômico não se faz necessária a existência de atividades próximas, idênticas ou complementares exercidas pelos entes agrupados.

Sendo assim, por um lado a atividade econômica globalizada não pode abrir mão da formação de grupos econômicos, e, por outro os credores não podem ficar sem tutela legal dos seus direitos no caso de abuso da forma empresarial utilizada pelos agentes econômicos.

Portanto, é possível o entendimento de que a configuração de interesse comum em relação a um contrato com cláusula arbitral que tenha sido celebrado entre uma empresa pertencente a um grupo econômico pode responsabilizar a empresa controladora do referido grupo econômico, havendo a possibilidade de instauração do processo arbitral em face desta.

Diante do exposto, entende-se que é possível a instauração do processo arbitral em face da empresa controladora de um grupo econômico, pois, ainda que haja a limitação das responsabilidades de cada companhia, se ficar demonstrada (i) a confusão entre a personalidade jurídica da empresa do grupo econômico que celebrou o contrato com cláusula compromissória e a empresa-mãe (controladora), como, por exemplo, a evidência de que a empresa-mãe é detentora integral do capital social da outra empresa; (ii) o domínio das atividades rotineiras da empresa que celebrou o contrato com a cláusula compromissória pela empresa controladora, (iii) a participação efetiva da empresa controladora nas negociações objeto do contrato com cláusula compromissória; (iv) elaboração do contrato; e/ou (v) tentativas de acordo havidas após a instauração do litígio.

Assim, é possível concluir que é cabível a extensão subjetiva da cláusula arbitral, para que, ainda que não seja parte do contrato que a convenciona, seja cabível a instauração de processo arbitral em face da empresa controladora. Dando ainda o interesse comum e a atuação da empresa controladora em relação ao contrato celebrado com cláusula compromissória, ficará demonstrada a quebra dos limites do grupo econômico no momento em que a controladora atua em nome da empresa que celebrou o contrato com cláusula compromissória.

A arbitragem na área trabalhista

Culturalmente, a arbitragem não tem sido o meio mais utilizado de resolução de conflitos. Na maioria das vezes quando uma pessoa se depara com um problema, logo vem em mente a intenção do ajuizamento de uma ação, para que o Judiciário indique uma solução.

Entretanto, as pessoas não analisam profundamente as consequências de uma ação judicial, ou seja, que a demanda poderá ter um resultado não esperado e, especialmente, não se tem ideia de quanto tempo será necessário para haver uma solução definitiva para aquele conflito.

Não é raro que uma decisão judicial definitiva somente seja alcançada, depois de transcorrido vários anos, quando a prestação jurisdicional (aquela solução inicialmente buscada) não tem mais nenhum efeito prático para as partes envolvidas.

O Código de Processo Civil de 2015 aumentou a importância da arbitragem nos conflitos, abrindo caminho para a sua utilização até nos casos trabalhistas.

Com a lei que alterou a CLT, Lei n. 13.467/17, trouxe a arbitragem para algumas situações, dentre elas:

> "Art. 507-A. Nos contratos individuais de trabalho cuja remuneração seja superior a duas vezes o limite máximo estabelecido para os benefícios do Regime Geral de Previdência Social, poderá ser pactuada cláusula compromissória de arbitragem, desde que por iniciativa do empregado ou mediante a sua concordância expressa, nos termos previstos na Lei n. 9.307, de 23 de setembro de 1996."

Entretanto, a utilização do juízo arbitral em causas trabalhistas ainda gera uma grande insegurança jurídica, posto que existe a possibilidade dos tribunais invalidarem a decisão por arbitragem, o que se caracteriza como um grande obstáculo para a adoção dessa prática.

Atualmente, a posição de especialistas está dividida quanto à validade das decisões arbitrais em questões trabalhistas.

A possibilidade de uso da arbitragem para a resolução de conflitos trabalhistas tem diversos defensores, entre eles, o ministro do STF — Supremo Tribunal Federal — Gilmar Mendes e o presidente do TST — Tribunal Superior do Trabalho — Ives Gandra Filho.

Esses especialistas defendem a arbitragem, pois entendem que a judicialização não pode ser a única forma de solução de conflitos trabalhistas, até porque o Judiciário não dá conta de tantos processos, sendo que somente no ano de 2016 foram ajuizados 3,4 milhões de processos na Justiça do trabalho.

Por outro lado, existem especialistas que sustentam a impossibilidade de arbitragem nas questões trabalhista, em razão da hipossuficiência do empregado que deve ser protegido pelo Judiciário, entendendo também que os direitos trabalhistas são indisponíveis e, portanto, irrenunciáveis.

Pesa também contra a adoção da arbitragem nas questões trabalhistas, o interesse da Receita Federal nesse tipo de ação, já que normalmente elas envolvem contribuições previdenciárias e FGTS, que não poderiam ser submetidas à arbitragem.

A jurisprudência sobre o tema é bastante diversa, pois já existe decisões judiciais reconhecendo como válida e eficaz a sentença dada por juiz arbitral, sendo que também existe decisões judiciais não reconhecendo a decisão do juízo arbitral.

Ao nosso ver, a arbitragem na seara trabalhista, é a melhor forma da solução dos conflitos.

Capítulo 16

Direito Sindical

Base Legal

"Título IV-A
Da Representação dos Empregados

'Art. 510-A. Nas empresas com mais de duzentos empregados, é assegurada a eleição de uma comissão para representá-los, com a finalidade de promover-lhes o entendimento direto com os empregadores.

§ 1º A comissão será composta:

I — nas empresas com mais de duzentos e até três mil empregados, por três membros;

II — nas empresas com mais de três mil e até cinco mil empregados, por cinco membros;

III — nas empresas com mais de cinco mil empregados, por sete membros.

§ 2º No caso de a empresa possuir empregados em vários Estados da Federação e no Distrito Federal, será assegurada a eleição de uma comissão de representantes dos empregados por Estado ou no Distrito Federal, na mesma forma estabelecida no § 1º deste artigo.'

'Art. 510-B. A comissão de representantes dos empregados terá as seguintes atribuições:

I — representar os empregados perante a administração da empresa;

II — aprimorar o relacionamento entre a empresa e seus empregados com base nos princípios da boa-fé e do respeito mútuo;

III — promover o diálogo e o entendimento no ambiente de trabalho com o fim de prevenir conflitos;

IV — buscar soluções para os conflitos decorrentes da relação de trabalho, de forma rápida e eficaz, visando à efetiva aplicação das normas legais e contratuais;

V — assegurar tratamento justo e imparcial aos empregados, impedindo qualquer forma de discriminação por motivo de sexo, idade, religião, opinião política ou atuação sindical;

VI — encaminhar reivindicações específicas dos empregados de seu âmbito de representação;

VII — acompanhar o cumprimento das leis trabalhistas, previdenciárias e das convenções coletivas e acordos coletivos de trabalho.

§ 1º As decisões da comissão de representantes dos empregados serão sempre colegiadas, observada a maioria simples.

§ 2º A comissão organizará sua atuação de forma independente.'

'Art. 510-C. A eleição será convocada, com antecedência mínima de trinta dias, contados do término do mandato anterior, por meio de edital que deverá ser fixado na empresa, com ampla publicidade, para inscrição de candidatura.

§ 1º Será formada comissão eleitoral, integrada por cinco empregados, não candidatos, para a organização e o acompanhamento do processo eleitoral, vedada a interferência da empresa e do sindicato da categoria.

§ 2º Os empregados da empresa poderão candidatar-se, exceto aqueles com contrato de trabalho por prazo determinado, com contrato suspenso ou que estejam em período de aviso-prévio, ainda que indenizado.

§ 3º Serão eleitos membros da comissão de representantes dos empregados os candidatos mais votados, em votação secreta, vedado o voto por representação.

§ 4º A comissão tomará posse no primeiro dia útil seguinte à eleição ou ao término do mandato anterior.

§ 5º Se não houver candidatos suficientes, a comissão de representantes dos empregados poderá ser formada com número de membros inferior ao previsto no art. 510-A desta Consolidação.

§ 6º Se não houver registro de candidatura, será lavrada ata e convocada nova eleição no prazo de um ano.'

'Art. 510-D. O mandato dos membros da comissão de representantes dos empregados será de um ano.

§ 1º O membro que houver exercido a função de representante dos empregados na comissão não poderá ser candidato nos dois períodos subsequentes.

§ 2º O mandato de membro de comissão de representantes dos empregados não implica suspensão ou interrupção do contrato de trabalho, devendo o empregado permanecer no exercício de suas funções.

§ 3º Desde o registro da candidatura até um ano após o fim do mandato, o membro da comissão de representantes dos empregados não poderá sofrer despedida arbitrária, entendendo-se como tal a que não se fundar em motivo disciplinar, técnico, econômico ou financeiro.

§ 4º Os documentos referentes ao processo eleitoral devem ser emitidos em duas vias, as quais permanecerão sob a guarda dos empregados e da empresa pelo prazo de cinco anos, à disposição para consulta de qualquer trabalhador interessado, do Ministério Público do Trabalho e do Ministério do Trabalho.'"

"Art. 510-E. A comissão de representantes dos empregados não substituirá a função do sindicato de defender os direitos e os interesses coletivos ou individuais da categoria, inclusive em questões judiciais ou administrativas, hipótese em que será obrigatória a participação dos sindicatos em negociações coletivas de trabalho, nos termos do incisos III e VI do caput do art. 8º da Constituição." (NR)

"Art. 545. Os empregadores ficam obrigados a descontar da folha de pagamento dos seus empregados, desde que por eles devidamente autorizados, as contribuições devidas ao sindicato, quando por este notificados.

[...]." (NR)

"Art. 578. As contribuições devidas aos sindicatos pelos participantes das categorias econômicas ou profissionais ou das profissões liberais representadas pelas referidas entidades serão, sob a denominação de contribuição sindical, pagas, recolhidas e aplicadas na forma estabelecida neste Capítulo, desde que prévia e expressamente autorizadas." (NR)

"Art. 579. O desconto da contribuição sindical está condicionado à autorização prévia e expressa dos que participarem de uma determinada categoria econômica ou profissional, ou de uma profissão liberal, em favor do sindicato representativo da mesma categoria ou profissão ou, inexistindo este, na conformidade do disposto no art. 591 desta Consolidação." (NR)

"Art. 582. Os empregadores são obrigados a descontar da folha de pagamento de seus empregados relativa ao mês de março de cada ano a contribuição sindical dos empregados que autorizaram prévia e expressamente o seu recolhimento aos respectivos sindicatos.

[...]." (NR)

"Art. 583. O recolhimento da contribuição sindical referente aos empregados e trabalhadores avulsos será efetuado no mês de abril de cada ano, e o relativo aos agentes ou trabalhadores autônomos e profissionais liberais realizar-se-á no mês de fevereiro, observada a exigência de autorização prévia e expressa prevista no art. 579 desta Consolidação.

[...]." (NR)

"Art. 587. Os empregadores que optarem pelo recolhimento da contribuição sindical deverão fazê-lo no mês de janeiro de cada ano, ou, para os que venham a se estabelecer após o referido mês, na ocasião em que requererem às repartições o registro ou a licença para o exercício da respectiva atividade." (NR)

"Art. 602. Os empregados que não estiverem trabalhando no mês destinado ao desconto da contribuição sindical e que venham a autorizar prévia e expressamente o recolhimento serão descontados no primeiro mês subsequente ao do reinício do trabalho.

[...]." (NR)

"Art. 611-A. A convenção coletiva e o acordo coletivo de trabalho, observados os incisos III e VI do *caput* do art. 8º da Constituição, têm prevalência sobre a lei quando, entre outros, dispuserem sobre:

I — pacto quanto à jornada de trabalho, observados os limites constitucionais;

II — banco de horas anual;

III — intervalo intrajornada, respeitado o limite mínimo de trinta minutos para jornadas superiores a seis horas;

IV — adesão ao Programa Seguro-Emprego (PSE), de que trata a Lei n. 13.189, de 19 de novembro de 2015;

V — plano de cargos, salários e funções compatíveis com a condição pessoal do empregado, bem como identificação dos cargos que se enquadram como funções de confiança;

VI — regulamento empresarial;

VII — representante dos trabalhadores no local de trabalho;

VIII — teletrabalho, regime de sobreaviso, e trabalho intermitente;

IX — remuneração por produtividade, incluídas as gorjetas percebidas pelo empregado, e remuneração por desempenho individual;

X — modalidade de registro de jornada de trabalho;

XI — troca do dia de feriado;

XII — enquadramento do grau de insalubridade e prorrogação de jornada em locais insalubres, incluída a possibilidade de contratação de perícia, afastada a licença prévia das autoridades competentes do Ministério do Trabalho, desde que respeitadas, na integralidade, as normas de saúde, higiene e segurança do trabalho previstas em lei ou em normas regulamentadoras do Ministério do Trabalho;

XIII — prorrogação de jornada em ambientes insalubres, sem licença prévia das autoridades competentes do Ministério do Trabalho;

XIV — prêmios de incentivo em bens ou serviços, eventualmente concedidos em programas de incentivo;

XV — participação nos lucros ou resultados da empresa.

§ 1º No exame da convenção coletiva ou do acordo coletivo de trabalho, a Justiça do Trabalho observará o disposto no § 3º do art. 8º desta Consolidação.

§ 2º A inexistência de expressa indicação de contrapartidas recíprocas em convenção coletiva ou acordo coletivo de trabalho não ensejará sua nulidade por não caracterizar um vício do negócio jurídico.

§ 3º Se for pactuada cláusula que reduza o salário ou a jornada, a convenção coletiva ou o acordo coletivo de trabalho deverão prever a proteção dos empregados contra dispensa imotivada durante o prazo de vigência do instrumento coletivo.

§ 4º Na hipótese de procedência de ação anulatória de cláusula de convenção coletiva ou de acordo coletivo de trabalho, quando houver a cláusula compensatória, esta deverá ser igualmente anulada, sem repetição do indébito.

§ 5º Os sindicatos subscritores de convenção coletiva ou de acordo coletivo de trabalho participarão, como litisconsortes necessários, em ação coletiva que tenha como objeto a anulação de cláusulas desses instrumentos, vedada a apreciação por ação individual." (NR)

"Art. 611-B. Constituem objeto ilícito de convenção coletiva ou de acordo coletivo de trabalho, exclusivamente, a supressão ou a redução dos seguintes direitos:

I — normas de identificação profissional, inclusive as anotações na Carteira de Trabalho e Previdência Social;

II — seguro-desemprego, em caso de desemprego involuntário;

III — valor dos depósitos mensais e da indenização rescisória do Fundo de Garantia do Tempo de Serviço (FGTS);

IV — salário mínimo;

V — valor nominal do décimo terceiro salário;

VI — remuneração do trabalho noturno superior à do diurno;

VII — proteção do salário na forma da lei, constituindo crime sua retenção dolosa;

VIII — salário-família;

IX — repouso semanal remunerado;

X — remuneração do serviço extraordinário superior, no mínimo, em 50% (cinquenta por cento) à do normal;

XI — número de dias de férias devidas ao empregado;

XII — gozo de férias anuais remuneradas com, pelo menos, um terço a mais do que o salário normal;

XIII — licença-maternidade com a duração mínima de cento e vinte dias;

XIV — licença-paternidade nos termos fixados em lei;

XV — proteção do mercado de trabalho da mulher, mediante incentivos específicos, nos termos da lei;

XVI — aviso-prévio proporcional ao tempo de serviço, sendo no mínimo de trinta dias, nos termos da lei;

XVII — normas de saúde, higiene e segurança do trabalho previstas em lei ou em normas regulamentadoras do Ministério do Trabalho;

XVIII — adicional de remuneração para as atividades penosas, insalubres ou perigosas;

XIX — aposentadoria;

XX — seguro contra acidentes de trabalho, a cargo do empregador;

XXI — ação, quanto aos créditos resultantes das relações de trabalho, com prazo prescricional de cinco anos para os trabalhadores urbanos e rurais, até o limite de dois anos após a extinção do contrato de trabalho;

XXII — proibição de qualquer discriminação no tocante a salário e critérios de admissão do trabalhador com deficiência;

XXIII — proibição de trabalho noturno, perigoso ou insalubre a menores de dezoito anos e de qualquer trabalho a menores de dezesseis anos, salvo na condição de aprendiz, a partir de quatorze anos;

XXIV — medidas de proteção legal de crianças e adolescentes;

XXV — igualdade de direitos entre o trabalhador com vínculo empregatício permanente e o trabalhador avulso;

XXVI — liberdade de associação profissional ou sindical do trabalhador, inclusive o direito de não sofrer, sem sua expressa e prévia anuência, qualquer cobrança ou desconto salarial estabelecidos em convenção coletiva ou acordo coletivo de trabalho;

XXVII — direito de greve, competindo aos trabalhadores decidir sobre a oportunidade de exercê-lo e sobre os interesses que devam por meio dele defender;

XXVIII — definição legal sobre os serviços ou atividades essenciais e disposições legais sobre o atendimento das necessidades inadiáveis da comunidade em caso de greve;

XXIX — tributos e outros créditos de terceiros;

XXX — as disposições previstas nos arts. 373-A, 390, 392, 392-A, 394, 394-A, 395, 396 e 400 desta Consolidação.

Parágrafo único. Regras sobre duração do trabalho e intervalos não são consideradas como normas de saúde, higiene e segurança do trabalho para os fins do disposto neste artigo."

"Art. 614. [...]

[...]

§ 3º Não será permitido estipular duração de convenção coletiva ou acordo coletivo de trabalho superior a dois anos, sendo vedada a ultratividade." (NR)

"Art. 620. As condições estabelecidas em acordo coletivo de trabalho sempre prevalecerão sobre as estipuladas em convenção coletiva de trabalho." (NR)

"Art. 634. [...]

§ 1º [...]

§ 2º Os valores das multas administrativas expressos em moeda corrente serão reajustados anualmente pela Taxa Referencial (TR), divulgada pelo Banco Central do Brasil, ou pelo índice que vier a substituí-lo." (NR)

Teoria

Direito Coletivo do Trabalho

Introdução

O sindicalismo no Brasil passou por vários revezes, com grandes perseguições políticas aos movimentos sindicais, que monta desde a época do império. A partir de 1900, as Ligas Operárias, apoiadas pela Igreja Católica, finalmente conseguiram firmar seu peso político e social, fato que serviu de modelo para as dezenas de associações, federações e confederações que proliferaram desde então. Esta nova realidade fez com que os legisladores, num esforço especial, promulgassem o Decreto n. 19.770, de 19 de março de 1931, nascendo aí a primeira lei sindical brasileira.

Devido a sua grande complexidade e extensão, o estudo do direito foi fragmentado em vários ramos jurídicos, cuja divisão se deu somente para fins didáticos, a fim de facilitar seu estudo e compreensão, não representando a realidade. O direito é único e não comporta fragmentações, vez que seus ramos, embora autônomos, são interdependentes e coexistem harmonicamente.

Da mesma forma, também o intuito de facilitar seu estudo, o direito do trabalho foi relativamente fragmentado de maneira que é possível abraçar duas formas de divisão: o direito individual e o direito coletivo. O Primeiro trata das regras estabelecidas entre empregado e empregador, dos deveres e obrigações das partes pactuantes. O segundo versa sobre as relações entre o ente sindical, tanto dos empregados quanto dos empregadores, assim como das organizações de empregados e empregadores, mas desta vez, tendo em vista os interesses coletivos da categoria ou de um grupo específico.

O direito individual do trabalho visa satisfazer a necessidade individual, ou seja, regulando sobretudo as relações entre empregado e empregadores individualmente relacionados. Por outro lado, o direito coletivo do trabalho é indivisível, pois não especifica as pessoas, e sim, refere-se a um coletivo de pessoas ou grupos, isto é, trata de questões que envolvem toda a categoria, tais como melhoria das condições de trabalho e aumento de salário.

São os sujeitos do direito individual do trabalho, o empregado e o empregador, já no direito coletivo do trabalho encontramos o sindicato dos empregados (categoria profissional) e o sindicato das empresas (categoria econômica).

Denominação

As expressões "Direito Sindical" e "Direito Corporativo" têm o mesmo significado que Direito Coletivo do Trabalho. Enquanto, o termo Direito Sindical tem uma interpretação mais restrita, pois se refere aos sindicatos e suas organizações, e não aos grupos não organizados em sindicatos, a expressão "Direito Corporativo" quer dizer sobre o sistema do qual a organização sindical é controlada pelo ente estatal.

Cabe destacar que a representação dos trabalhadores nas empresas, não engloba o Direito Sindical, porquanto os trabalhadores nele inseridos não precisam ser sindicalizados para entrarem em acordos com as empresas.

Assim, importa dizer que o Direito Coletivo opõe-se ao Direito Individual, uma vez que este último dispõe acerca do contrato de trabalho do empregado, porquanto o Direito Coletivo trata das regras coletivas que terão aplicabilidade nos contratos de trabalho.

Conceito

De acordo com Amauri Mascaro Nascimento, o Direito Coletivo versa sobre as "relações jurídicas que têm como sujeitos os sindicatos de trabalhadores e os sindicatos de empregadores ou grupos e como causa a defesa dos interesses coletivos dos membros desses grupos".[(10)]

Verifica-se, pois que o Direito Coletivo do Trabalho é considerado uma divisão do Direito do Trabalho que versa sobre temas como a representação dos trabalhadores, a greve, a negociação coletiva e a organização sindical, e seus dispositivos constam na Consolidação das Leis do Trabalho (CLT).

---

(10) NASCIMENTO, Amauri Mascaro. *Curso de direito do trabalho:* história e teoria geral do direito do trabalho: relações individuais e coletivas do trabalho. 22. ed. rev. e atual. São Paulo: Saraiva, 2007. p. 1078.

Função

São funções do direito coletivo do trabalho:

a) Produção de normas jurídicas — realizadas através de negociação coletiva, acarretando um vínculo nos contratos de trabalho dos empregados e empregadores.

b) Poder de solucionar os conflitos trabalhistas — feitos através de acordos e convenções coletivas, visando uma melhoria das condições de trabalho dos empregados.

Liberdade sindical

Conceito

A Constituição da OIT de 1919, previu o princípio da liberdade sindical, que foi uma das metas de seu programa de ação. Essa Constituição incorporou em seu texto a Declaração de Filadélfia, de 1944: "a liberdade de expressão e a de associação são essenciais à continuidade do progresso". Essa declaração também incluía o reconhecimento do direito da negociação coletiva, a cooperação entre empregados e empregadores para aperfeiçoamento da eficiência produtiva e a colaboração de trabalhadores e empregados na preparação e aplicação de medidas sociais e econômicas.

A liberdade sindical está prevista no art. 511 da Consolidação das Leis do Trabalho, CLT, permitindo a liberdade de expressão de um indivíduo (empregados, empregadores ou trabalhadores autônomos) em associar-se a um sindicato para discutir interesse profissional ou econômico.

Na obra de *Direito do Trabalho* do autor Sergio Pinto Martins[11], "Liberdade sindical é o direito de os trabalhadores e

(11) MARTINS, Sergio Pinto. *Direito do trabalho*. 25. ed. São Paulo: Atlas, 2009. p. 688.

empregadores se organizarem e constituírem livremente as agremiações que desejarem, no número por eles idealizado, sem que sofrem qualquer interferência ou intervenção do Estado, nem uns em relação aos outros, visando à promoção de seus interesses ou dos grupos que irão representar. Essa liberdade sindical também compreende o direito de ingressar e retirar-se dos sindicatos".

Amauri Mascaro Nascimento entende que a "...perspectiva que se desdobra em liberdade como direito de organização e liberdade como direito de atuação, ambos complementando-se, indivisíveis, caso se pretenda qualificar um sistema como de plena liberdade sindical, sendo, portanto, a ação o meio de implementação da liberdade de organização e condição para a sua efetividade, com o que um sistema restritivo da ampla autonomia coletiva dos particulares não pode ser enquadrado entre os modelos de plena liberdade sindical, tanto quanto um sistema limitativo da macro ou da micro-organização, aquela na dimensão internacional, o municipal, o de categorias, abrangendo a liberdade de organização dos trabalhadores na empresa ou na unidade produtiva".(12)

Garantias sindicais

A Convenção n. 87 da OIT trata da liberdade sindical, porém não foi ratificada no Brasil. Apresenta várias garantias, sendo algumas delas:

a) Os trabalhadores e as entidades patronais, sem distinção de qualquer espécie, terão direito, sem autorização prévia do Estado, de constituírem organizações de sua escolha, assim o de se filiarem nessas organizações, com a única condição de se observarem seus estatutos.

b) As organizações de trabalhadores e de empregadores têm o direito de elaborar seus estatutos e

---

(12) NASCIMENTO, Amauri Mascaro. *Curso de direito do trabalho:* história e teoria geral do direito do trabalho: relações individuais e coletivas do trabalho. 22. ed. rev. e atual. São Paulo: Saraiva, 2007. p. 1089.

regulamentos administrativos, de eleger livremente seus representantes e sua atividade, formulando e organizando seu programa de ação.

c) As autoridades públicas não poderá intervir nos sindicatos, de maneira a limitar seu exercício legal, suspender ou dissolver o sindicato, por via administrativa.

d) As organizações de trabalhadores e de empregadores têm o direito de constituírem federações e confederações bem como o direito de filiação a estas. As organizações, federações e confederações têm o direito de se filiarem em organizações internacionais de trabalhadores e de entidades patronais.

e) A aquisição de personalidade jurídica pelas organizações de trabalhadores e de entidades empregadoras, não podem estar, suas federações e confederações, subordinadas a condições que põem em causa os direitos de filiação.

As garantias previstas são aplicáveis às forças armadas e à polícia, no referendo à legislação de cada país (Convenção n. 87 da OIT, art. 9º, 1).

A liberdade de filiar-se a um sindicato, diz tanto no setor público, como no privado, sem nenhum tipo de distinção entre ambos os setores.

Os empregadores não poderão fazer distinção entre os empregados por estes filiarem-se ou não a sindicatos, conforme alude a Convenção n. 98, art. 1º, da OIT.

Classificação da liberdade sindical

A classificação da liberdade sindical se faz sob os seguintes aspectos: do indivíduo, ou seja, a liberdade de ingressar ou sair, filiar-se ou não a um sindicato. Outro aspecto é o do grupo profissional, uma vez que aduz sobre a liberdade da organização em aplicar as regras, declarar os trâmites, e trata de diversas relações. Por último, o aspecto do Estado, onde este não interfere nas ações do sindicato.

Sistema sindical brasileiro

São três os sistemas de liberdade sindical. O primeiro trata do intervencionismo estatal nas ações sindicais. O segundo refere-se à ausência estatal nas relações sindicais, nominado de desregulamentado. E o terceiro sistema, conhecido como intervencionista socialista, o Estado estabelece metas no qual ordena e regula as relações sindicais.

Mister se faz salientar, que o tema trazido à baila, não busca vislumbrar soberanias concorrentes com o Estado, uma vez que o Estado é detentor de uma soberania una. Portanto, a autonomia e a soberania do Estado não estão equiparadas à autonomia do sindicato trazida pela liberdade sindical.

Alguns conceitos pertinentes ao tema, são:

1. *agency shop* que se refere a imposição de pagamento da contribuição sindical e não necessariamente a filiação.

2. *union shop* que quer dizer da necessidade de se filiar para permanência da prestação de serviço.

3. *closed shop* no qual exige a sindicalização para se obter um emprego.

4. cláusula *maintenance of membership*, onde alude que o empregado inscrito em determinado sindicato deve preservar sua sindicalização durante o prazo de vigência da convenção coletiva referente à categoria.

Autonomia sindical

A autonomia sindical corresponde à possibilidade de atuação do grupo organizado em sindicato, não levando em conta a individualidade de seus componentes. Como leva a lição de Sergio Pinto Martins, a autonomia sindical "é a possibilidade de atuação do grupo organizado em sindicato e não de seus componentes individualmente considerados".[13]

Urge esclarecer que o princípio da autonomia sindical, sustenta a garantia de autogestão às organizações associativas e sindicais dos trabalhadores, sem interferências empresariais ou do Estado.

De acordo com o art. 8º, inciso II, da Constituição Federal, aduz que: "É livre a associação profissional ou sindical, observado o seguinte: II — é vedada a criação de mais de uma organização sindical, em qualquer grau, representativa de categoria profissional ou econômica, na mesma base territorial, que será definida pelos trabalhadores ou empregadores interessados, não podendo ser inferior à área de um Município".

Dispõe ainda o art. 516 da CLT: "Não será reconhecido mais de um sindicato representativo da mesma categoria econômica e profissional, ou profissão liberal, em uma dada base territorial".

A constituição sindical se faz apenas para abordar assuntos de questões profissionais ou econômicas, não se referindo, por exemplo, à política, ou seja, trata da redação do estatuto, da liberdade de organização interna, enfim, não visa afrontar a liberdade sindical.

A intervenção estatal e a autonomia sindical

É importante frisar a não intervenção estatal nos sindicatos, uma vez que são entes privados, isso não afasta o que dispõe o art. 513, alínea "d" da CLT: "São prerrogativas dos Sindicatos: d) colaborar com o Estado, como órgãos técnicos e consultivos, no estudo e solução dos problemas que se relacionam com a respectiva categoria ou profissão liberal".

---

(13) MARTINS, Sergio Pinto. *Direito do trabalho*. 24. ed. São Paulo: Atlas, 2008. p. 684.

O sistema brasileiro adota uma forma de organização sindical que não valoriza a autonomia, pois além de estabelecê-la por categoria, o sindicato não pode ter base inferior à área de um município, o que está claramente demonstrado no art. 8º, inciso II da Constituição Federal. Essa determinação constitucional não condiz com a Convenção n. 87 da OIT, demonstrando que no Brasil não há liberdade para as pessoas criarem livremente quantos sindicatos desejarem. Além do que, ainda tem-se a obrigatoriedade da contribuição sindical, que entra em conflito com o princípio da liberdade sindical.

A autonomia sindical é uma espécie de liberdade sindical consagrada na Convenção Internacional n. 87 da OIT, conceituando como o direito de o sindicato elaborar seus estatutos e regulamentos administrativos, de eleger livremente seus representantes, de organizar sua gestão e sua atividade e de formular seu programa de ação (art. 3º).

As limitações impostas pela Constituição Federal/88 à organização sindical foram de encontro às tendências mundiais de consagrar uma liberdade sindical ampla. Senão, veja inciso por inciso do art. 8º da Constituição:

> "Art. 8º É livre a associação profissional ou sindical, observado o seguinte:
>
> I — a lei não poderá exigir autorização do Estado para a fundação de sindicato, ressalvado o registro no órgão competente, vedadas ao Poder Público a interferência e a intervenção na organização sindical;
>
> II — é vedada a criação de mais de uma organização sindical, em qualquer grau, representativa de categoria profissional ou econômica, na mesma base territorial, que será definida pelos trabalhadores ou empregadores interessados, não podendo ser inferior à área de um Município;
>
> III — ao sindicato cabe a defesa dos direitos e interesses coletivos ou individuais da categoria, inclusive em questões judiciais ou administrativas;

IV — a assembleia geral fixará a contribuição que, em se tratando de categoria profissional, será descontada em folha, para custeio do sistema confederativo da representação sindical respectiva, independentemente da contribuição prevista em lei;

V — ninguém será obrigado a filiar-se ou a manter-se filiado a sindicato;

VI — é obrigatória a participação dos sindicatos nas negociações coletivas de trabalho;

VII — o aposentado filiado tem direito a votar e ser votado nas organizações sindicais;

VIII — é vedada a dispensa do empregado sindicalizado a partir do registro da candidatura a cargo de direção ou representação sindical e, se eleito, ainda que suplente, até um ano após o final do mandato, salvo se cometer falta grave nos termos da lei.

Parágrafo único. As disposições deste artigo aplicam-se à organização de sindicatos rurais e de colônias de pescadores, atendidas as condições que a lei estabelecer."

A leitura do inciso I supratranscrito revela a adoção, pela Carta Magna de 1988, do princípio da autonomia sindical. Tal princípio sustenta a garantia de autogestão às organizações associativas e sindicais dos trabalhadores, sem interferências empresariais ou do Estado. Trata, portanto, da livre estruturação interna do sindicato, sua livre atuação externa, sua sustentação econômico-financeira e sua desvinculação de controles administrativos estatais ou em face do empregador.

Ao par desse relevante princípio, a Constituição da República manteve, em sentido contrário, a unicidade sindical e a representação sindical por categoria, características próprias do sistema corporativista extinto pela atual Carta Magna, a qual, embora alude a liberdade sindical, delimitou alguns parâmetros de regulamentação, como o princípio da Unicidade Sindical (art. 8º, inciso II), que dispõe ser "livre a associação profissional ou sindical". Porém é notório que não tem ampla e ilimitada aplicação, em face do art. 8º, inciso II, da CF, estabelece "ser vedada a criação de mais de uma organização, na mesma base territorial, que será definida pelos trabalhadores".

Organização sindical brasileira

Lembra Gustavo Filipe Barbosa Garcia que sindicato pode ser definido "como a associação de pessoas físicas ou jurídicas, que têm atividades econômicas ou profissionais, visando a defesa dos interesses coletivos ou individuais dos membros da categoria (art. 511, CLT)".[14]

Veja o inteiro teor do art. 511 da CLT: "É licita a associação para fins de estudo, defesa e coordenação dos seus interesses econômicos ou profissionais de todos os que, como empregadores, empregados, agentes ou trabalhadores autônomos, ou profissionais liberais, exerçam, respectivamente, a mesma atividade ou profissão ou atividades ou profissões similares ou conexas".

O deslinde da questão é que para haver uma organização sindical, se faz imperioso a associação de pessoas físicas ou jurídicas e que exercem atividade profissional ou econômica, para a defesa dos respectivos interesses e a prestação assistencial a todo o grupo, além de outras atividades complementares que as favoreçam.

Assim, o sindicato define-se como entidade formada, em caráter permanente, por trabalhadores que exerçam suas atividades a empregadores do mesmo ramo de negócio, ou empresas que explorem o mesmo ramo econômico, cujos objetos são o estudo e a defesa dos interesses daqueles que a compõem. Restando de sobejo comprovado, que a simples reunião de estudantes num espaço físico delimitado, não caracteriza a constituição de um sindicato.

Será tratado nesse capítulo a distinção entre esses institutos:

---

(14) GARCIA, Gustavo Filipe Barbosa. *Curso de direito do trabalho*. 2. ed. rev. atual. e ampl. São Paulo: Método, 2008. p.1098.

1. O sindicato tem como prerrogativa a defesa dos interesses coletivos e individuais dos empregados e empregadores.

2. O sindicato de profissionais, disciplina e fiscaliza uma determinada classe de profissionais.

3. A associação desportiva tem como objetivo o agrupamento de pessoas com atividades ligadas ao esporte.

4. A cooperativa é uma associação autônoma de pessoas que se unem, voluntariamente, para satisfazer aspirações e necessidades econômicas, sociais e culturais comuns, por meio de um empreendimento de propriedade coletiva e democraticamente gerido. A cooperativa presta serviços aos seus cooperados.

Muito se tem discutido na doutrina acerca da natureza jurídica do sindicato. Antes de tudo pode-se afirmar que o sindicato é uma pessoa jurídica. As divergências doutrinárias surgem quando se procura situar essa personalidade jurídica do sindicato dentro dos ramos do Direito. Alguns defendem a tese do sindicato ser uma associação de direito público, outros de direito privado, há alguns até que defendem a tese do sindicato ser de natureza semipública, e outros, ainda, de natureza de direito social.

Detêm-se, nesse aspecto, que a natureza jurídica dos sindicatos depende do sistema sindical em que estão inseridos, sendo elencadas três teorias principais.

A primeira define o sindicato como uma associação de direito privado, disciplinados pelas regras gerais pertinentes a esse setor de direito.

A segunda define que o sindicato como ente de direito público, sendo praticamente um apêndice do Estado. Com base nessa teoria, os interesses do sindicato confundem-se com os próprios interesses peculiares do Estado. Em geral, o sindicato tem natureza de pessoa jurídica de direito público apenas nos regimes totalitários.

A terceira posição define sindicato como pessoa jurídica de direito social. O sindicato é um ente que não se pode classificar exatamente nem entre as pessoas jurídicas de direito privado nem entre pessoas jurídicas de direito público.

Em suma, o sindicato é uma associação civil de natureza privada, autônoma e coletiva, pessoa jurídica de direito privado e não tem natureza pública, mas sim privada.

O sindicato vertical é aquele que envolve a todos que trabalham na empresa em razão da atividade econômica, isto é, sua concepção é juntar numa única instituição todos os patamares de uma determinada área econômica.

O sindicato horizontal é aquele que as pessoas se reúnem e realizam certas atividades profissionais, não havendo importância o segmento da empresa laborativa em que atua. Ou seja, é aquele em que reúnem todas as pessoas que exercem a mesma profissão, não importante o setor econômico em que trabalha. Por exemplo, tanto os economistas da indústria de automóveis quanto os da indústria têxtil, farão parte do mesmo sindicato.

Os sindicatos se dividem em:

— Os abertos apresentam mais vantagens para as pessoas fazerem parte dessa categoria.

— Os fechados apresentam mais limites.

— Os puros dizem respeito aos empregados ou aos empregadores.

— Os mistos envolvem tanto os empregados quanto os empregadores.

— O sindicato de direito, é realizado de acordo com as leis.

— O sindicato de fato é instituído sem nenhum apreço à legislação, não atende aos requisitos legais.

— Os chamados espúrios, também conhecidos pela expressão de pelegos, são influenciados pelo empregador.

Para Mauricio Godinho Delgado, a "unicidade corresponde à previsão normativa obrigatória de existência de um único sindicato representativo dos correspondentes obreiros, seja por empresa, seja por profissão, seja por categoria profissional. Trata-se da definição legal imperativa do tipo de sindicato passível de organização na sociedade, vedando-se a existência de entidades sindicais concorrentes ou de outros tipos sindicais. É, em síntese, o sistema de sindicato único, com monopólio de representação sindical dos sujeitos trabalhistas".[15]

A título de esclarecimento, faz-se necessário trazer à luz desse estudo, a distinção entre a unicidade sindical e a unidade sindical.

Unicidade sindical é um sistema de organização, onde somente é possível uma entidade sindical por categoria para uma mesma base territorial. A base territorial mínima é o Município, contudo os sindicatos podem ser municipais, intermunicipais, estaduais, interestaduais e nacionais. Enquanto que a unidade sindical significa a existência de somente uma entidade sindical, representativa de um grupo, na mesma base territorial, mas não por imposição do Estado, e sim, decorrente da vontade das pessoas.

O modelo de unicidade ocorre com a proibição legal de criar mais de um sindicato na mesma base de atuação. O Brasil adota o sistema de unicidade sindical, com representação por categoria e com base territorial não inferior a um município (art. 8º, inciso II, da CF). Isso arremete o entendimento que o sistema brasileiro é o de sindicato único e não o do pluralismo sindical (Convenção n. 87 da OIT), a qual determina a liberdade de se criar tantos sindicatos quantos desejarem os interessados, sem ater-se a limitações.

Assim, pode-se assegurar que não há o princípio da liberdade sindical quando a unicidade sindical advêm da lei e não da vontade dos interessados, para sua criação.

Para saber qual sindicato é o mais representativo, é só observar o número de integrantes que fazem parte do sindicato em questão, pois aquele que possui maior representatividade dentro

---

(15) DELGADO, Mauricio Godinho. *Curso de direito do trabalho*. 7. ed. São Paulo: LTr, 2008. p 1331.

do ambiente laboral, eleição, e outros fatores, será caracterizado o que melhor representa a categoria.

Cabe mensurar que a liberdade de criação de sindicato é relativa a partir do momento que o art. 8º, inciso II, da Constituição declara que não pode haver outro sindicato constituído na mesma base territorial, mesmo Município, assim como no princípio da unicidade sindical quando declara que não pode haver dois sindicatos representantes da mesma categoria numa mesma base territorial.

De acordo com a Súmula n. 677 do STF, incube ao Ministério do Trabalho registrar as entidades sindicais, assim como a Portaria n. 343, de 4.5.2000, onde o pedido de registro sindical será encaminhado ao Ministro do Estado do Trabalho e Emprego devendo apontar o endereço completo do requerente. Com isso, revoga-se a Instrução Normativa n. 3, de 10.8.1994 e n. 1, de 17.7.1997, fazendo-se necessário o registro do sindicato.

O registro do sindicato é um requisito necessário para sua abertura e existência como pessoa jurídica, e podem ser constituídas sem autorização prévia do Estado (Convenção n. 87 da OIT). A Carga Magna de 1988 (art. 8º, I) mantém este disposto, ressalvando, no entanto, o registro em órgão competente. Desta forma, o art. 520 da CLT, arguindo sobre a expedição de carta de reconhecimento assinada pelo Ministro do Trabalho especificando a representação econômica ou profissional, conferida e mencionada a base territorial outorgada, fica revogado. Entretanto, está mantido o registro no órgão competente.

É inexistente teor legal definindo o órgão para o registro do ente sindical. Com a Constituição de 1988, o Ministério do Trabalho cessou emissão da carta de reconhecimento de sindicatos e baixou instruções normativas para fixar as regras do mencionado registro, e criou o Cadastro Nacional das Entidades Sindicais.

É de suma importância ater-se que a finalidade do registro junto ao Ministério do Trabalho é tornar público o pedido de constituir a entidade sindical, além de possibilitar que outros sindicados da mesma categoria e base territorial, impugnarem, caso sintam-se prejudicados, aquele registro feito por outro sindicato. Havendo disputas, o Ministério do Trabalho deve recusar o pedido de registro diante de uma impugnação, e cabe ao Poder Judiciário decidir a quem será deferido o efetivo registro.

A sua existência jurídica se dá através do registro do estatuto no cartório de registro de títulos e documentos, uma vez que o cartório civil que outorga personalidade jurídica aos sindicatos.

O art. 8º da Norma Ápice, alude sobre a liberdade de associação profissional ou sindical, observado o inciso II deste mesmo dispositivo: "II — é vedada a criação de mais de uma organização sindical, em qualquer grau, representativa de categoria profissional ou econômica, na mesma base territorial, que será definida pelos trabalhadores ou empregadores interessados, não podendo ser inferior à área de um Município".

Nota-se que houve a recepção da CLT pela Lei Maior, uma vez que a organização sindical manteve o sistema de categoria econômica e profissional, permitindo, ainda, a formação de categorias diferenciadas.

É imperativo evidenciar que o sindicato não é uma categoria, mas sim, instituto que representa uma categoria. A categoria se refere a uma organização do grupo profissional ou econômico paralelamente à política estatal (art. 511, § 1º, da CLT).

A categoria dos empregadores, também conhecida como categoria econômica, parte da solidariedade de interesses econômicos daqueles que respondem pelo empreendimento e requer que as atividades empreendidas sejam idênticas, similares ou conexas, acarretando um vínculo social básico entre os componentes dessa categoria, como por exemplo, bares e restaurantes. (art. 511, § 1º, da CLT).

Em outro ponto, são as atividades conexas exploradas por grupos empresariais que não idênticos e semelhantes, mas que se integram, como é o caso da construção civil que possui vários ramos de atividade, como o da pintura, marcenaria, elétrica, hidráulica etc.

A categoria dos empregados ou profissional, reflete a identidade de interesses de um conjunto de trabalhadores integrantes da mesma atividade laboral (art. 511, § 2º, CLT). Refere-se à união de vários trabalhadores em situação de emprego na mesma atividade econômica ou em atividades econômicas similares ou conexas, em razão da profissão ou trabalho que exercem em comum, acarretando assim a formação da categoria profissional. Contudo depende da atividade econômica desenvolvida pela empresa onde os empregados trabalham, por exemplo aquele que trabalha em uma metalúrgica, fará parte da categoria profissional dos metalúrgicos enquanto nela trabalhar.

À vista do exposto, se a empresa possuir vários segmentos, o empregado será classificado de acordo com a atividade preponderante. Assim, se a empresa exerce uma atividade na indústria e comércio de um determinado produto, será o empregado enquadrado naquela atividade principal exercida pela empresa.

Por outro lado, os trabalhadores, caso queiram, poderão criar um sindicato que represente sua categoria, quando esses possuírem interesses profissionais específicos.

Sobreleva notar, dois critérios para a formação da categoria profissional, quais sejam: o critério da representação em razão do setor econômico e o critério de representação por profissão.

Comentários à Consolidação das Leis do Trabalho atualizada por Eduardo Carrion, conceituam categoria diferenciada àquela "que tem regulamentação específica do trabalho diferente da dos demais empregados da mesma empresa, o que lhe faculta convenções ou acordos coletivos próprios, diferentes dos que possam corresponder à atividade preponderante do empregador, que é regra geral".[16]

Categoria profissional diferenciada é a que se forma dos empregados que exercem profissões ou funções diferenciadas por força de estatuto profissional especial ou em consequência de condições de vida singulares (art. 511, § 3º, da CLT).

Em consonância com a Lei n. 7.316/85, os profissionais liberais, tais como médicos e contadores, são considerados categoria

(16) CARRION, Eduardo. *Comentários à consolidação das leis do trabalho*. 33. ed. São Paulo: Saraiva, 2008. p. 425.

diferenciada justamente por exercerem condições de vida singulares e possuírem estatuto profissional próprio. Num primeiro momento, basta observar se determinada profissão tem o seu próprio estatuto profissional para ser categoria diferenciada. Porém, na outra ponta ocorre uma dificuldade no entendimento da lei quando se trata de condições de vida singulares, já que não existe definição específica no instituto jurídico desta expressão. Entende-se, portanto, tratar-se de grupos de profissionais que possuem as mesmas condições de vida em razão da identidade de profissão, como ocorre com enfermeiros e motoristas, por exemplo (art. 8º, incisos II, III e IV, da CF e arts. 522, § 3º e 577 da CLT).

Para prevalecer o pacto coletivo da categoria diferenciada, o sindicato ou empregador da categoria diferenciada deverá ter feito parte do acordo de vontade pactuado entre as partes.

Veja posição adotada pelo Tribunal Superior do Trabalho no seguinte aresto: "Súmula n. 374 do TST — Norma coletiva. Categoria diferenciada. Abrangência. Empregado integrante de categoria profissional diferenciada não tem o direito de haver de seu empregador vantagens previstas em instrumento coletivo no qual a empresa não foi representada por órgão de classe de sua categoria".

Os profissionais liberais poderão pagar a contribuição sindical apenas ao ente que representa a profissão pertencente, vide o advogado, resguardado pelo art. 47 da Lei n. 8.906/94 do Estatuto da Advocacia, apontado pelo art. 585 da CLT: "Os profissionais liberais poderão optar pelo pagamento da contribuição sindical unicamente à entidade sindical representativa da respectiva profissão, desde que a exerça, efetivamente, na firma ou empresa e como tal sejam nelas registrados".

Cada empresa terá o seu próprio enquadramento sindical, numa ordem de categorias estabelecidas pelos arts. 570 a 577 da CLT. Atualmente os sindicatos não respeitam o antigo enquadramento, vez que foram desobrigados pela Constituição Federal de 1988, mas deve prevalecer o sistema de representação por categorias.

Em nosso sistema jurídico, o enquadramento sindical considera a atividade empresarial preponderante ressalvada o caso das categorias diferenciadas, por interpretação conjunta dos arts. 511 e 570 da CLT. O critério da atividade empresarial preponderante tem especial aplicabilidade nas empresas com atividade econômica complexa e que militam em um ramo de empreendimento misto, que configure miscigenação de modos de produção. Cabe, no caso concreto, identificar a atividade empresarial predominante para identificar o enquadramento sindical.

O art. 535, § 4º, da CLT remete às disposições mencionadas no Decreto-Lei n. 1.166/71, ao arguir sobre as federações e as confederações da Agricultura e Pecuária.

Quanto aos sindicatos rurais e dos pescadores, terão a aplicabilidade do art. 8º, parágrafo único, do Estatuto Supremo.

Os órgãos sindicais são eleitos por uma Assembleia Geral, cuja administração será composta por uma Diretoria e Membros de um Conselho fiscal, eleitos pela Assembleia Geral, conforme art. 522 da CLT.

A assembleia geral é o órgão máximo do sindicato, é quem elege os três componentes que irão compor o conselho fiscal por três anos de mandato, e traça as diretrizes e forma de atuação do sindicato, dentre outras tarefas. A diretoria tem como prerrogativa a administração do sindicato, composta de no mínimo três e no máximo sete pessoas, dentre as quais, faz parte o presidente eleito. A gestão financeira do sindicato é de competência do Conselho Fiscal.

No tocante à estabilidade sindical dos dirigentes sindicais e à inclusão dos suplentes, estão dispostas no art. 543, § 3º: "O empregado eleito para cargo de administração sindical ou representação profissional, inclusive junto a órgão de deliberação coletiva, não poderá ser impedido do exercício de suas funções, nem transferido para lugar ou mister que lhe dificulte ou torne impossível o desempenho das suas atribuições sindicais.

> § 3º Fica vedada a dispensa do empregado sindicalizado ou associado, a partir do momento do registro de sua candidatura a cargo de direção ou representação de entidade sindical ou de associação profissional, até 1 (um) ano após o final do seu mandato, caso seja eleito, inclusive como suplente, sal-

> vo se cometer falta grave devidamente apurada nos termos desta Consolidação.

O número de membros que constitui a administração das Confederações e Federações, encontra respaldo no art. 538 da CLT, em seu § 1º: "A administração das federações e confederações será exercida pelos seguintes órgãos: § 1º A Diretoria será constituída no mínimo de 3 (três) membros e de 3 (três) membros se comporá o Conselho Fiscal, os quais serão eleitos pelo Conselho de Representantes com mandato por 3 (três) anos".

Vale ressaltar que a legislação, embora tenha proibido qualquer intervenção estatal na organização do sindicato, contudo limitou a quantidade de membros integrantes na organização sindical (art. 522 da CLT), sendo improcedente alegar que o artigo supracitado foi revogado (Súmula n. 369, II, do TST).

Reza o art. 529 da CLT sobre as características para o exercício do direito de voto e obrigação dos associados: "São condições para o exercício do direito do voto como para a investidura em cargo de administração ou representação econômica ou profissional:

> a) ter o associado mais de 6 (seis) meses de inscrição no Quadro Social e mais de 2 (dois) anos de exercício da atividade ou da profissão;
>
> b) ser maior de 18 (dezoito) anos;
>
> c) estar no gozo dos direitos sindicais.
>
> Parágrafo único. É obrigatório aos associados o voto nas eleições sindicais".

Em consonância com o art. 8º, inciso VIII, da Constituição e desde que os aposentados sejam filiados, estes têm o direito de votar e ser votado nas eleições sindicais.

São impedidos de permanecer no exercício dos cargos e de serem eleitos para cargos administrativos ou de representação econômica ou profissional:

- aqueles que não tiverem definitivamente aprovadas as suas contas de exercício em cargos de administração;
- os que houverem lesado o patrimônio de qualquer entidade sindical;

- os que não estiverem, desde dois anos antes, pelo menos, no exercício efetivo da atividade ou da profissão dentro da base territorial do Sindicato, ou no desempenho de representação econômica ou profissional;
- os que tiverem sido condenados por crime doloso enquanto persistirem os efeitos da pena;
- os que não estiverem no gozo de seus direitos políticos;
- os que apresentarem má conduta, devidamente comprovada (art. 530 da CLT).

Para as eleições de diretor e conselho fiscal, serão eleitos aqueles que adquirirem maioria absoluta de votos em relação ao total de associados eleitores, conforme art. 531 da CLT. No § 1º do mesmo dispositivo, preceitua que não concorrendo à primeira convocação maioria absoluta dos membros, ou não obtendo nenhum candidato a essa maioria, proceder-se-á à nova convocação para dia posterior, sendo então considerados eleitos os candidatos que obtiverem maioria dos eleitores presentes. No § 2º do mesmo artigo, corrobora que diante de uma chapa registrada para as eleições, poderá a assembleia, em última convocação, ser realizada duas horas após a primeira convocação, desde que do edital respectivo conste essa advertência.

O prazo máximo de renovação da diretoria e do conselho fiscal será de sessenta dias no máximo e no mínimo de trinta dias, antes do término do mandato dos dirigentes em exercício (art. 532 da CLT).

Será de competência da Justiça Estadual as ações referentes a eleições sindicais e a relação de conflitos entre associados, previsão legal da Súmula n. 4 do STJ.

Federações "são entidades sindicais de segundo grau, situadas acima dos sindicatos da respectiva categoria, e está abaixo das confederações".[17]

---

(17) NASCIMENTO, Amauri Mascaro. *Compêndio de direito sindical*. 4. ed. São Paulo: LTr, 2005. p. 210.

São compostas de no mínimo cinco sindicatos, que representem atividades ou profissões idênticas, similares ou conexas (art. 534 da CLT).

A federação é composta pela diretoria, conselho de representante e conselho fiscal. A constituição da diretoria não é composta de número máximo, sendo exigido apenas três membros como requisito mínimo em sua composição. Enquanto o conselho fiscal obrigatoriamente deverá conter três membros. Tanto a diretoria quanto o conselho fiscal terão mandato de três anos e serão eleitos pelo conselho de representantes. O presidente da federação é escolhido pela diretoria, e as eleições são realizadas apenas entre os integrantes da federação.

Vale lembrar que no âmbito nacional não existe federação, e sim confederação, sobre a qual falar-se-á em seguida.

As "Confederações eram as organizações de um determinado número de federações, enquadradas por ramo de atividade e em âmbito nacional".[18]

Sua composição é de no mínimo três federações, localizadas com sede em Brasília (art. 535 da CLT). Sua administração é composta pela diretoria, conselho de representante e conselho fiscal. Não é formado de número máximo, sendo exigido apenas o número de três membros como requisito mínimo para sua composição. Já o conselho fiscal deverá conter três membros. Ambos, diretoria e conselho fiscal, terão mandato de três anos, eleitos pelo conselho de representantes. As eleições são realizadas apenas entre os integrantes da confederação; a diretoria escolherá o presidente; a gestão financeira é de competência do conselho fiscal.

São exemplos de confederações: Confederação Nacional dos Trabalhadores em Estabelecimentos de Educação e Cultura; Confederação Nacional de Comunicações e Publicidade; Confederação Nacional dos Trabalhadores na Indústria; Confederação Nacional dos Trabalhadores na Agricultura.

---

(18) SIQUEIRA NETO, José Francisco. *Liberdade sindical e representação dos trabalhadores nos locais de trabalho*. São Paulo: LTr, 1999. p. 329.

"As centrais sindicais são entidades que se encontram acima das categorias profissionais e econômicas. Agrupam organizações que se situam tanto em nível de sindicatos como de federações ou confederações", este é o entendimento dos autores Francisco Ferreira Jorge Neto e Jouberto de Quadros Pessoa Cavalcante, na obra *Direito do trabalho.*[19]

São características das centrais sindicais: possuem natureza de associação civil, não integram os sindicatos, nem as federações, nem as confederações. Não há regulamentação legal que dispõe acerca das centrais sindicais por isso são consideradas órgãos governamentais e representam a classe dos trabalhadores. De acordo com o art. 103, inciso IX, da Constituição Federal não podem ingressar com ação direita de inconstitucionalidade, possuem âmbito nacional, são os órgãos de cúpula, intercategorias e posicionam-se acima das confederações.

A Portaria n. 3.100/85 não proíbe a criação das centrais sindicais.

São exemplos de centrais sindicais, a CGT (Confederação Geral dos Trabalhadores), FS (Força Sindical), CUT (Central Única dos Trabalhadores), reguladas no Decreto n. 1.1617/95, art. 2º, inciso II.

As centrais sindicais não podem declarar greves, celebrar acordos coletivos, convenções coletivas e dissídios coletivos. Representam a categoria mas não assinam em nome dela, nem podem dispor de critérios sobre empréstimos, financiamentos ou arrendamentos.

A Carga Magna de 1988 não proibiu nem autorizou a criação de centrais sindicais. A MP n. 293, de 8.5.2005 reconhece as centrais sindicais e estabelece suas atribuições e prerrogativas, porém, esta MP foi rejeitada pela Câmara dos Deputados Federais em 4 de setembro de 2006. Assim, dado concreto, as centrais sindicais não têm personalidade jurídica sindical, vez que não são reconhecidas pelo Instituto Legal.

---

(19) JORGE NETO, Francisco Ferreira; CAVALCANTE, Jouberto de Quadros Pessoas. *Direito do trabalho.* 4. ed. Rio de Janeiro: Lumen Juris, 2008. t. II, p. 1579

O art. 543 da CLT, visando proteger o empregado eleito para cargo de administração sindical ou representação profissional, inclusive junto a órgão de deliberação coletiva, esclarece que o empregado eleito não poderá ser impedido do exercício de suas funções, nem transferido para lugar ou mister que lhe dificulte ou torne impossível o desempenho das suas atribuições sindicais. O § 3º, do mesmo dispositivo, veda a dispensa do empregado sindicalizado ou associado, a partir do momento do registro de sua candidatura, ao cargo de direção ou representação de entidade sindical ou de associação profissional, até 1 ano após o final do seu mandato — caso seja eleito, inclusive como suplente — salvo se cometer falta grave devidamente apurada nos termos desta Consolidação.

Diante de impedimento ou dificuldades impostas pela empresa para o ingresso do empregado no sindicato, esta será punida com multa administrativa.

Enquanto alguns doutrinadores aduzem sobre o imperioso registro do dirigente sindical, outros destacam a necessidade da simples candidatura. Percebe-se assim, uma divisão entre os pensadores do direito. Por isso, a importância de mencionar o § 5º do art. 543 da CLT: "§ 5º Para os fins deste artigo, a entidade sindical comunicará por escrito à empresa, dentro de 24 (vinte e quatro) horas, o dia e a hora do registro da candidatura do seu empregado e, em igual prazo, sua eleição e posse, fornecendo, outrossim, a este, comprovante no mesmo sentido. O Ministério do Trabalho fará no mesmo prazo a comunicação no caso da designação referida no final do § 4º."

Para evitar eventuais dúvidas, se faz necessário que o dirigente averigue se o sindicato realizou a comunicação à empresa, sobre sua estabilidade, enquanto que o empregador, deve verificar com o sindicato a candidatura do seu empregado.

Filiação e desligamento do ente sindical

De acordo com o art. 540 da CLT, a toda empresa ou indivíduo que exerçam respectivamente atividade ou profissão, desde que satisfaçam as exigências desta Lei, assiste o direito de ser admitido no Sindicato da respectiva categoria, salvo o caso de falta de idoneidade, devidamente comprovada, com recurso para o Ministério do Trabalho.

A liberdade de filiação sindical é, assim, assegurada na Convenção n. 87 da OIT e no art. 8º, V, da Constituição Federal: "Art. 8º É livre a associação profissional ou sindical, observado o seguinte: V — ninguém será obrigado a filiar-se ou a manter-se filiado a sindicato".

No mesmo sentido o art. 5º, inciso XX, da Carta Magna, aponta que ninguém será coagido a associar-se ou continuar associado. Assim como a liberdade sindical possui respaldo jurídico na Lei, o mesmo ocorre com a retirada do associado a qualquer momento.

Por fim, corrobora o art. 541 da CLT dispondo que aqueles que exercerem determinada atividade ou profissão onde não haja Sindicato da respectiva categoria, ou de atividade ou profissão similar ou conexa, poderá filiar-se a Sindicato de profissão idêntica, similar ou conexa, existente na localidade mais próxima.

Como leva a lição de Oscar Ermida Uriarte em sua obra intitulada *A proteção contra os atos antissindicais*[20], o conceito de conduta antissindical envolve os atos que "prejudicam indevidamente um titular de direitos sindicais no exercício da atividade sindical ou por causa desta ou aqueles atos mediante os quais lhe são negadas injustificadamente as facilidades ou prerrogativas necessárias ao normal desempenho da ação coletiva".

O que se procura defender, não é só a estabilidade e o emprego do trabalhador, mas também a liberdade sindical, o interesse individual e coletivo.

A prática antissindical encontra respaldo na Convenção n. 81 da OIT e no art. 8º, inciso VIII, da Constituição Federal: "Art 8º é livre a associação profissional ou sindical, observado o seguinte: VIII — é vedada a dispensa do empregado sindicalizado a partir

---

(20) URIARTE, Oscar Ermida. *A proteção contra os atos antissindicais.* São Paulo: LTr, 1989. p. 35.

do registro da candidatura a cargo de direção ou representação sindical e, se eleito, ainda que suplente, até um ano após o final do mandato, salvo se cometer falta grave nos termos da lei".

Neste sentido é oportuna a transcrição do art. 543, § 6º, da CLT, onde assevera: "a empresa que, por qualquer modo, procurar impedir que o empregado se associe ao Sindicato, organize associação profissional ou sindical ou exerça os direitos inerentes à condição de sindicalizado fica sujeita à penalidade prevista na letra "a" do art. 553, sem prejuízo da reparação a que tiver direito o empregado".

Haja vista o cenário de divergências no que concerne as ações dos sindicatos, prima-se em abordar apenas as principais funções, isto é, função de representação, negocial e assistencial, além de receitas financeiras.

O sindicato tem a função a de representar a categoria, tanto no plano coletivo como no individual. Como o próprio nome diz, disposto no art. 513, alínea "a", da CLT, refere-se ao ato do sindicato em representar os interesses da categoria e dos indivíduos associados, relativos à atividade ou profissão exercida, perante as autoridades judiciárias e administrativas. Assim participa de processos judiciais, praticando homologações de rescisões contratuais, entre outros.

A função de representação difere da substituição processual disposta no art. 8º, inciso III, da Constituição Federal, uma vez que a substituição processual possui legitimação extraordinária, ou seja, é concedida por Lei, diferindo da legitimação ordinária, de representar a categoria, proferida no art. 8º, inciso III, da Constituição Federal.

É o ato pelo qual o sindicato participa das negociações coletivas das quais são aprazados acordos e convenções coletivas a serem cumpridas pelas categorias, através de cláusulas pré-estabelecidas que vai estabelecer normas e condições de trabalho.

De acordo com o art. 8º, inciso VI, da Constituição, a participação sindical é obrigatória nas negociações coletivas, apoiada pela Convenção n. 98 da OIT que incentiva a atuação negocial dos sindicatos. Para tanto, o sindicato possui prerrogativas nas participações das negociações coletivas (arts. 513, alínea "b" e 611 da CLT), prestigiada pela CF, além da participação na celebração dos acordos realizados pelo sindicato (art. 611, § 1º, da CLT) com as empresas, recepcionada pelo art. 7º, XXVI, da CF. Os incisos VI, XIII e XVI também condicionam a efetivação de certos direitos que têm os sindicados de participarem das negociações coletivas.

Deve-se trazer ao lume que o sindicato não tem como função, exercer atividade econômica de acordo com o art. 564 da CLT, *in verbis:* "Às entidades sindicais, sendo-lhes peculiar e essencial a atribuição representativa e coordenadora das correspondentes categorias ou profissões, é vedado, direta ou indiretamente, o exercício de atividade econômica".

Ao sindicato, é defeso atuar em atividades não dispostas no rol do art. 511 da CLT, é o que dispõe o art. 521 da CLT, em sua alínea "d": "Art. 521. São condições para o funcionamento do Sindicato: d) proibição de quaisquer atividades não compreendidas nas finalidades mencionadas no art. 511, inclusive as de caráter político-partidário".

São deveres dos sindicatos, colaborar com os poderes públicos no desenvolvimento da solidariedade social, manter serviços de assistência judiciária para os associados, promover a conciliação nos dissídios de trabalho sempre que possível, e, de acordo com as suas possibilidades, manter no seu Quadro de Pessoal um assistente social, através de convênio com entidades assistenciais ou por conta própria, com as atribuições específicas de promover a cooperação operacional na empresa e a integração profissional na Classe (art. 514 da CLT).

Os Sindicatos de empregados terão o dever de promover a fundação de cooperativas de consumo e de crédito, e fundar e manter escolas de alfabetização e pré-vocacionais.

À vista o exposto, merece notar que enquanto o dispositivo 514, "b", da CLT se restringe à prestação da assistência independentemente do salário percebido pelo associado, a Lei n. 5.584/70, art. 14, se baseia no valor do salário percebido para prestar a assistência.

No aspecto da rescisão contratual entre as partes, aqueles que com mais de um ano de emprego ou empregados estáveis, mister se faz a presença do sindicato no término da relação laboral.

Conclui-se, assim, muito embora alguns entendam que não é função própria do sindicato prestar serviços assistenciais, que pela análise da própria CLT, é obrigação do sindicato atuar prestando tais serviços aos seus associados.

Além da contribuição sindical (art. 8º, IV, da CF, c/c arts. 578 a 610 da CLT), o sindicato conta com a contribuição confederativa (art. 8º, IV, da CF), a contribuição assistencial (art. 513, "e", da CLT) e a mensalidade dos sócios do sindicato (art. 548, "b", da CLT).

De acordo com o art. 548 da CLT, o sindicato conta, ainda, com outras receitas, tais como bens e valores adquiridos e as rendas produzidas por aquelas (alínea "c"), com doações e legados (alínea "d") e as multas e outras rendas eventuais (alínea "e").

A natureza jurídica da contribuição sindical tem como fato gerador, a cobrança de um tributo, em respeito ao art. 4º do Código Tributário Nacional (CTN). Por possuir natureza tributária, torna-se compulsória seu pagamento para os trabalhadores sindicalizados. Mesmo o não filiado terá que pagar, conforme reza o art. 8º, III, da Constituição e art. 217, I, do CTN.

O pagamento da contribuição sindical, de acordo com o art. 581 da CLT, estará em consonância com a atividade que predomina na empresa, ou seja, se em uma determinada empresa houver dois segmentos distintos, cada qual irá recolher para o sindicato respectivo.

Com a reforma trabalhista a referida contribuição não é mais obrigatória!

Caso o empregado queira, o valor da contribuição sindical significa um dia de trabalho para os empregados (inciso I do art. 580 da CLT), enquanto que para o empregador, esta será calculada sobre o capital da empresa (inciso III do art. 580 da CLT). Os trabalhadores autônomos e profissionais liberais terão um percentual pré-fixado pela empresa (inciso II do art. 580 da CLT), e para as entidades ou instituições que não registram o capital social, terão como base de cálculo 40% sobre a movimentação econômica registrado no exercício imediatamente anterior com fim lucrativo (art. 580 da CLT).

Os trabalhos remunerados por gorjetas ou pagos em utilidades, o valor da contribuição será correlativo em 1/30 (um trinta avos) do salário base do mês de janeiro.

O profissional liberal que não exercer a profissão não pagará a contribuição. Porém os que laborem na respectiva profissão, poderão dar preferência ao pagamento ao ente sindical que represente sua profissão (art. 585 da CLT).

Para aqueles que estão classificados na categoria diferenciada, o pagamento será devido para essa categoria, independentemente da categoria predominante do empregador.

Uma vez que o pagamento da contribuição não é obrigatório, mas caso o empregado queira, o desconto do empregado será realizado no mês de março de cada ano, diretamente da sua folha de pagamento, feito pelo empregador, com destino ao sindicato dos profissionais. Na CTPS serão anotados o valor da contribuição, o sindicato da categoria e a data do desconto, não sendo inclusas as horas extras laboradas.

A título de esclarecimento, o art. 581, § 2º, da CLT, versa que: quando a empresa realizar diversas atividades econômicas, sem que nenhuma delas seja preponderante, cada uma dessas atividades será incorporada à respectiva categoria econômica, sendo a contribuição sindical devida à entidade sindical representativa da mesma categoria, procedendo-se, em relação às correspondentes sucursais, agências ou filial, na forma do presente artigo. Contudo, diante do grupo de empresas, cada empresa fará o recolhimento da contribuição sindical de acordo com a atividade de maior predominância.

O art. 587 da CLT determina que as empresas devem fazer seu recolhimento da contribuição sindical no mês de janeiro de cada ano, ou, para os que venham a estabelecer-se após aquele mês, na ocasião em que requeiram às repartições o registro ou a licença para o exercício da respectiva atividade.

Os valores recolhidos das contribuições serão divididos entre os entes confederativos da seguinte forma:

I — para os empregadores:

a) 5% para a confederação correspondente;

b) 15% para a federação;

c) 60% para o sindicato respectivo; e

d) 20% para a Conta Especial Emprego e Salário.

II — para os trabalhadores:

a) 5% para a confederação correspondente;

b) 10% para a central sindical;

c) 15% para a federação;

d) 60% para o sindicato respectivo; e

e) 10% para a Conta Especial Emprego e Salário.

Na falta de existência de confederação, o percentual terá destinação diversa, cabendo, em princípio, à federação. Na falta de existência de sindicato, perceberá o percentual a federação correspondente da mesma categoria profissional ou econômica. Não havendo sindicato, ou ainda, ente de grau superior, o valor recebido total das contribuições arrecadadas será destinado à Conta Especial Emprego e Salário.

As instituições bancárias responsáveis pelo recebimento das contribuições sindicais são a Caixa Econômica Federal e o Banco do Brasil, ou outro estabelecimento que possa receber tributos federais.

O recolhimento da contribuição sindical dos rurais ocorrerá simultaneamente à arrecadação do imposto territorial rural (art. 10, § 2º, da ADCT), caso o empregado aceite.

Para os empregadores rurais organizados em firmas ou empresas, a cobrança da contribuição sindical será em consonância com o capital social da empresa, enquanto os não organizados em firmas e empresas, o valor da contribuição a ser arrecadada será de acordo com o valor lançado no imposto territorial do imóvel em questão, incidindo, porém, a contribuição apenas sobre um único imóvel.

O valor da contribuição paga pelos empregadores rurais será de um dia sobre o salário mínimo regional, pelo número máximo de assalariados que trabalham nas épocas de maiores serviços.

A destinação do valor da contribuição sindical vai para a federação diante da ausência de representação ou coordenação da categoria respectiva na área da localização do imóvel. Inexistindo federação, caberá à confederação, e na ausência desta última, vai para o Ministério do Trabalho.

A publicação dos editais é um extremamente relevante, conforme reza o art. 605 da CLT: "As entidades sindicais são obrigadas a promover a publicação de editais concernentes ao recolhimento da contribuição sindical, durante 3 (três) dias, nos jornais de maior circulação local e até 10 (dez) dias da data fixada para depósito bancário".

O empregador deverá, no prazo de 15 dias da data do recolhimento, apresentar o pagamento da contribuição sindical à categoria profissional e econômica, mediante cópia da guia autenticada e recolhida, acompanhado da relação com os nomes dos empregados que obtiveram descontos na contribuição.

Diante do atraso no pagamento da contribuição sindical deverá ser respeitado o art. 600 da CLT que dispõe sobre os percentuais de multa a serem aplicados.

No que tange a prescrição da contribuição sindical e de acordo com o art. 606, § 1º, da CLT, caberá ao ente sindical ingressar com uma ação de cobrança na Justiça Comum, no prazo decadencial de cinco anos, através do documento de certidão enviada pelo Ministério do Trabalho, onde deverá constar o nome, o valor do débito, o ente sindical favorecido e o enquadramento sindical.

Leciona Francisco Ferreira Jorge Neto e Jouberto de Quadros Pessoa Cavalcante, no livro *Direito do trabalho*(21), que a contribuição confederativa é a "fonte de receita criada com a Constituição, art. 8º, IV, e que tem como finalidade custear o sistema confederativo (sindicato, federação e confederação), sendo fixada em assembleia da categoria".

A arrecadação da contribuição confederativa é prevista na Constituição Federal, acolhida pelo Precedente Normativo n. 119 do TST. "Contribuições sindicais. Inobservância de preceitos constitucionais. A Constituição da República, em seus arts. 5º, XX e 8º, V, assegura o direito de livre associação e sindicalização. É ofensiva a essa modalidade de liberdade cláusula constante de acordo, convenção ou sentença normativa estabelecendo contribuição em favor da entidade sindical a título de taxa para custeio do sistema confederativo, assistencial, revigoradamento ou fortalecimento sindical e outros da mesma espécie, obrigando trabalhadores não sindicalizados. Sendo nulas as estipulações que inobservem tal restrição, tornam-se passíveis de devolução os valores irregularmente descontados".

Com relação à natureza jurídica da contribuição confederativa, não é instituída por Lei, portanto não possui natureza jurídica de tributo e, por conseguinte, não se classifica no art. 3º do CTN. Cumpre salientar que também não se enquadra no art. 149 da Carta Magna, pois é estabelecida pela assembleia geral, e não pela União.

A contribuição confederativa é cobrada pelo sindicato, prevalecendo a autonomia sindical em contrapartida à soberania. Configura como credor, o sindicato da categoria econômica ou profissional, e como devedor, os empregados e empregadores, sendo classificada como direito privado.

Uma vez que não há penalidade para o contribuindo que não efetuar a referida contribuição, tem caráter facultativo, exceto se prevista em acordo ou convenção coletiva.

---

(21) JORGE NETO, Francisco Ferreira; CAVALCANTE, Jouberto de Quadros Pessoas. *Direito do trabalho.* 4. ed. Rio de Janeiro: Lumen Juris, 2008. t. II. p. 1599.

Uma vez que há necessidade de instituição de Lei para a cobrança da contribuição confederativa, é salutar mensurar que a assembleia geral deverá instituir por meio de lei ordinária os verdadeiros ditames do valor da contribuição.

A Cobrança da contribuição confederativa tem como objetivo custear o sistema confederativo da representação sindical. O desconto da categoria patronal será estipulado em assembleia geral. O fato se dá por conta dos empregadores não possuírem folha de pagamento, e assim, a Lei adotará um método para a base de cálculo para as categorias econômicas e estes valores serão distribuídos entre os entes (sindicato, federação e confederação).

Já o desconto da contribuição confederativa da categoria profissional será realizado na folha de pagamento do trabalhador. Não será permitida a cobrança de valores diversos entre os associados e não-associados, pois assim infringiria o direito de igualdade previsto no Estatuto Supremo, art. 5º, *caput*, e estaria violando a Convenção n. 81 da OIT ao impor contribuição aos filiados ao sindicato.

Ainda sobre o tema, vale transcrever o posicionamento da Súmula n. 666 do Supremo Tribunal Federal, o Precedente Normativo n. 119 e a Orientação Jurisprudencial n. 17 da SDC, onde corroboram com o entendimento de que a contribuição confederativa só é exigível aos filiados ao sindicato da categoria respectiva: "Súmula n. 666 do STF — A contribuição confederativa de que trata o art. 8º, IV, da Constituição, só é exigível dos filiados ao sindicato respectivo".

> "Precedente Normativo n. 119 — CONTRIBUIÇÕES SINDICAIS — INOBSERVÂNCIA DE PRECEITOS CONSTITUCIONAIS. a constituição da república, em seus arts. 5º, 20, xx e 8º, 5v, assegura o direito de livre associação e sindicalização é ofensiva a essa modalidade de liberdade cláusula constante de acordo, convenção coletiva ou sentença normativa estabelecendo contribuição em favor de entidade sindical a título de taxa para custeio do sistema confederativo, assistencial, revigoramento ou fortalecimento sindical e outras da mesma espécie, obrigando trabalhadores não sindicalizados. sendo nulas as estipulações que inobservem

tal restrição, tornam-se passíveis de devolução os valores irregularmente descontados."

"Orientação Jurisprudencial n. 17 da SDC — contribuições para entidades sindicais. inconstitucionalidade de sua extensão a não associados, as cláusulas coletivas que estabeleçam contribuição em favor de entidade sindical, a qualquer título, obrigando trabalhadores não sindicalizados, são ofensivas ao direito de livre associação e sindicalização, constitucionalmente assegurado, e, portanto, nulas, sendo passíveis de devolução, por via própria, os respectivos valores eventualmente descontados."

O conceito de contribuição assistencial para Francisco Ferreira Jorge Neto e Jouberto de Quadros Pessoa Cavalcante(22), refere-se a "contribuição assistencial, também conhecida como taxa assistencial, taxa de reversão, contribuição de solidariedade ou desconto assistencial, e visa cobrir os gastos do sindicato realizado por conta da participação em negociação coletiva (art. 513, *e*, CLT), sendo definida em norma coletiva de trabalho".

Abaixo destaca-se algumas características da contribuição assistencial:

- possui seu fundamento legal no art. 513, alínea "e" da CLT;
- tem natureza jurídica de direito privado;
- não é um tributo, só será devida para os associados ao sindicato, portanto possui natureza facultativa.

O objetivo da contribuição assistencial está em custear as atividades assistenciais do sindicato para obtenção de novas condições de trabalho para a categoria e também para a prestação de assistência jurídica, médica, dentária etc.

A contribuição paga pelos empregados não é rateada entre a federação e a confederação. Vale destacar o art. 545 da CLT que:

(22) JORGE NETO, Francisco Ferreira; CAVALCANTE, Jouberto de Quadros Pessoas. *Direito do trabalho.* 4. ed. Rio de Janeiro: Lumen Juris, 2008. t. II, p. 1600.

"Os empregadores ficam obrigados a descontar na folha de pagamento dos seus empregados, desde que por eles devidamente autorizados, as contribuições devidas ao sindicato, quando por estes notificados, salvo quanto à contribuição sindical, cujo desconto independe dessas formalidades".

É possível determinar em acordos e convenções coletivas a cobrança da contribuição assistencial, não acarretando com isso nenhuma afronta à autonomia entre as partes. Desde que não haja discordância pelo empregado e que o desconto seja realizado até um determinado prazo, é permitido acordar, em dissídio coletivo, assuntos referentes à contribuição assistencial.

É de bom alvitre fazer uma breve análise sobre a disposição do TST: "Precedente n. 74 do TST — Subordina-se o desconto assistencial sindical à não oposição do trabalhador, manifestada perante a empresa até 10 dias antes do primeiro pagamento reajustado".

A cobrança da mensalidade sindical prevista no estatuto sindical possui dois requisitos:

- estar filiado ao sindicato; e
- previsão de mensalidade a ser paga pelo sindicalizado.

Trata-se, pois, de mera mensalidade sindical prevista pelo estatuto de cada entidade sindical (art. 548, "b", da CLT), com pagamento facultativo, exceto se previsto em acordo ou convenção coletiva.

Representação dos trabalhadores nas empresas

Gustavo Filipe Barbosa Garcia alude que a representação de trabalhadores na empresa envolve um "conjunto de meios destinados a promover o entendimento entre os trabalhadores e os empregadores sobre as condições de trabalho".(23)

(23) GARCIA, Gustavo Filipe Barbosa. *Curso de direito do trabalho*. 2. ed. rev. atual. e ampl. São Paulo: Método, 2008. p. 1157.

Pelo que dispõe o art. 11 da Constituição Federal, nas empresas de mais de 200 empregados, é assegurada a eleição de um representante dos trabalhadores, que será chamado de Delegado Sindical, sindicalizados ou não, com a finalidade exclusiva de promover-lhes o entendimento direto com os empregadores.

A falta de legislação própria disciplinando a escolha e as prerrogativas do representante dos empregados, deve respeitar o disposto na Convenção n. 135 da OIT, aprovada pelo Decreto Legislativo n. 86/89 e promulgada pelo Decreto n. 131/91 e da Recomendação n. 143 do mesmo Instituto. O que foi estabelecido nesses Institutos é que os representantes dos trabalhadores devem dispor de proteção eficaz contra todas as medidas que possam causar-lhes prejuízo, inclusive a dispensa enquanto estiver no exercício da função.

Insta destacar que a função de representante dos trabalhadores mantém relação direta com o empreendedor, não interferindo em nada na empresa nem tem influência empresarial, apenas trata de assuntos pertinentes aos trabalhadores que dizem respeito aos interesses dos empregados no âmbito laboral. Enfim, representam os empregados e não precisam ser sindicalizados.

O entendimento majoritário da doutrina no que tange um grupo de empresas, é de que se deve levar em consideração o fato de que, individualmente, cada empresa do grupo tem personalidade jurídica própria, consequentemente deverá ter, no mínimo, um representante para cada empresa do grupo.

A expressão "cogestão" também chamada por participação na gestão "implica a participação do empregado na tomada de decisões junto com o empregador, atuando na administração e gerenciamento da empresa".[24] O principal objetivo da cogestão é diminuir a distância entre o empregado e o empregador, através da participação do empregado na gestão empresarial.

(24) JORGE NETO, Francisco Ferreira; CAVALCANTE, Jouberto de Quadros Pessoas. *Direito do trabalho*. 4. ed. Rio de Janeiro: Lumen Juris, 2008. t. II, p. 1698.

Prevê o art. 621 da CLT, que as Convenções e os Acordos poderão incluir entre suas cláusulas, disposição sobre a constituição e funcionamento de comissões mistas de consulta e colaboração, no plano da empresa e sobre participação nos lucros.

A cogestão se classifica em:

a) de empresa — quando envolve a delegação de poderes de direção ao empregado e deliberação de toda a empresa.

b) de estabelecimento — quando engloba apenas o estabelecimento e não a empresa.

Os aspectos positivos analisados com a implantação da cogestão é que na omissão e ausência de cláusulas no contrato individual do empregado, estas serão supridas com a cogestão, promovendo um melhoramento nas relações laborais, nos relacionamentos entre os homens, redução da desordem e confusões entre os empregados, com notória evolução empresarial.

A falta ou má formação intelectual do empregado, na gestão da empresa, é um dos aspectos negativos da cogestão. Tal fato não oferece respaldo seguro ao gestor que administra e dirige a empresa. Outro ponto a ser considerado é que o envolvimento do empregado na empresa resulta em perda da unidade da gestão empresarial e, por último, o sindicato acaba perdendo o poder único de comando, vez que deverá ser repartido indiretamente com os demais integrantes da empresa.

Conflitos coletivos de trabalho

Baseado no conceito de Amauri Mascaro Nascimento[25], "Conflitos são aqueles que surgem entre os trabalhadores e os empregadores, nascem em um conjunto de circunstâncias fáticas,

(25) NASCIMENTO, Amauri Mascaro. *Compêndio de direito sindical*. 4. ed. São Paulo: LTr, 2005. p. 290.

econômicas e outras, como a insatisfação com a própria condição pessoal, social ou profissional".

Tem sua origem do latim *conflictus*, que quer dizer luta, combate diante do posicionamento contrário de ambas as partes. O fator preponderante que resulta em conflitos é a desigualdade entre as pessoas de uma forma geral.

Os conflitos são classificados de duas formas:

- Conflito coletivo econômico ou por interesse — objetiva a melhora de salário e condições de trabalho e trata das normas jurídicas coletivas visando melhorar as condições de trabalho.

- Conflito coletivo jurídico ou de direito — refere-se tão somente à existência ou não de relação jurídica antagônica, e não busca sanar divergências na aplicação ou interpretação de uma norma.

Para sanar os conflitos, a doutrina classifica três institutos, quais sejam, autodefesa, autocomposição e heterocomposição.

> "É uma forma de solução do conflito que ocorre quando alguém faz sua defesa por si próprio."[(26)]

Aqui a solução é direta e coativa, uma das formas mais primitivas de solução. Por exemplo, o *Lockout*.

Ressalta Delgado que "A autocomposição ocorre quando as partes coletivas contrapostas ajustam suas divergências de modo autônomo, diretamente, por força e atuação próprias, celebrando documento pacificatório, que é o diploma coletivo negociado. Trata-se de uma negociação coletiva trabalhista".[(27)]

A autocomposição é uma forma de solução dos conflitos trabalhistas apresentada pelas próprias partes sem a necessidade

---

(26) NASCIMENTO, Amauri Mascaro. *Curso de direito do trabalho:* história e teoria geral do direito do trabalho: relações individuais e coletivas do trabalho. 22. ed. rev. e atual. São Paulo: Saraiva, 2007. p. 1213.

(27) DELGADO, Mauricio Godinho. *Curso de direito do trabalho*. 7. ed. São Paulo: LTr, 2008. p. 1294.

da participação de terceiro ou do judiciário. Por exemplo, as convenções e os acordos coletivos.

Divide-se em duas formas: a primeira, a unilateralidade, ocorre quando uma das partes renuncia a um direito. E a segunda, a bilateralidade. Ambas transacionam mutuamente. Neste sentido, oportuna é a transcrição da renúncia, que é um sacrifício do interesse de uma das partes, e da transação, que sacrifica o interesse das duas partes.

Ainda citando Delgado, "A heterocomposição ocorre quando as partes coletivas contrapostas, não conseguindo ajustar, autonomamente, suas divergências, entregam a um terceiro o encargo da resolução do conflito; ocorre também a heterocomposição quando as partes não conseguem impedir, com seu impasse, que o terceiro intervenha (casos próprios a dissídios coletivos)".(28)

A heterocomposição se dá quando o conflito não é sanado pelas partes e sim por terceiro, ou ainda, órgão oficial. Por exemplo, a arbitragem, a mediação e a jurisdição.

Para o autor Amauri Mascaro Nascimento, "a mediação não é uma decisão. Não contém, implícitas, as características de um pronunciamento decisório, ao contrário dos arbitrais e jurisdicionais. O mediador não substitui a vontade das partes. Restringe-se a propor às partes e estas terão plena liberdade para aceitar ou não a proposta. Se a proposta for aceita por uma, mas recusada pela outra parte, não haverá composição do conflito, exaurindo-se, assim, a mediação. Se as duas partes concordarem com a proposta, estarão se compondo porque para tanto se dispuseram".(29)

A mediação ocorre quando um terceiro, escolhido pelas partes, é convocado para sanar o conflito através de propostas apresentadas para as partes. A função do mediador é propor soluções para o litígio e prestar esclarecimento sobre as informações e consequências da negociação, estimular ações para uma

---

(28) DELGADO, Mauricio Godinho. *Curso de direito do trabalho*. 7. ed. São Paulo: LTr, 2008. p. 1294.

(29) NASCIMENTO, Amauri Mascaro. *Compêndio de direito sindical*. 4. ed. São Paulo: LTr, 2005. p. 297.

negociação amigável, formular recomendações e propostas aos representantes no litígio (Portaria n. 817, de 30.8.1995). Para isso, não é imperativo que o mediador tenha conhecimentos jurídicos, isto é, qualquer pessoa pode exercer esta função.

De acordo com o Decreto n. 1.572/95, art. 2º, § 1º, é possível pleitear um mediador, independente de conhecimento jurídico, podendo ser até um ex-funcionário da empresa, ou solicitar um ao Ministério do Trabalho, o qual designará um servidor público do quadro do TEM, sem ônus financeiro para as partes (art. 616 da CLT). O Ministério Público do Trabalho também pode tentar a formalização de um acordo, durante a investigação prévia ou inquérito civil público e antes da instauração de ação civil pública, a que se dá o nome de termo de ajuste de conduta. Esse termo, vai determinar um entendimento favorável, o qual terá força executiva, de vez que é título executivo extrajudicial.

O mediador terá o prazo de 30 dias para concluir o processo de negociação, salvo acordo expresso entre as partes. Caso esse entendimento não logre êxito, será lavrada ata contendo as causas motivadoras do conflito e as reivindicações de natureza econômica.

Pedro Paulo Teixeira Manus e Carla Teresa Martins Romar, em sua obra *CLT e legislação complementar em vigor*[(30)], cometam que o legislador "instituiu as Comissões de Conciliação Prévia — CCPs, com o objetivo de conciliar conflitos entre empregados e empregadores, de forma extrajudicial, buscando atender à necessidade na solução do dissídio e, também, desafogar o Judiciário Trabalhista".

A faculdade delegada para a instauração da CCP está prevista no arts. 625-A a 625-H da CLT. É um instituto facultativo e não obrigatório, formado por grupo de empresas (composto de no mínimo 2 e no máximo 10 membros), os quais passam a ter estabilidade provisória de um ano. Tem caráter intersindical e o

(30) MANUS, Pedro Paulo Teixeira; ROMAR, Carla Teresa Martins. *CLT e legislação complementar em vigor*. 7. ed. rev. e atual. até 16.12.2008. São Paulo: Atlas, 2009. p.195.

objetivo de promover a conciliação de conflitos individuais do trabalho (art. 652-A da CLT).

Imperativo dizer que ao ingressar com uma reclamação trabalhista na Vara do Trabalho, é importante juntar à peça exordial e a CCP, caso contrário, deverá ser mencionado o motivo de relevância do qual não foi utilizada a CCP para a solução do eventual conflito, ou a cópia frustrada da demanda.

Prevê o art. 625-F da CLT: "As Comissões de Conciliação Prévia têm prazo de dez dias para a realização da sessão de tentativa de conciliação a partir da provocação do interessado". E o termo do acordo torna-se um título executivo extrajudicial.

Arbitragem

Citando Delgado, "Arbitragem é, desse modo, o tipo procedimental de solução de conflitos mediante o qual a decisão, lançada em um laudo arbitral, efetiva-se por um terceiro, árbitro, estranho á relação entre os sujeitos em controvérsia e, em geral, por eles escolhido".[31]

A expressão "arbitramento" difere de arbitragem. O arbitramento é a simples modalidade de liquidação de sentença judicial, preceituada no art. 897 da CLT, tipificada em lei, pelo qual o juiz nomeia perito para fixação do respectivo *quantum debeatur* resultante da sentença liquidanda.

A Lei n. 9.307/96, art. 3º, aduz sobre a possibilidade das partes submeter a solução do litígio mediante a convenção da arbitragem, ou seja, a cláusula compromissória e o compromisso arbitral. Este último é um documento que demonstra o compromisso em solucionar um conflito pela arbitragem em vez de se recorrer ao Judiciário, enquanto que a cláusula compromissória ou cláusula arbitral é um instrumento pelo qual as partes contratantes se comprometem a submeter à arbitragem os eventuais conflitos no

---

(31) DELGADO, Mauricio Godinho. *Curso de direito do trabalho*. 7. ed. São Paulo: LTr, 2008. p. 1449.

relacionamento. Frisa-se que a arbitragem é permitida no dissídio coletivo, conforme dispõe o art. 114, § 1º, da Constituição: "Frustrada a negociação coletiva, as partes poderão eleger árbitros".

A arbitragem também é aplicada para sanar conflitos coletivos, como a participação nos lucros ou resultados da empresa (Lei n. 10.101/2000, art. 4º, II), ou a greve (Lei n. 7.783/89, art. 3º). Destarte, a arbitragem está disciplinada na Lei n. 9.307/96 que prevê apenas solução de litígio para direitos patrimoniais disponíveis.

Diante da Lei n. 8.630/93, art. 23, § 1º, a arbitragem terá cabimento quando a lei especificamente a autorize, pois os direitos individuais trabalhistas são indisponíveis, assim é permitida a arbitragem no caso de trabalhador portuário avulso e seu respectivo órgão gestor de mão de obra.

Quanto à natureza jurídica da arbitragem é considerada mista uma vez que envolve um contrato e a jurisdição, além da necessidade de se contratar um terceiro para dizer de quem é o direito em litígio.

A admissibilidade da arbitragem se dá quando da afronta apenas a direitos disponíveis (Lei n. 9.307/96, art. 1º). Porém, não há afronta ao art. 5º, inciso XXXV, da Constituição Federal uma vez que as partes não são obrigadas a adotarem a arbitragem e, em adotando, o Judiciário não está impossibilitado de acompanhar a execução do laudo arbitral.

Diante da recusa da arbitragem, assim como da negociação coletiva, caberá às partes a instauração do dissídio coletivo, conforme aduz o art. 114, § 2º, da Magna Carta: "§ 2º Recusando-se qualquer das partes à negociação coletiva ou à arbitragem, é facultado às mesmas, de comum acordo, ajuizar dissídio coletivo de natureza econômica, podendo a Justiça do Trabalho decidir o conflito, respeitadas as disposições mínimas legais de proteção ao trabalho, bem como as convencionadas anteriormente".

A arbitragem pode ser: De direito — quando tem por objeto conflito interpretativo de regra, princípios jurídicos ou cláusulas contratuais; e será De equidade — quando tem por objeto o conflito de interesses materiais, de manifesto matiz econômico, englobando reivindicações materiais ou circunstanciais litigadas pelas partes.

Em consonância com o art. 475-N do CPC, diante do descumprimento da sentença arbitral, esta poderá ser executada. Insta esclarecer que a decisão arbitral não está sujeita a recursos em segunda instância.

A jurisdição é exercida pelo Estado através de sentença normativa proferida em dissídio coletivo em processo judicial, o qual poderá criar, modificar e até extinguir condições de trabalho. É a solução do litígio imposto ao Judiciário, ou seja, o Estado diz o direito no caso concreto. Desta forma resolve-se o problema da falta de interesse de execução da sentença por parte do vencido, pois o Estado pode requerer de forças coercitivas para executar o proferido.

Decorre, pois, a necessidade da pacificação de conflitos e não apenas jurídica, do Estado conceder tutela jurisdicional efetiva ao interessado. Uma vez vedando ele a realização da justiça particular e ao mesmo tempo assumindo o poder e o dever de prestá-la pelas vias do devido processo legal, só justificaria, do ponto de vista do destinatário da tutela, um resultado que atenda a sua reclamação. Na esteira que é certo todos ter o direito de propor demandas para ter acesso à jurisdição e, ainda, para se ter direito à obtenção do provimento jurisdicional as condições da ação devem ser preenchidas (direito instrumental de ação), certo então dizer que o direito à tutela jurisdicional efetiva terá aqueles que efetivamente estejam amparados no plano do direito material.

Os conflitos individuais são submetidos às Varas do Trabalho, enquanto que o dissídio coletivo é ajuizado no Tribunal Regional Federal (TRT) e no Tribunal Superior do Trabalho (TST).

É a ação que tutela interesses gerais e abstratos de determinada categoria com o objetivo de criar condições novas de trabalho e remuneração mais benéficas do que as previstas na legislação. Geralmente o dissídio coletivo é proposto por sindicatos, federações ou confederações de trabalhadores ou empregadores. Diz que o dissídio coletivo é legítimo quando instaurado por estas instituições, além das empresas de empresas e Ministério Público.

Em relação aos dissídios coletivos, abarca problemáticas como criação de normas ou condições de trabalho para uma determinada categoria, ou ainda a interpretação da norma jurídica. Entretanto, segundo o art. 114, § 2º, da Constituição Federal, os dissídios coletivos podem criar normas e condições de trabalho além das contidas em leis ou convenções. De acordo com este mesmo instituto, os dissídios são instaurados no Tribunal Regional do Trabalho ou no Tribunal Superior do Trabalho.

As decisões dos dissídios coletivos são chamadas de sentença normativa e poderão ser estendidas aos demais empregados da empresa com validade de um ano e poderão ser revistas depois de decorrido esse prazo.

As espécies de dissídio coletivo são:

a) Natureza econômica — criam normas e condições de trabalho (ex.: cláusulas que concedem reajustes salariais ou que garantem estabilidades provisórias no emprego), subdividindo em originários (inexiste norma coletiva anterior); revisionais (pretende revisão de uma norma coletiva anterior) e de extensão (de determinadas condições de trabalho já acordadas a toda a categoria — natureza constitutiva);

b) Natureza jurídica — são ajuizados para sanar divergências na aplicação ou interpretação de determinada norma jurídica (natureza declaratória) preexistente que, na maioria das vezes, é costumeira ou resultante de acordo, convenção ou dissídio coletivo;

c) Natureza mista — em caso de greve, pode ser instaurado pelo Ministério Público do Trabalho, que adota procedimento mais célere visando discutir tanto a interpretação e aplicação da norma, quanto a melhoria nas condições de trabalho.

Autonomia sindical, coletiva ou privada coletiva

O termo "autonomia" refere-se à autonomia dos sindicatos em se organizarem e elaborarem seus próprios estatutos, de fazerem convenções coletivas de trabalho, de elegerem a sua diretoria e exercer a própria administração, de efetuar o registro sindical, enfim, tudo sem a intervenção do Estado.

A autonomia pode ser pública ou privada.

Autonomia pública é aquela proveniente do Estado, ou seja, o próprio Estado concede a possibilidade de outro ente editar normas. Enquanto que a autonomia privada é a possibilidade de um poder editar normas a seu favor.

Em relação à natureza jurídica da autonomia coletiva, há dois aspectos a serem analisados, ou seja, o aspecto público e o privado.

O aspecto público ocorre diante da interferência estatal em fiscalizar o sindicato, ou ainda, através das funções delegadas pelo Estado. O aspecto privado prima na liberdade de ingresso ou desistência de pertencer a um determinado sindicato, que é a liberdade sindical assegurada pela Lei.

A autonomia privada pode ser classificada em individual e coletiva.

A autonomia privada coletiva ocorre através do poder dos sindicatos em elaborar normas jurídicas com força de Lei, feitas através de acordos coletivos e convenções coletivas, das quais serão empregadas nas relações laborais coletivas. Esta autonomia sindical não afronta o já estabelecido em Lei, e não se pode dizer que o sindicato está legislando no lugar do Estado, muitas vezes, complementam as normas já preestabelecidas pelo Estado. Já a autonomia privada individual refere-se, por exemplo, ao contrato de trabalho pactuado entre o empregado e empregador, versando sobre a atividade negocial entre os particulares.

A autonomia privada coletiva também se classifica no aspecto objetivo e subjetivo.

Será subjetivo quando referir-se a um mesmo interesse de uma coletividade de pessoas. E será objetivo quando envolve a particularidade desse ordenamento, ou ainda, o próprio ordenamento sindical, como por exemplo, o estatuto do sindicato.

Cumpre salientar que o interesse coletivo deve predominar sobre o individual quando da elaboração das normas jurídicas.

A autonomia privada coletiva por sua vez se divide em autotutela, autonomia administrativa, auto-organização, representação de interesses e autonomia negocial.

- A autotutela é notada quando o empregado não precisa ingressar no Judiciário para sanar eventuais conflitos diante da existência do sindicato.
- A autonomia administrativa trata dos principais atos ou atividade interior do sindicato. Ex.: eleições, redação do próprio estatuto.
- A expressão auto-organização é percebida no papel do sindicato em negociar com o empregador, suprindo assim a deficiência que o empregado tem em acordar com o superior.
- A representação de interesses está no ato do sindicato representar uma determinada categoria, tanto no aspecto judicial como no administrativo.
- A autonomia negocial, está na liberdade sindical em negociar através dos acordos e convenções coletivas.

Vale destacar o que dispõe o art. 8º, inciso III, da Constituição Maior: "É livre a associação profissional ou sindical, observado o seguinte: III — ao sindicato cabe a defesa dos direitos e interesses coletivos ou individuais da categoria, inclusive em questões judiciais ou administrativas", assim como o art. 513, alínea "a", da CLT: "São prerrogativas dos Sindicatos: a) representar, perante as autoridades administrativas e judiciárias, os interesses gerais da respectiva categoria ou profissão liberal ou os interesses individuais dos associados relativos à atividade ou profissão exercida".

Compõem como sujeitos da autonomia privada coletiva os sindicatos dos empregados e empregadores.

Diante da elaboração de um acordo coletivo de trabalho, mister se faz a ciência por escrito, da resolução ao Sindicato representativo da categoria profissional. Tanto o Sindicato da categoria profissional quanto da categoria econômica, deverá assumir em oito dias a direção dos entendimentos entre os interessados. Na ausência de manifestação pelo sindicato, cabe à Federação se manifestar em oito dias, e na sua ausência desta, à Confederação. Caso contrário os interessados darão andamento de forma independente.

Tem-se como limite da liberdade sindical, o poder não absoluto do ente sindical. O sindicato poderá legislar normas a serem aplicadas aos trabalhadores através de acordo e convenção coletiva, contudo cabe ao Estado editar leis. No que tange a autonomia coletiva privada, seu espaço é reduzido uma vez que atua apenas diante da omissão de leis estatais.

Negociação coletiva de trabalho

Considerações relevantes

Segundo Alice Monteiro de Barros, "a negociação coletiva é modalidade de autocomposição de conflitos advinda do entendimento entre os interlocutores sociais".[32]

A negociação é oriunda das tratativas realizadas entre as partes e tem como objetivo a supressão da insuficiência do contrato individual de trabalho, que durante a negociação, busca o atendimento das peculiaridades das partes.

A Convenção n. 91 da OIT define a negociação coletiva como: "todo o acordo escrito relativo à condição de trabalho e de emprego, celebrado entre um empregador, um grupo de empregadores ou uma ou várias organizações de empregadores de um lado, e, de outro lado, uma ou várias organizações representativas de trabalhadores ou, na ausência de tais organizações, por representantes dos trabalhadores interessados, devidamente eleitos e autorizados pelos últimos, de acordo com a legislação nacional". Já a Convenção n. 98 sugere que se tomem medidas que sejam adequadas a cada país, para o estímulo do "pleno desenvolvimento e uso de procedimentos de negociação voluntária

---

(32) BARROS, Alice Monteiro de. *Curso de direito do trabalho*. 2. ed. São Paulo: LTr, 2006. p. 1204.

com o objetivo de regulamentar, através de contratos coletivos, as condições de emprego". Esta convenção exclui, todavia, o direito de negociação no setor público.

A negociação coletiva busca conciliar e resolver os conflitos existentes entre as partes. As negociações devem ser feitas pelos sindicatos, pelas federações e pelas confederações, bem como pelas entidades sindicais registradas ou não.

Uma vez que a negociação coletiva é constituída como lei entre as partes, as autoridades públicas não podem reduzir o direito de negociação, assim como, não podem exigir a dependência de homologação por parte das autoridades públicas.

Os sindicatos devem participar obrigatoriamente das negociações coletivas de trabalho (art. 8º, inciso VI, do Estatuto Supremo) e são os sujeitos legitimados a gerir a negociação coletiva. Assim, os sindicatos devem obrigatoriamente participar das negociações, e sua participação deve ocorrer tanto nas negociações entre os sindicatos representativos da categoria profissional como na categoria econômica, seja autorizando a negociação entre o sindicato profissional e uma ou mais empresas.

De acordo com a Convenção n. 154 da OIT, o objetivo da negociação coletiva é de fixar a condição de trabalho ou emprego, de regular as relações entre empregadores e trabalhadores, e disciplinar as relações entre os empregadores ou suas organizações e uma ou várias organizações de trabalhadores, ou ainda alcançar de uma só vez todos esses objetivos.

A negociação coletiva possui várias funções: função política, social, econômica, ordenadora e jurídica.

- A função política entende que as partes devem resolver suas divergências entre si.
- A função social garante aos trabalhadores o direito de participar das decisões empresariais.
- A função econômica trata das distribuições de riquezas.

- A função ordenadora se dá quando ocorre crises ou recomposição dos salários.

- A função jurídica se subdivide em normativa, isto é, aquela que cria normas que serão aplicadas às relações de trabalho.

- A obrigacional, que fixa obrigações e direitos entre as partes.

- E por último, a compositiva que versa sobre a superação dos conflitos entres as partes, e visa o equilíbrio e a paz social entre o capital e o trabalho, mediante um instrumento negociado.

Sob o aspecto da validade da negociação coletiva prima esclarecer que em consonância com o art. 7º, inciso XXVI, da Constituição, a Lei Maior reconhece as convenções ou acordos coletivos estabelecidos no Brasil, contudo, não terá eficácia de validade a negociação coletiva ilícita perante o Estado.

Houve por bem esclarecer, que o sindicato não é obrigado a concluir um acordo. Desta feita, o art. 616 da CLT, *caput*, determina que "os sindicatos representativos de categoria econômicas ou profissionais e as empresas, inclusive as que não tenham representação sindical, quando provocados, não podem recusar-se à negociação coletiva". Até porque as funções principais da negociação coletiva são de promover o diálogo como um dos caminhos para solucionar os conflitos entre as partes, quando há divergência de interesses; criar normas aplicadas aos contratos individuais de trabalho; e suprir lacunas da lei além de estabelecer direitos e obrigações para as partes envolvidas, ou seja, os sindicatos.

Em relação à necessidade de homologação, o tema é bem recepcionado pelo "Art. 614. Os Sindicatos convenentes ou as empresas acordantes promoverão, conjunta ou separadamente, dentro de 8 (oito) dias da assinatura da Convenção ou Acordo, o depósito de uma via do mesmo, para fins de registro e arquivo, no Departamento Nacional do Trabalho, em se tratando de instrumento de caráter nacional ou interestadual, ou nos órgãos regionais do Ministério do Trabalho nos demais casos.

> § 1º As Convenções e os Acordos entrarão em vigor 3 (três) dias após a data da entrega dos mesmos no órgão referido neste artigo".

Para que se instaure o dissídio coletivo, é necessário que se passe antes pela negociação coletiva para posterior realização da norma coletiva. Sendo frustrada essa negociação coletiva, as partes poderão eleger árbitros. Verifica-se, que a intermediação da Delegacia Regional do Trabalho (DRT) não é obrigatória, sendo obrigatória apenas a negociação coletiva.

Importante destacar o que dispõe os parágrafos do art. 616 da CLT:

> "Art. 616. Os Sindicatos representativos de categorias econômicas ou profissionais e as empresas, inclusive as que não tenham representação sindical, quando provocados, não podem recusar-se à negociação coletiva.
>
> § 1º Verificando-se recusa à negociação coletiva, cabe aos Sindicatos ou empresas interessadas dar ciência do fato, conforme o caso, ao Departamento Nacional do Trabalho ou aos órgãos regionais do Ministério do Trabalho para convocação compulsória dos Sindicatos ou empresas recalcitrantes.
>
> § 2º No caso de persistir a recusa à negociação coletiva, pelo desatendimento às convocações feitas pelo Departamento Nacional do Trabalho ou órgãos regionais do Ministério do Trabalho ou se malograr a negociação entabulada é facultada aos Sindicatos ou empresas interessadas a instauração de dissídio coletivo.
>
> § 3º Havendo convenção, acordo ou sentença normativa em vigor, o dissídio coletivo deverá ser instaurado dentro dos 60 (sessenta) dias anteriores ao respectivo termo final, para que o novo instrumento possa ter vigência no dia imediato a esse termo.
>
> § 4º Nenhum processo de dissídio coletivo de natureza econômica será admitido sem antes se esgotarem as medidas relativas à formalização da Convenção ou Acordo correspondente."

Tendo em vista o que preceitua o art. 8º, II, III e IV, da CF, o nível da negociação coletiva é determinada por categoria, corroborada pelo art. 611, § 2º, da CLT, ao professar que as Federações e, na falta destas, as Confederações representativas de categorias econômicas ou profissionais poderão celebrar convenções coletivas de trabalho para reger as relações das categorias a elas vinculadas, inorganizadas em sindicatos, no âmbito de suas representações.

O objetivo principal da negociação coletiva, é deliberar sobre os interesses das partes em razão de interesses antagônicos. A negociação se materializa com a Convenção Coletiva de Trabalho e o Acordo Coletivo de Trabalho, quando então esse objetivo se encerra.

Esses instrumentos jurídicos, determinarão as condições de trabalho a serem aplicadas nos contratos individuais.

Contrato coletivo de trabalho

Considerações importantes acerca do contrato coletivo de trabalho

Contrato coletivo de trabalho é o conjunto de normas que regulam as relações profissionais de uma categoria de trabalhadores na abrangência de seu sindicato para garantir que os direitos do profissional sejam respeitados. Segundo o Decreto-Lei n. 5.452/43, no art. 611, o contrato coletivo de trabalho "é o convênio de caráter normativo pelo qual dois ou mais sindicatos representativos de categorias econômicas e profissionais estipulam condições que regerão as relações individuais de trabalho, no âmbito da respectiva representação".[33] Cabe esclarecer que a doutrina não é unânime a respeito da matéria. O conceito de contrato coletivo de trabalho ainda causa grande polêmica.

---

(33) NASCIMENTO, Amauri Mascaro. *Curso de direito do trabalho:* história e teoria geral do direito do trabalho: relações individuais e coletivas do trabalho. 22. ed. rev. e atual. São Paulo: Saraiva, 2007. p. 1197.

As características do contrato de trabalho, segundo as Recomendações ns. 31 e 91 da OIT prescrevem: ser escrito; dispor sobre as condições de trabalho; são partes o empregador, grupo de empregadores, várias organizações e a parte contrária, ou ainda, uma ou várias organizações que representam a classe dos trabalhadores.

O contrato coletivo de trabalho decorre do resultado da negociação coletiva e, possui como objetivo, estabelecer as condições de trabalho, criando, modificando ou extinguindo tais condições. Segundo o Ministério do Trabalho, aludido contrato é resultado de uma negociação coletiva direta e voluntária que tem força de lei e é estabelecida entre os empregados e os empregadores. Impende destacar que se frustrada a negociação coletiva, é possível ingressar com dissídio coletivo.

Os sindicatos, através dos acordos e convenções coletivas, as entidades representativas de grau superior, isto é, as federações e as confederações e, as centrais sindicais, que são de nível inferior, possuem legitimidade para realização de negociação coletiva.

O art. 7º, inciso XXVI não reconhece o contrato coletivo, contudo, nada impede das partes disporem a respeito, pois o que não consta em lei não é proibido, e não sendo proibido é permitido. Outrossim, a Lei n. 8.222/91, em seu art. 6º, a Lei n. 8.419/92, art. 1º, parágrafo único e a Lei n. 8.542/92, art. 1º, § 2º, versam sobre as cláusulas salariais para o contrato coletivo.

Neste diapasão, levanta-se o questionamento sobre a existência de hierarquia entre o contrato, a convenção e o acordo coletivo. Mensura-se que esses institutos possuem um campo de atuação diferente, isto é, são elaboradas por sujeitos diversos. Desta forma, não haveria ordem e subordinação entre essas normas, limitando apenas à aplicação do dispositivo 620 da CLT: "as condições estabelecidas em convenção, quando mais favorável, prevalecerão sobre as estipuladas em acordo".

Este é o ponto considerado de maior conflito, uma vez que não há hierarquia entre o contrato coletivo e as normas coletivas, em especial, ao acordo e a convenção coletiva.

Por fim, a forma do contrato coletivo segue o que dispõe o art. 613 da CLT, parágrafo único, que não admite contrato verbal, emendas ou rasuras, em tantas vias quantas forem as partes, sendo uma via reservada para o registro e publicidade no Ministério do Trabalho. A lei também prevê que contenha cláusulas de paz social.

Convenções e acordos coletivos de trabalho

A convenção coletiva é o resultado de negociações entabuladas por entidades sindicais, quer dos empregados, quer dos respectivos empregadores, que envolve o âmbito da categoria, seja a profissional (obreiros), seja a econômica (empregadores). Em resumo, são acordos entre sindicatos de trabalhadores e empregadores. O art. 611 da CLT conceitua que a convenção como "o acordo de caráter normativo, pelo qual dois ou mais sindicatos representativos de categorias econômicas e profissionais estipulam condições de trabalho aplicáveis, no âmbito das respectivas representações, às relações individuais do trabalho".

Embora as normas internacionais não fazem distinção entre acordos e convenções coletivos de trabalho, no Brasil, nosso instituto confere esta diferença (art. 611, § 1º, da CLT): "É facultado aos sindicatos representativos de categorias profissionais celebrar Acordos Coletivos com uma ou mais empresas da correspondente categoria econômica, que estipulem condições de trabalho, aplicáveis no âmbito da empresa ou das empresas acordantes às respectivas relações de trabalho". Assim, este instituto, procurou diferenciar a convenção coletiva que é pactuada entre sindicatos, enquanto o acordo coletivo se realiza entre o sindicato profissional e a empresa ou empresas. Em contrapartida, o aspecto de igualdade entre ambos os institutos é que neles são estipuladas condições de trabalho que serão aplicadas aos contratos individuais dos trabalhadores, acarretando assim um efeito normativo.

Nesse passo, os sindicatos representativos de categorias profissionais podem celebrar acordos com uma ou mais empresas da mesma categoria econômica (art. 611, § 1º, da CLT). Com amparo, na ausência de sindicatos, as federações e por conseguintes as confederações representativas de categorias econômicas ou profissionais poderão instituir convenções coletivas de trabalho (art. 611, § 2º, da CLT).

> "As convenções coletivas, embora de origem privada, criam regras jurídicas (normas autônomas), isto é, com preceitos gerais, abstratos e impessoais, para normatizar situações *ad futurum*. Correspondem à noção de lei em sentido material, traduzindo ato-regra (DUGUIT) ou comando abstrato. São desse modo, do ponto de vista substantivo (ou seja, de seu conteúdo), diplomas desveladores de inquestionáveis regras jurídicas."(34)

O art. 612 da CLT menciona o devido procedimento a ser realizado pelos entes sindicais para a realização de acordos e convenções coletivas: "Art. 612. Os Sindicatos só poderão celebrar Convenções ou Acordos Coletivos de Trabalho, por deliberação de Assembleia Geral especialmente convocada para esse fim, consoante o disposto nos respectivos Estatutos, dependendo a validade da mesma do comparecimento e votação, em primeira convocação, de 2/3 (dois terços) dos associados da entidade, se tratar de Convenção, e dos interessados, no caso de Acordo e, em segunda, de 1/3 (um terço) dos membros. Parágrafo único. O *quorum* de comparecimento e votação será de 1/8 (um oitavo) dos associados em segunda convocação, nas entidades sindicais que tenham mais de 5.000 associados".

Na mesma esteira, o dispositivo 617 da CLT aduz como as empresas devem proceder e os devidos prazos a serem respeitados: "Art. 617. Os empregados de uma ou mais empresas que decidirem celebrar Acordo Coletivo de Trabalho com as respectivas empresas darão ciência de sua resolução, por escrito, ao Sindicato representativo da categoria profissional, que terá o prazo de 8 (oito) dias para assumir a direção dos entendimentos entre os interessados, devendo igual procedimento ser observado

---

(34) DELGADO, Mauricio Godinho. *Curso de direito do trabalho*. 7. ed. São Paulo: LTr, 2008. p. 1378.

pelas empresas interessadas com relação ao Sindicato da respectiva categoria econômica.

> § 1º Expirado o prazo de 8 (oito) dias sem que o Sindicato tenha-se desincumbido do encargo recebido, poderão os interessados dar conhecimento do fato à Federação a que estiver vinculado o Sindicato e, em falta dessa, à correspondente Confederação, para que, no mesmo prazo, assuma a direção dos entendimentos. Esgotado esse prazo, poderão os interessados prosseguir diretamente na negociação coletiva até final.
>
> § 2º Para o fim de deliberar sobre o Acordo, a entidade sindical convocará Assembleia Geral dos diretamente interessados, sindicalizados ou não, nos termos do art. 612."

Por fim, deve as empresas e as instituições realizar o enquadramento sindical nos quadros de atividades e profissões empresariais, contudo, independente desse enquadramento, as empresas poderão acordar com os sindicatos que representam os empregados, cujos dispositivos fazem parte da redação dos arts. 577 e 618 da CLT.

Em relação à natureza jurídica da convenção coletiva, ainda é divergente entre os doutrinadores. Classifica-se em três teorias distintas: a teoria normativa ou regulamentar, a teoria contratualista ou civilista, e a teoria mista.

A teoria mista agrupa a teoria normativa — tem sua natureza jurídica inclinada no efeito meramente normativo — e a teoria contratualista, são teorias que procuram expressar a natureza jurídica da convenção coletiva como um contrato entre as partes, ou seja, decorrente da autonomia do direito privado e que merecem ser estudada individualmente. Por exemplo: mandato, estipulação em favor de terceiros, gestão de negócios, contrato inominado. Aparece, assim, o entendimento de que a convenção coletiva possui natureza dupla, uma vez que há a existência de um contrato pactuado entre as partes, decorrente de negociação, e simultaneamente esse contrato possui um efeito normativo para todos os integrantes da categoria.

A convenção coletiva e o acordo coletivo não possuem hierarquia entre si, apenas possuem campos diferentes de atuação.

No entanto, há de se ressalvar que há uma hierarquia entre a Lei e a convenção coletiva. A Lei é superior à convenção, exceto se beneficiar o empregado.

A aplicabilidade do acordo e da convenção coletiva do trabalho exige melhor entendimento ao estudar a eficácia limitada e a eficácia geral. A eficácia limitada terá aplicação apenas aos associados do sindicato, enquanto que a eficácia geral é para toda a categoria, resultando no efeito erga omnes. Neste raciocínio, reza o art. 620 da CLT: "As condições estabelecidas em Convenção, quando mais favoráveis, prevalecerão sobre as estipuladas em Acordo".

Nesse aspecto, cumpre citar a teoria do conglobamento e a teoria da acumulação. Na teoria do conglobamento a aplicação da norma coletiva ocorrerá de forma global, que, diante de duas normas distintas, será utilizada a que possuir cláusulas que mais beneficiem o trabalhador. Não haverá a análise de cláusula por cláusula e, sim, será avaliado num contexto geral. Enquanto que a teoria da acumulação quer dizer que serão agrupadas as melhores cláusulas de cada convenção coletiva, acarretando assim uma nova convenção com as cláusulas que melhor beneficiem o trabalhador. E então, diante da necessidade de aplicação de convenção, far-se-á a escolha da melhor opção através da escolha da teoria da acumulação ou do conglobamento.

O modelo adotado no Brasil quando à aplicação dos institutos normativos é o de eficácia geral, ou seja, aplicável em relação a todos que compõe a categoria, independente de filiação ou não (art. 611 da CLT). Para que seja alcançada eficácia, as convenções e acordos coletivos devem atender aos seguintes requisitos: aplicabilidade efetiva, legitimidade e interpretação das normas. A convenção coletiva atinge todos os trabalhadores e todas as empresas de uma mesma atividade econômica, num determinado território ou base territorial. Porquanto o acordo coletivo é mais restrito, isto é, tem de um lado o sindicato profissional representando os interesses dos empregados e de outro uma ou várias empresas.

No art. 620 da CLT estabelece que as condições fixadas em Convenção, quando mais favoráveis, prevalecerão sobre as estipuladas em acordo. Na mesma esteira, os termos convencionados em acordos coletivos, quando mais favoráveis aos empregados, prevalecerão sobre as pactuadas em convenções coletivas.

Importante lembrar que a convenção coletiva deve fixar o prazo de vigência que não poderá ser superior a dois anos (art. 614, § 3º, da CLT). Passado esse período, perde a sua validade.

O conteúdo das convenções e acordos coletivos, em consonância com o art. 613 da CLT, deverá conter: a designação dos sindicatos convenentes ou dos sindicatos e empresas acordantes, o prazo de vigência, as categorias ou classes de trabalhadores abrangidas pelos respectivos dispositivos, as condições ajustadas para reger as relações individuais de trabalho durante sua vigência, as normas para a conciliação das divergências surgidas entre os convenentes por motivos da aplicação de seus dispositivos, as disposições sobre o processo de sua prorrogação e de revisão total ou parcial de seus dispositivos, os direitos e deveres dos empregados e empresas e as penalidades para os sindicatos convenentes, os empregados e as empresas em caso de violação de seus dispositivos. E ainda, as convenções e os acordos devem ser celebrados por escrito, sem emendas nem rasuras, em tantas vias quantos forem os sindicatos ou as empresas acordantes, além de uma via do acordo ou convenção destinada ao registro.

As cláusulas das normas coletivas se dividem em: Obrigacionais, que subdividem em Típicas e Atípicas, e Normativas.

As cláusulas obrigacionais referem-se às partes, isto é, matéria tratada neste tipo de cláusula destina-se aos sindicatos e não se incorporam aos contratos individuais, por exemplo, multa ao ente sindical. Na subdivisão, as cláusulas típicas estabelecem relação com os deveres de paz (greve) e de influência (poder de convencimento do sindicato). As cláusulas atípicas dirimem trâmites de administração da convenção coletiva.

As normativas indicam as cláusulas referentes a direitos e deveres laborais entre as partes, são aplicadas diretamente ao contrato de trabalho individual, por exemplo: uma cláusula que versa sobre aumento salarial para determinada categoria, estabilidade provisória, gratificações, abonos.

Grande discussão doutrinária está na permanência ou não das cláusulas normativas com o fim de vigência do contrato de trabalho. Esse fenômeno é chamado pela doutrina de ultra-atividade da norma coletiva.

Há duas correntes doutrinárias buscando uma solução. A doutrina tem um grande desafio para cessar essa discussão. Para os que defendem que as cláusulas normativas devem ser inclusas no contrato de trabalho, justificam suas posições argumentando que tratam de direito adquirido, não acarretando prejuízo ao empregado (art. 468 da CLT).

Com respaldo a esse posicionamento, nota-se que os empregadores não têm encontrado motivação para realizarem negociações coletivas, uma vez que não sabem mensurar se irão conseguir cumprir as obrigações aprazadas.

A Súmula n. 277 do TST, alude sobre as condições de trabalho alcançadas por força de sentença normativa que devem vigorar no prazo assinado, contudo não integrando, de forma definitiva, os contratos.

O art. 624 da CLT preceitua que a vigência de cláusula de aumento ou reajuste salarial, que implique elevação de tarifas ou de preços sujeitos à fixação por autoridade pública ou repartição governamental, dependerá de prévia audiência dessa autoridade ou repartição e sua expressa declaração no tocante à possibilidade de elevação da tarifa ou do preço e quanto ao valor dessa elevação.

A Lei n. 8.542/92, em seu § 1º, vaticina que as cláusulas devem permanecer nos contratos individuais de trabalho e que sua retirada far-se-á mediante posterior acordo, convenção ou contrato coletivo. Entretanto a Lei n. 10.192/2001 revogou o supracitado artigo da Lei n. 8.542/92, e, portanto, as cláusulas de normas coletivas não mais incorporam os contratos individuais de trabalho.

Conclui-se, pois, que as condições legais mínimas previstas na Constituição Federal devem permanecer diante de uma norma coletiva, porquanto há a incorporação das convenções ou acordos coletivos aos contratos de trabalho até que seja revogada por outra norma coletiva. Esta nova norma poderá manter as mesmas condições preestabelecidas anteriormente ou disciplinar novas condições mais favoráveis, ou ainda, estabelecer condições menos favoráveis aos trabalhadores. Frisa-se que o mencionado não poderá ocorrer mediante dissídio coletivo.

Para a validação da convenção coletiva, deve-se atender ao disposto no art. 613 da CLT, parágrafo único, caso contrário será nula: "As Convenções e os Acordos serão celebrados por escrito, sem emendas nem rasuras, em tantas vias quantos forem os Sindicatos convenentes ou as empresas acordantes, além de uma destinada a registro".

A convenção só entrará em vigor quando for entregue uma via na Delegacia Regional do Trabalho (DRT) para registro. Os acordos e convenções coletivas entrarão em vigor em três dias da entrega da via na DRT.

Deverá ser afixada uma cópia da norma coletiva nas empresas e sindicatos, após cinco dias da data do depósito na DRT. Destaque-se que, a DRT não analisará o conteúdo da norma convencionada em respeito ao princípio da legalidade, ressaltando que o poder público não interfere nas normas estabelecidas pelos sindicatos.

O prazo de validade da norma coletiva é de dois anos, porém, na prática, tem-se aplicado o período de um ano em razão da economia e da flexibilização trabalhista. Contudo a Orientação Jurisprudencial n. 322 da SBDI-1 do TST considera inválida a cláusula que estipular termos que se superem mais de dois anos de vigência.

As convenções e acordos coletivos só terão validade por deliberação celebrada em assembleia geral específica (art. 612 da CLT), dependendo, para validade da mesma, do comparecimento e votação, em primeira convocação, de 2/3 (dois terços) dos associados da entidade (em caso de acordo), e, em segunda, de 1/3 (um terço) dos membros. Para as entidades que tenham mais de 5.000 associados, o *quorum* de comparecimento e votação será de 1/8 (um oitavo) dos associados em segunda convocação.

O art. 615 da CLT permite o processo de prorrogação, revisão, denúncia ou revogação total ou parcial da convenção ou acordo coletivo, sujeitos à aprovação de Assembleia Geral dos sindicatos convenentes ou partes acordantes.

De acordo com o disposto no § 1º do art. 615 do mesmo instituto legal, o instrumento de prorrogação, revisão, denúncia ou revogação de Convenção ou Acordo será depositado, para fins de registro e arquivamento, na repartição em que o mesmo originariamente foi depositado, observado o disposto no art. 614.

O seu § 2º apregoa que as modificações introduzidas em Convenção ou Acordo, por força de revisão ou de revogação parcial de suas cláusulas, passarão a vigorar 3 (três) dias após a realização do depósito previsto no § 1º.

No tocante ao dissídio coletivo, este deverá ser instaurado em 60 dias que antecedem o seu fim, para que assim o novo instrumento vigore no dia posterior ao acordo, convenção ou sentença normativa.

As sanções se classificam em sanções de restituição e de pena, há ainda as penais, cíveis e sindicais, e ainda aquelas caracterizadas como legais e convencionais.

O descumprimento das normas coletivas tem um efeito *erga omnes*, ou seja, será aplicada a todos os integrantes, independentemente de associado ou não. Isso decorre do efeito normativo concedido pela lei às convenções coletivas.

Em relação à multa a ser aplicada ao infrator, o art. 622 da CLT rege que os empregados e as empresas que celebrarem contratos individuais de trabalho, estabelecendo condições contrárias ao que tiver sido ajustado em Convenção ou Acordo que lhes for aplicável, serão passíveis da multa neles fixada. E em seu parágrafo único, alude que a multa a ser imposta ao empregado não poderá exceder da metade daquela que, nas mesmas condições, seja estipulada para a empresa.

A nulidade será declarada de ofício ou mediante representação, pelo Ministro do Trabalho ou pela Justiça do Trabalho no caso de convenção coletiva ou acordo que infrinja a política econômico-financeira.

O limite da multa da norma coletiva é um tema de discussão na doutrina diante da ausência de previsão na CLT, quando é necessário determinar se é de natureza trabalhista ou cível, e mais, se é aplicável o art. 412 do Código Civil, uma vez que vaticina que o valor da multa não poderá ser superior ao valor contratual. Enfim, uma vez que o Direito Civil é fonte subsidiária do Direito do Trabalho, torna-se plenamente cabível a aplicação do art. 412 do CC, mesmo porque não há incompatibilidade entre os princípios desses institutos.

Em relação à superveniência de acordo ou convenção coletiva, tem-se como predominância o acordo e a convenção coletiva sobre o dissídio coletivo da categoria, uma vez que a norma específica se sobrepõe-se à norma genérica, além da existência da autocomposição havida entre as partes para a solução do conflito, das quais, cada qual fez concessões recíprocas para que seja sanado problema.

No tocante às convenções coletivas no setor público nota-se que a Convenção n. 151 da OIT em seu art. 7º, disciplina a ampla negociação entre a administração pública e as organizações dos servidores públicos. A livre associação sindical é garantida ao servidor no o art. 37, inciso VI, da Lei Maior.

O art. 39, § 3º, da Constituição Federal alude várias normas aplicáveis ao servidor público, enquanto a Súmula n. 679 do STF informa que "a fixação de vencimentos dos servidores públicos não pode ser objeto de convenção coletiva".

O art. 61, § 1º, II, alínea "a" da Carta Magna vaticina que a criação de cargos, funções ou empregos públicos na administração direta e autárquica ou aumento de sua remuneração, somente ocorrerão mediante lei, e por iniciativa do Presidente da República.

O Decreto n. 908, de 31.8.1993 em seu art. 1º disciplina: "As empresas públicas, sociedades de economia mista, suas subsidiárias e controladas, e demais empresas sob controle direto ou indireto da União deverão esgotar todas as possibilidades no sentido de viabilizar a celebração de acordos coletivos de trabalho satisfatórios às partes, observadas as diretrizes fixadas neste decreto".

Competência

Prevê o art. 625 da CLT, que é da competência da Justiça do Trabalho solucionar conflitos que envolvam acordos e convenções coletivas, mesmo aquelas que incluam sindicatos. O mesmo entendimento traz à baila a Lei n. 8.984/95, art. 1º: "Compete à Justiça do Trabalho conciliar e julgar os dissídios que tenham origem no cumprimento de convenções coletivas de trabalho em acordos coletivos de trabalho, mesmo quando ocorram entre sindicatos ou entre sindicato de trabalhadores e empregador".

Corrobora com esse posicionamento o artigo da Constituição Federal, n. 114, inciso III ao versar que compete à Justiça do Trabalho processar e julgar as ações sobre representação sindical, entre sindicatos, entre sindicatos e trabalhadores, e entre sindicatos e empregadores.

Greve

O termo greve surgiu quando alguns operários foram massacrados na Praça de Greve, em Paris. Doravante, a paralisação dos trabalhadores passou a ser chamada de Greve. É, portanto, um movimento de paralisação coletiva dos trabalhadores visando pressionar os patrões ou o Estado para atender suas reivindicações. De outro modo, Greve é a cessação coletiva e voluntária do trabalho, decidida por sindicatos de trabalhadores assalariados de modo a obter ou manter benefícios ou para protestar contra algo.[35]

Cumpre mencionar que o uso da palavra tenha se estendido nas últimas décadas, por exemplo, greve de fome — um ato que não é realizado necessariamente por trabalhadores e nem precisa ser coletivo —, bem como a chamada greve de investimentos, realizada por capitalistas. O boicote visa impedir o exercício da

(35) CASSAR, Vólia Bomfim. *Direito do trabalho*. 3. ed. Niterói: Impetus, 2009. p. 1033.

atividade do empregador, obstando a continuidade laboral do patrão sem o apoio do empregado. Portanto, poder-se-ia dizer que neste último caso o nome mais adequado é boicote de investimentos e, no primeiro, pressão através da fome.

A greve é um ato jurídico que tem por objetivo sanar conflitos, e não um fato jurídico. É uma garantia fundamental que consta na Constituição Federal, ou um exercício dos direitos sociais dos trabalhadores.

Importante ressaltar que a greve só é admitida em face do empregador e não perante terceiros. Se um trabalhador resolver isoladamente decretar greve, este poderá ser dispensado por justa causa, pois a greve é um direito coletivo exercido por meio de suspensão coletiva dos serviços. Se não houver a suspensão do trabalho não será estabelecida a greve. Seguindo a esteira, a greve deve ter como requisito a suspensão do trabalho de forma temporária, e não definitiva, pois se a paralisação for definitiva, caracterizar-se-á a justa causa disposta no art. 482, *i*, da CLT, e a consequência é o abandono de emprego.

A Lei n. 7.783/89 regula o exercício do direito de greve definindo as atividades essenciais e o atendimento às necessidades da comunidade, e especificamente em seu art. 2º, trata da legitimidade da greve: "Para os fins desta Lei, considera-se legítimo exercício do direito de greve a suspensão coletiva, temporária e pacífica, total ou parcial, de prestação pessoal de serviços a empregador".

A greve classifica-se em parcial ou total, ou seja, a greve abrangerá parte da empresa ou todo o seu complexo, cujo direito deve ocorrer de forma pacífica, sem violência, sem agressões a pessoas ou coisas.

É de suma importância a determinação da natureza jurídica do direito de greve para, assim, se definir a essência do instituto, em que ele consiste e em que lugar ele está inserido no ordenamento jurídico. Na falta de doutrina específica não há um entendimento pacífico sobre o tema. Alguns autores atribuem naturezas diversas.

O professor Mauricio Godinho Delgado[36], em sua obra *Curso de Direito do Trabalho*, define que "a natureza jurídica da greve, hoje, é de um direito fundamental de caráter coletivo, resultante da autonomia privada coletiva inerente às sociedades democráticas". Na doutrina, há autores que entendem que a greve seria um direito potestativo, pois ninguém a este poderia se opor.

O efeito que a greve acarreta ao contrato de trabalho, a interrupção e a suspensão, destaco que ainda é objeto de entendimento. Na interrupção, o tempo de serviço transcorre normalmente e o empregado recebe os salários, na suspensão o empregado não recebe salário e não há a contagem do tempo de serviço.

Como se pode perceber, ainda existem legislações que encaram a greve como um fato social — tolerado pelo direito — porém, não é aceito como fato jurídico. Entretanto, há de se ater que a greve é um direito fundamental, garantido ao trabalhador, de caráter eminentemente coletivo e proveniente das relações sociais de trabalho.

Pelos seus diversos efeitos e circunstâncias, a greve pode ter inúmeras classificações, sendo considerada lícita, ilícita e abusiva. Lícita quando atender as prescrições legais, e ilícita quando as ignorarem. Na greve abusiva, por sua vez, os atos são cometidos além das determinações legais.

Quanto à extensão a greve se classifica em: greves globais, parciais e de empresa. Enquanto as greves globais envolvem mais de um empregador através do movimento grevista, as greves parciais atingem apenas alguns setores, podendo inclusive, ser o mesmo setor de várias empresas. As greves de empresa, por sua vez, são aquelas em que o movimento acontece apenas em uma empresa.

As greves também ocorrem por solidariedade ou por objetivo político. Sendo que as primeiras são realizadas por obreiros em

(36) DELGADO, Mauricio Godinho. *Curso de direito do trabalho*. 7. ed. São Paulo: LTr, 2008. p. 1436.

solidariedade com outros obreiros, com a finalidade de fortalecer as reivindicações. As greves políticas dizem respeito às solicitações genéricas e estão relacionadas ao governo.

Quanto ao exercício da greve, elas se classificam em: greve contínua, rotativa, intermitente ou branca:

- A greve contínua começa com uma data prevista e determina com um acordo entre as partes.

- A greve rotativa é alternada entre grupos.

- A greve global atinge várias empresas, podendo alternar as empresas em greve.

- A greve intermitente, ora se trabalha, ora não se trabalha.

- A greve branca (também chamada de braços caídos ou braços cruzados) é a cessação da prestação de trabalho pelo empregado, porém permanecem no local de labor, diminuindo o ritmo de trabalho ou simplesmente não trabalhando, (apesar de estarem no local de trabalho), a qual não deve ser confundida com "greve de zelo" e "operação tartaruga".

  — a "greve de zelo" quer dizer do excesso de zelo durante o labor acarretando com isso uma redução da produção normal de trabalho, e

  — a "operação tartaruga" é a diminuição drástica do trabalho, onde o processamento das atividades torna-se lento demais.

Contudo essas duas últimas não são consideradas espécies de greve, pois não ocorre da forma prescrita em lei nem a suspensão do trabalho.

Outras expressões que nos remetem a greve são:

- A "greve de ocupação" — o local de labor é ocupado pelos trabalhadores.

- A "greve relâmpago" — trata-se de uma paralisação rápida do labor atingindo um ramo da economia, ou ainda, um setor da empresa.
- "Parede" — é a mesma coisa que greve.
- "Greve de fome" — através de uma situação aflitiva provocada pela debilitação da própria saúde, os integrantes desse movimento não se alimentam e torna pública essa situação.

É assegurado pela Constituição Federal o direito a greve, contudo, o exercício de greve possui limites. O art. 9º da Constituição Federal impõe que: "É assegurado o direito de greve, competindo aos trabalhadores decidir sobre a oportunidade de exercê-lo e sobre os interesses que devam por meio dele defender".

A Lei n. 7.783/89 em seu art. 9º dispõe: "Durante a greve, o sindicato ou a comissão de negociação, mediante acordo com a entidade patronal ou diretamente com o empregador, manterá em atividade equipes de empregados com o propósito de assegurar os serviços, cuja paralisação, resultem em prejuízo irreparável, pela deterioração irreversível de bens, máquinas e equipamentos, bem como a manutenção daqueles essenciais à retomada das atividades da empresa quando da cessação do movimento".

O art. 6º da Lei de Greve também faz limitações à greve. Cita que as manifestações e atos de persuasão utilizados pelos grevistas não poderão impedir o acesso ao trabalho. Trata-se de uma proteção especial ao trabalhador que insiste em trabalhar. Foi assegurado constitucionalmente o direito à livre manifestação de pensamento (art. 5º, inciso IV, da Constituição) e livre locomoção (art. 5º, inciso XV, da Constituição), portanto, haverá liberdade de pensamento quanto à greve e livre locomoção em relação aos que são contrários a ela.

A terceira limitação concerne aos serviços essenciais, preconizando a lei que deverá haver atendimento das necessidades inadiáveis da comunidade. Portanto, não há proibição do exercício da greve, mas há limitações.

De acordo com o art. 10 da Lei de Greve n. 7.783/89, são considerados serviços ou atividades essenciais, sendo situações taxativas e não exemplificativas, o seguinte:

I — tratamento e abastecimento de água; produção e distribuição de energia elétrica, gás e combustíveis;

II — assistência médica e hospitalar;

III — distribuição e comercialização de medicamentos e alimentos;

IV — funerários;

V — transporte coletivo;

VI — captação e tratamento de esgoto e lixo;

VII — telecomunicações;

VIII — guarda, uso e controle de substâncias radioativas, equipamentos e materiais nucleares;

IX — processamento de dados ligados a serviços essenciais;

X — controle de tráfego aéreo;

XI — compensação bancária.

O art. 12 do mesmo instituto reza que o Poder Público assegurará a prestação dos serviços indispensáveis, na hipótese de os grevistas não quererem atender às necessidades inadiáveis da comunidade.

Por derradeiro, a greve dos militares é vedada no art. 142, § 3º, da Carta Magna. Os servidores até poderão realizar o movimento paredista, porém, o artigo de lei da Constituição é uma lei de eficácia limitada, e para exercer o direito, deve haver uma lei específica para os servidores públicos (art. 37, VII, da Constituição Federal). Frisa-se que ainda é aguardada a regulamentação específica sobre a greve do servidor público, enquanto isso o Supremo Tribunal Federal decidiu da aplicação da Lei de Greve aos servidores públicos.

São necessidades inadiáveis da comunidade aquelas que, não atendidas, coloquem em perigo iminente a sobrevivência, a saúde ou a segurança da população, conforme preceitua o parágrafo único da Lei de Greve. Classifica-se como necessidades inadiáveis as atividades de assistência médica, tais como hospitais, Unidade de Terapia Intensiva (UTI), distribuição de remédios nas farmácias.

Dispõe a Lei n. 7.783/89, em art. 11: "Nos serviços ou atividades essenciais, os sindicatos, os empregadores e os trabalhadores ficam obrigados, de comum acordo, a garantir, durante a greve, a prestação dos serviços indispensáveis ao atendimento das necessidades inadiáveis da comunidade".

Na ausência de atendimento das necessidades inadiáveis, caberá ao Serviço Público fornecer esse serviço, conforme preceitua o art. 12 da Lei de greve: "No caso de inobservância do disposto no artigo anterior, o Poder Público assegurará a prestação dos serviços indispensáveis".

Dispõe a Constituição que compete aos trabalhadores definir a oportunidade da greve, uma vez que o trabalhador é que possui legitimidade da greve. Contudo para sua devida instauração compete, a legitimidade, ao sindicato, justamente por se tratar de direito coletivo.

Corrobora o art. 9º da Constituição Federal: Por se tratar de direito coletivo quem tem legitimidade para sua instauração é o Sindicato (da Lei n. 7.783/89, art. 8º), sendo imprescindível a participação do sindicato nas negociações coletivas.

Conforme já mencionado, o trabalhador é quem possui a legitimidade para propor a greve, portanto cabe a ele decidir sobre a oportunidade desse exercício. Antes do exercício do direito à greve é realizada uma negociação, na qual o sindicato da categoria obrigatoriamente participa.

Antevê relevância mencionar que a palavra oportunidade não significa um mero momento. Se assim fosse, mesmo após uma negociação, poderia se instaurar uma greve. Após o acordo, a greve é vedada, conforme convenção coletiva ou sentença normativa em vigor, exceto no caso de modificações das condições estabelecidas (Lei n. 7.783/89, art. 14).

Imperioso se faz propor negociação coletiva para que haja a instauração da greve. A negociação frustrada acarreta na consequente instauração do dissídio coletivo (art. 114, § 2º, da Constituição Federal), na arbitragem ou na greve.

A competência para julgar o Dissídio Coletivo é da Justiça do Trabalho, que possui legitimidade para requerer a instauração do Dissídio Coletivo, o Ministério Público do Trabalho, as partes e a comissão de trabalhadores (quando não houver entidade sindical que a represente).

De acordo com a Lei n. 10.192/01, para ajuizar o Dissídio Coletivo, a partes deverão apresentar suas propostas, que serão objeto de conciliação ou deliberação. Essa decisão é chamada de sentença normativa, a qual tem o prazo de publicação de 15 dias da decisão do Tribunal.

Insta esclarecer que a Delegacia Regional do Trabalho possui um papel de mediação perante um eventual conflito. Não pode ser considerado como uma intervenção estatal no sindicato. Inclusive, caso haja recusa na negociação, as partes interessadas podem requerer na DRT uma reunião para tentativa de conciliação.

De acordo com o art. 616, § 1º, da CLT, a intervenção da DRT não é obrigatória na negociação: "Os Sindicatos representativos de categoria econômicas ou profissionais e as empresas, inclusive as que não tenham representação sindical, quando provocados, não podem recusar-se à negociação coletiva. § 1º Verificando-se recusa à negociação coletiva, cabe aos Sindicatos ou empresas interessadas dar ciência do fato, conforme o caso, ao Departamento Nacional do Trabalho ou aos órgãos regionais do Ministério do Trabalho e Previdência Social para convocação compulsória dos Sindicatos ou empresas recalcitrantes".

As informações sobre a Assembleia Geral serão mantidas no estatuto do sindicato, e neste estatuto constarão as formalidades para a convocação da Assembleia Geral como *quorum* para a deliberação do início e término da greve. Na assembleia serão definidas as reivindicações dos trabalhadores.

A Assembleia Geral será convocada pela confederação, caso inexista a federação, e por esta será convocada no caso de não haver sindicato.

A organização dos trabalhadores não instituída em sindicatos poderá, através da Lei n. 7.783/89, instaurar dissídio coletivo. Além disso, existe a previsão constitucional, art. 114, § 2º, no qual trás apenas a faculdade do sindicato instaurar o dissídio coletivo, permitindo dessa forma o ajuizamento pela empresa ou pela comissão de trabalhadores que não está organizado em sindicatos.

De acordo com a Lei n. 7.783/89 em seu art. 3º, antes de a greve ser deflagrada, deverá ocorrer um aviso-prévio ao sindicato patronal ou aos empregadores, com antecedência mínima de 48 horas. À luz do art. 13 da mesma lei, se for aos serviços ou atividades essenciais, ficam as entidades sindicais ou os trabalhadores obrigados a comunicar, aos empregadores e usuários, a data prevista para a deflagração da greve, com antecedência de 72 horas. Essa comunicação busca ações e medidas preventivas tanto ao empregador quanto à sociedade, para que não haja nenhuma surpresa para as partes, bem como, infração ao direito à liberdade sindical. A intenção do aviso-prévio se dá para que a parte interessada em deflagrar a greve possa provar que a parte contrária tomou conhecimento que a greve ocorreria dentro do prazo determinado pela legislação. Nota-se que a lei não traz formalidades para o aviso-prévio, podendo ser feito de qualquer forma, isto é, pelo jornal, rádio, TV.

Mister se faz elucidar que a lei de greve não traz nenhuma formalidade sobre a contagem do prazo do aviso-prévio. Deve ser utilizado o direito comum para dirimir qualquer dúvida, conforme aduz o art. 132, §§ 1º e 4º, do Código Civil. A contagem é feita em horas, porém exclui-se o dia do começo e inclui-se o dia do fim. Se o prazo cair no feriado será prorrogada até o dia útil seguinte.

A ciência ao Ministério Público é feita por simples comunicação, não caracterizando com isso a intervenção sindical, cuja hipótese é vedada pela Constituição Federal. Trata-se, pois, de uma mediação de conflito por parte da DRT e as partes envolvidas no movimento.

Cabe ao sindicato ou à comissão de negociação, através de monitoramento por equipes, manter os equipamentos, bens e máquinas em constante atividade durante uma eventual paralisação. É permitido, durante o período de greve e ausência de acordo, a contratação de funcionários para a manutenção de bens de serviços necessários.

Como direitos dos grevistas destaca-se a possibilidade de empregar meios pacíficos tendentes a persuadir ou a aliciar os trabalhadores a aderirem à greve e arrecadar fundos, e a livre divulgação do movimento, inclusive através de usos de carros e megafones. Não poderá conter, entretanto, ofensas ao empregador, dispostos em cartazes.

Quanto aos direitos dos grevistas destacam-se os direitos fundamentais, ou seja: o direito à liberdade, à propriedade, à liberdade de trabalho. Desta forma, nota-se que o empregador não poderá constranger o empregado para não aderir ao movimento, ou ainda impedir a publicidade da greve. Por outro lado, os empregados que entenderem que devam trabalhar, não poderão ser impedidos pelos grevistas.

Muitos associam as greves aos piquetes de grevistas. O objetivo dos piquetes é atrair a atenção e simpatia do público à sua causa, informando-o sobre as metas que desejam alcançar, as razões que estão por trás da greve e para desmotivar qualquer um que queira violar a ordem de greve e retornar ao trabalho.

Diferentemente do piquete, a sabotagem é proibida, vez que o piquete é um movimento pacífico de greve, e, muitas vezes, os atos de sabotagem se traduzem em forma de vandalismo com emprego de violência, em determinadas situações, para se conseguir os direitos e ou benefícios.

O art. 9º, § 2º, da Constituição Federal reza que devem ser responsabilizados os responsáveis de atos abusivos realizados em meio a greve. Sobre o abuso paredista, Dispõe a Lei de Greve em seu art. 14: "Constitui abuso do direito de greve a inobservância das normas contidas na presente Lei, bem como a manutenção da paralisação após a celebração de acordo, convenção ou decisão da Justiça do Trabalho".

Além disso, a Lei n. 7.783/89 arrola algumas formas de abuso de direito, em seu art. 14, onde estabelece que a inobservância de suas determinações, bem como a manutenção da paralisação mesmo após celebração de acordo, convenção ou decisão da Justiça do Trabalho, é caracterizada como abuso de direito de greve. Uma vez que a greve seja considerada abusiva, o empregador poderá aplicar as penalidades contidas na CLT, que podem ser uma simples advertência até a dispensa por justa causa.

A greve suspende os efeitos contratuais laborais, contudo deverão ser regulados por acordo, convenção, laudo arbitral ou decisão da Justiça do Trabalho. Ocorre que diante de violação dos dispositivos da Lei n. 7.783/89, o período de paralisação não será caracterizado como suspenso. Entretanto, perante um excesso de greve, o empregador poderá dispensar o empregado por falta grave.

O empregador não poderá realizar contratação de funcionários durante o movimento paredista, salvo para a manutenção das máquinas e equipamentos e diante da demissão dos empregados.

Prevê a Súmula n. 316 do STF: "A simples adesão à greve não constitui falta grave".

A Lei n. 7.783/89 prevê a suspensão das obrigações contratuais, ou seja, não há o pagamento do salário e não há o cômputo de tempo de serviço. Contudo, caso a greve seja considerada abusiva, os salários não devem ser pagos e nem deve ser suspenso o contrato de trabalho. Os Tribunais Regionais têm decidido que os trabalhadores deverão repor os dias parados.

Será dispensado por justa causa o empregado que cometer atos abusivos grevistas (art. 482 da CLT), assim como responde o sindicato por danos causados pelo movimento grevista, vez que lideram e decidem o momento da greve.

Cumpre esclarecer que em consonância com o art. 12 da Lei n. 7.783/89, os atos ilícitos cometidos durante a greve serão apurados de acordo com a legislação trabalhista, civil e criminal.

De acordo com a Carta Magna, em seu art. 37, inciso VII, prevê que o agente público civil poderá exercer a greve, desde que seja regulamentada em lei especifica. A lei de greve é lei ordinária e não específica, porém depois de muito tempo de espera e discussão, o STF entende que a Lei de Greve supre a falta de uma lei específica, e os servidores públicos poderão exercer o direito de greve dentro dos limites especificados na lei.

O STF no julgamento de Mandados de Injunção ns. 670, 708 e 712 decidiu, por maioria, aplicar ao setor público, no que couber, a lei de greve vigente do setor privado.

Nesta oportunidade, em relação ao agente público militar, este não tem direito a greve vez que o regime de trabalho que o norteia é embasado na disciplina e hierarquia, tornando-se assim incompatível com o movimento paredista. De acordo com o art. 142, § 3º, IV, da Constituição, o militar não tem direito de sindicalização e de greve.

Lockout é a paralisação provisória das atividades da empresa, estabelecimento ou setor, realizada por determinação empresarial, ou seja, por iniciativa do empregador, com o objetivo de exercer pressões sobre os trabalhadores, e frustrar a negociação coletiva ou dificultar o atendimento das reivindicações coletivas obreiras.[37] Esta é uma prática expressamente proibida pelo art. 17 da Lei n. 7.783/89.

No direito do trabalho a expressão *Lockout* (na grafia brasileira "locaute") é o nome que se dá quando a empresa fecha as portas do local de labor com a finalidade de impedir ou dificultar as reivindicações coletivas dos trabalhadores. Importante mensurar que o *Lockout* é expressamente proibido no Brasil pela Lei de Greve (art. 17 da referida lei), e a prática assegura aos trabalhadores o direito ao recebimento de salários durante o período de paralisação. Além dos trabalhadores perceberem os salários nesse período, será contado como tempo de serviço, pois o contrato não sofrerá o efeito da interrupção durante o *Lockout*.

Indispensável esclarecer que o fechamento da empresa, determinado por falência ou por ato de autoridade governamental, não é considerado *Lockout*.

---

(37) DELGADO, Mauricio Godinho. *Curso de direito do trabalho*. 7. ed. São Paulo: LTr, 2008. p. 1408.

Capítulo 17

Direito Processual do Trabalho

Base Legal

"Art. 652. Compete às Varas do Trabalho:

[...]

f) decidir quanto à homologação de acordo extrajudicial em matéria de competência da Justiça do Trabalho.

[...]." (NR)

"Art. 702. [...]

I – [...]

[...]

f) estabelecer ou alterar súmulas e outros enunciados de jurisprudência uniforme, pelo voto de pelo menos dois terços de seus membros, caso a mesma matéria já tenha sido decidida de forma idêntica por unanimidade em, no mínimo, dois terços das turmas em pelo menos dez sessões diferentes em

cada uma delas, podendo, ainda, por maioria de dois terços de seus membros, restringir os efeitos daquela declaração ou decidir que ela só tenha eficácia a partir de sua publicação no Diário Oficial.

[...]

§ 3º As sessões de julgamento sobre estabelecimento ou alteração de súmulas e outros enunciados de jurisprudência deverão ser públicas, divulgadas com, no mínimo, trinta dias de antecedência, e deverão possibilitar a sustentação oral pelo Procurador-Geral do Trabalho, pelo Conselho Federal da Ordem dos Advogados do Brasil, pelo Advogado-Geral da União e por confederações sindicais ou entidades de classe de âmbito nacional.

§ 4º O estabelecimento ou a alteração de súmulas e outros enunciados de jurisprudência pelos Tribunais Regionais do Trabalho deverão observar o disposto na alínea f do inciso I e no § 3º deste artigo, com rol equivalente de legitimados para sustentação oral, observada a abrangência de sua circunscrição judiciária." (NR)

"Art. 775. Os prazos estabelecidos neste Título serão contados em dias úteis, com exclusão do dia do começo e inclusão do dia do vencimento.

§ 1º Os prazos podem ser prorrogados, pelo tempo estritamente necessário, nas seguintes hipóteses:

I — quando o juízo entender necessário;

II — em virtude de força maior, devidamente comprovada.

§ 2º Ao juízo incumbe dilatar os prazos processuais e alterar a ordem de produção dos meios de prova, adequando-os às necessidades do conflito de modo a conferir maior efetividade à tutela do direito." (NR)

"Art. 789. Nos dissídios individuais e nos dissídios coletivos do trabalho, nas ações e procedimentos de competência da Justiça do Trabalho, bem como nas demandas propostas perante a Justiça Estadual, no exercício da jurisdição trabalhista, as custas relativas ao processo de conhecimento incidirão à base de 2% (dois por cento), observado o mínimo de R$ 10,64 (dez reais e sessenta e quatro centavos) e o máximo de quatro vezes o limite máximo dos benefícios do Regime Geral de Previdência Social, e serão calculadas:

[...]." (NR)

"Art. 790. [...]

[...]

§ 3º É facultado aos juízes, órgãos julgadores e presidentes dos tribunais do trabalho de qualquer instância conceder, a requerimento ou de ofício, o benefício da justiça gratuita, inclusive quanto a traslados e instrumentos, àqueles que perceberem salário igual ou inferior a 40% (quarenta por cento) do limite máximo dos benefícios do Regime Geral de Previdência Social.

§ 4º O benefício da justiça gratuita será concedido à parte que comprovar insuficiência de recursos para o pagamento das custas do processo." (NR)

"Art. 790-B. A responsabilidade pelo pagamento dos honorários periciais é da parte sucumbente na pretensão objeto da perícia, ainda que beneficiária da justiça gratuita.

§ 1º Ao fixar o valor dos honorários periciais, o juízo deverá respeitar o limite máximo estabelecido pelo Conselho Superior da Justiça do Trabalho.

§ 2º O juízo poderá deferir parcelamento dos honorários periciais.

§ 3º O juízo não poderá exigir adiantamento de valores para realização de perícias.

§ 4º Somente no caso em que o beneficiário da justiça gratuita não tenha obtido em juízo créditos capazes de suportar a despesa referida no *caput*, ainda que em outro processo, a União responderá pelo encargo." (NR)

"Art. 791-A. Ao advogado, ainda que atue em causa própria, serão devidos honorários de sucumbência, fixados entre o mínimo de 5% (cinco por cento) e o máximo de 15% (quinze por cento) sobre o valor que resultar da liquidação da sentença, do proveito econômico obtido ou, não sendo possível mensurá-lo, sobre o valor atualizado da causa.

§ 1º Os honorários são devidos também nas ações contra a Fazenda Pública e nas ações em que a parte estiver assistida ou substituída pelo sindicato de sua categoria.

§ 2º Ao fixar os honorários, o juízo observará:

I — o grau de zelo do profissional;

II — o lugar de prestação do serviço;

III — a natureza e a importância da causa;

IV — o trabalho realizado pelo advogado e o tempo exigido para o seu serviço.

§ 3º Na hipótese de procedência parcial, o juízo arbitrará honorários de sucumbência recíproca, vedada a compensação entre os honorários.

§ 4º Vencido o beneficiário da justiça gratuita, desde que não tenha obtido em juízo, ainda que em outro processo, créditos capazes de suportar a despesa, as obrigações decorrentes de sua sucumbência ficarão sob condição suspensiva de exigibilidade e somente poderão ser executadas se, nos dois anos subsequentes ao trânsito em julgado da decisão que as certificou, o credor demonstrar que deixou de existir a situação de insuficiência de recursos que justificou a concessão de gratuidade, extinguindo-se, passado esse prazo, tais obrigações do beneficiário.

§ 5º São devidos honorários de sucumbência na reconvenção."

"TÍTULO X

[...]

CAPÍTULO II

[...]

Seção IV-A

Da Responsabilidade por Dano Processual

'Art. 793-A. Responde por perdas e danos aquele que litigar de má-fé como reclamante, reclamado ou interveniente.'

'Art. 793-B. Considera-se litigante de má-fé aquele que:

I — deduzir pretensão ou defesa contra texto expresso de lei ou fato incontroverso;

II — alterar a verdade dos fatos;

III — usar do processo para conseguir objetivo ilegal;

IV — opuser resistência injustificada ao andamento do processo;

V — proceder de modo temerário em qualquer incidente ou ato do processo;

VI — provocar incidente manifestamente infundado;

VII — interpuser recurso com intuito manifestamente protelatório.'

'Art. 793-C. De ofício ou a requerimento, o juízo condenará o litigante de má-fé a pagar multa, que deverá ser superior a 1% (um por cento) e inferior a 10% (dez por cento) do valor corrigido da causa, a indenizar a parte contrária pelos prejuízos que esta sofreu e a arcar com os honorários advocatícios e com todas as despesas que efetuou.

§ 1º Quando forem dois ou mais os litigantes de má-fé, o juízo condenará cada um na proporção de seu respectivo interesse na causa ou solidariamente aqueles que se coligaram para lesar a parte contrária.

§ 2º Quando o valor da causa for irrisório ou inestimável, a multa poderá ser fixada em até duas vezes o limite máximo dos benefícios do Regime Geral de Previdência Social.

§ 3º O valor da indenização será fixado pelo juízo ou, caso não seja possível mensurá-lo, liquidado por arbitramento ou pelo procedimento comum, nos próprios autos.'

'Art. 793-D. Aplica-se a multa prevista no art. 793-C desta Consolidação à testemunha que intencionalmente alterar a verdade dos fatos ou omitir fatos essenciais ao julgamento da causa.

Parágrafo único. A execução da multa prevista neste artigo dar-se-á nos mesmos autos.'"

"Art. 800. Apresentada exceção de incompetência territorial no prazo de cinco dias a contar da notificação, antes da audiência e em peça que sinalize a existência desta exceção, seguir-se-á o procedimento estabelecido neste artigo.

§ 1º Protocolada a petição, será suspenso o processo e não se realizará a audiência a que se refere o art. 843 desta Consolidação até que se decida a exceção.

§ 2º Os autos serão imediatamente conclusos ao juiz, que intimará o reclamante e, se existentes, os litisconsortes, para manifestação no prazo comum de cinco dias.

§ 3º Se entender necessária a produção de prova oral, o juízo designará audiência, garantindo o direito de o excipiente e de suas testemunhas serem ouvidos, por carta precatória, no juízo que este houver indicado como competente.

§ 4º Decidida a exceção de incompetência territorial, o processo retomará seu curso, com a designação de audiência, a apresentação de defesa e a instrução processual perante o juízo competente." (NR)

"Art. 818. O ônus da prova incumbe:

I — ao reclamante, quanto ao fato constitutivo de seu direito;

II — ao reclamado, quanto à existência de fato impeditivo, modificativo ou extintivo do direito do reclamante.

§ 1º Nos casos previstos em lei ou diante de peculiaridades da causa relacionadas à impossibilidade ou à excessiva dificuldade de cumprir o encargo nos termos deste artigo ou à maior facilidade de obtenção da prova do fato contrário, poderá o juízo atribuir o ônus da prova de modo diverso, desde que o faça por decisão fundamentada, caso em que deverá dar à parte a oportunidade de se desincumbir do ônus que lhe foi atribuído.

§ 2º A decisão referida no § 1º deste artigo deverá ser proferida antes da abertura da instrução e, a requerimento da parte, implicará o adiamento da audiência e possibilitará provar os fatos por qualquer meio em direito admitido.

§ 3º A decisão referida no § 1º deste artigo não pode gerar situação em que a desincumbência do encargo pela parte seja impossível ou excessivamente difícil." (NR)

"Art. 840. [...]

§ 1º Sendo escrita, a reclamação deverá conter a designação do juízo, a qualificação das partes, a breve exposição dos fatos de que resulte o dissídio, o pedido, que deverá ser certo, determinado e com indicação de seu valor, a data e a assinatura do reclamante ou de seu representante.

§ 2º Se verbal, a reclamação será reduzida a termo, em duas vias datadas e assinadas pelo escrivão ou secretário, observado, no que couber, o disposto no § 1º deste artigo.

§ 3º Os pedidos que não atendam ao disposto no § 1º deste artigo serão julgados extintos sem resolução do mérito." (NR)

"Art. 841. [...]

[...]

§ 3º Oferecida a contestação, ainda que eletronicamente, o reclamante não poderá, sem o consentimento do reclamado, desistir da ação." (NR)

"Art. 843. [...]

[...]

§ 3º O preposto a que se refere o § 1º deste artigo não precisa ser empregado da parte reclamada." (NR)

"Art. 844. [...]

§ 1º Ocorrendo motivo relevante, poderá o juiz suspender o julgamento, designando nova audiência.

§ 2º Na hipótese de ausência do reclamante, este será condenado ao pagamento das custas calculadas na forma do art. 789 desta Consolidação, ainda que beneficiário da justiça gratuita, salvo se comprovar, no prazo de quinze dias, que a ausência ocorreu por motivo legalmente justificável.

§ 3º O pagamento das custas a que se refere o § 2º é condição para a propositura de nova demanda.

§ 4º A revelia não produz o efeito mencionado no *caput* deste artigo se:

I — havendo pluralidade de reclamados, algum deles contestar a ação;

II — o litígio versar sobre direitos indisponíveis;

III — a petição inicial não estiver acompanhada de instrumento que a lei considere indispensável à prova do ato;

IV — as alegações de fato formuladas pelo reclamante forem inverossímeis ou estiverem em contradição com prova constante dos autos.

§ 5º Ainda que ausente o reclamado, presente o advogado na audiência, serão aceitos a contestação e os documentos eventualmente apresentados."(NR)

"Art. 847. [...]

Parágrafo único. A parte poderá apresentar defesa escrita pelo sistema de processo judicial eletrônico até a audiência." (NR)

"TÍTULO X
[...]

CAPÍTULO III
[...]

Seção IV
Do Incidente de Desconsideração da Personalidade Jurídica

'Art. 855-A. Aplica-se ao processo do trabalho o incidente de desconsideração da personalidade jurídica previsto nos arts. 133 a 137 da Lei n. 13.105, de 16 de março de 2015 — Código de Processo Civil.

§ 1º Da decisão interlocutória que acolher ou rejeitar o incidente:

I — na fase de cognição, não cabe recurso de imediato, na forma do § 1º do art. 893 desta Consolidação;

II — na fase de execução, cabe agravo de petição, independentemente de garantia do juízo;

III — cabe agravo interno se proferida pelo relator em incidente instaurado originariamente no tribunal.

§ 2º A instauração do incidente suspenderá o processo, sem prejuízo de concessão da tutela de urgência de natureza cautelar de que trata o art. 301 da Lei n. 13.105, de 16 de março de 2015 (Código de Processo Civil).'

CAPÍTULO III-A
Do Processo de Jurisdição Voluntária para Homologação de Acordo Extrajudicial

'Art. 855-B. O processo de homologação de acordo extrajudicial terá início por petição conjunta, sendo obrigatória a representação das partes por advogado.

§ 1º As partes não poderão ser representadas por advogado comum.

§ 2º Faculta-se ao trabalhador ser assistido pelo advogado do sindicato de sua categoria.'

'Art. 855-C. O disposto neste Capítulo não prejudica o prazo estabelecido no § 6º do art. 477 desta Consolidação e não afasta a aplicação da multa prevista no § 8º art. 477 desta Consolidação.'

'Art. 855-D. No prazo de quinze dias a contar da distribuição da petição, o juiz analisará o acordo, designará audiência se entender necessário e proferirá sentença.'

'Art. 855-E. A petição de homologação de acordo extrajudicial suspende o prazo prescricional da ação quanto aos direitos nela especificados.

Parágrafo único. O prazo prescricional voltará a fluir no dia útil seguinte ao do trânsito em julgado da decisão que negar a homologação do acordo.'"

"Art. 876. [...]

Parágrafo único. A Justiça do Trabalho executará, de ofício, as contribuições sociais previstas na alínea *a* do inciso I e no inciso II do caput do art. 195 da Constituição Federal, e seus acréscimos legais, relativas ao objeto da condenação constante das sentenças que proferir e dos acordos que homologar". (NR)

"Art. 878. A execução será promovida pelas partes, permitida a execução de ofício pelo juiz ou pelo Presidente do Tribunal apenas nos casos em que as partes não estiverem representadas por advogado.

Parágrafo único. (Revogado)." (NR)

"Art. 879. [...]

[...]

§ 2º Elaborada a conta e tornada líquida, o juízo deverá abrir às partes prazo comum de oito dias para impugnação fundamentada com a indicação dos itens e valores objeto da discordância, sob pena de preclusão.

[...]

§ 7º A atualização dos créditos decorrentes de condenação judicial será feita pela Taxa Referencial (TR), divulgada pelo Banco Central do Brasil, conforme a Lei n. 8.177, de 1º de março de 1991." (NR)

"Art. 882. O executado que não pagar a importância reclamada poderá garantir a execução mediante depósito da quantia correspondente, atualizada e acrescida das despesas processuais, apresentação de seguro-garantia judicial ou nomeação de bens à penhora, observada a ordem preferencial estabelecida no art. 835 da Lei n. 13.105, de 16 de março de 2015 — Código de Processo Civil." (NR)

"Art. 883-A. A decisão judicial transitada em julgado somente poderá ser levada a protesto, gerar inscrição do nome do executado em órgãos de proteção ao crédito ou no Banco Nacional de Devedores Trabalhistas (BNDT), nos termos da lei, depois de transcorrido o prazo de quarenta e cinco dias a contar da citação do executado, se não houver garantia do juízo."

"Art. 884. [...]

[...]

§ 6º A exigência da garantia ou penhora não se aplica às entidades filantrópicas e/ou àqueles que compõem ou compuseram a diretoria dessas instituições." (NR)

"Art. 896. [...]

[...]

§ 1º-A. [...]

[...]

IV — transcrever na peça recursal, no caso de suscitar preliminar de nulidade de julgado por negativa de prestação jurisdicional, o trecho dos embargos declaratórios em que foi pedido o pronunciamento do tribunal sobre questão veiculada no recurso ordinário e o trecho da decisão regional que rejeitou os embargos quanto ao pedido, para cotejo e verificação, de plano, da ocorrência da omissão.

[...]

§ 3º (Revogado).

§ 4º (Revogado).

§ 5º (Revogado).

§ 6º (Revogado).

[...]

§ 14. O relator do recurso de revista poderá denegar-lhe seguimento, em decisão monocrática, nas hipóteses de intempestividade, deserção, irregularidade de representação ou de ausência de qualquer outro pressuposto extrínseco ou intrínseco de admissibilidade." (NR)

"Art. 896-A. [...]

§ 1º São indicadores de transcendência, entre outros:

I — econômica, o elevado valor da causa;

II — política, o desrespeito da instância recorrida à jurisprudência sumulada do Tribunal Superior do Trabalho ou do Supremo Tribunal Federal;

III — social, a postulação, por reclamante-recorrente, de direito social constitucionalmente assegurado;

IV — jurídica, a existência de questão nova em torno da interpretação da legislação trabalhista.

§ 2º Poderá o relator, monocraticamente, denegar seguimento ao recurso de revista que não demonstrar transcendência, cabendo agravo desta decisão para o colegiado.

§ 3º Em relação ao recurso que o relator considerou não ter transcendência, o recorrente poderá realizar sustentação oral sobre a questão da transcendência, durante cinco minutos em sessão.

§ 4º Mantido o voto do relator quanto à não transcendência do recurso, será lavrado acórdão com fundamentação sucinta, que constituirá decisão irrecorrível no âmbito do tribunal.

§ 5º É irrecorrível a decisão monocrática do relator que, em agravo de instrumento em recurso de revista, considerar ausente a transcendência da matéria.

§ 6º O juízo de admissibilidade do recurso de revista exercido pela Presidência dos Tribunais Regionais do Trabalho limita-se à análise dos pressupostos intrínsecos e extrínsecos do apelo, não abrangendo o critério da transcendência das questões nele veiculadas." (NR)

"Art. 899. [...]

[...]

§ 4º O depósito recursal será feito em conta vinculada ao juízo e corrigido com os mesmos índices da poupança.

§ 5º (Revogado).

[...]

§ 9º O valor do depósito recursal será reduzido pela metade para entidades sem fins lucrativos, empregadores domésticos, microempreendedores individuais, microempresas e empresas de pequeno porte.

§ 10. São isentos do depósito recursal os beneficiários da justiça gratuita, as entidades filantrópicas e as empresas em recuperação judicial.

§ 11. O depósito recursal poderá ser substituído por fiança bancária ou seguro garantia judicial." (NR)

"Art. 911-A. O empregador efetuará o recolhimento das contribuições previdenciárias próprias e do trabalhador e o depósito do FGTS com base nos valores

pagos no período mensal e fornecerá ao empregado comprovante do cumprimento dessas obrigações."

Teoria

Com a reforma trabalhista, o Judiciário irá determinar, através de súmulas e Ojs, acerca do Novo Processo do Trabalho.

Para o nosso estudo, a leitura dos artigos e a aplicação prática da lei é o suficiente. Mas, a análise com os novos julgados que aparecerão é imprescindível!

Organização da Justiça do Trabalho

O art. 111 da Constituição Federal estabelece que são órgãos da Justiça do Trabalho: o Tribunal Superior do Trabalho, os Tribunais Regionais do Trabalho e os Juízes do Trabalho. Conforme se verifica, a norma constitucional vigente, (revogou as disposições do art. 644 da CLT na parte que se refere a Varas do Trabalho ou Juízos de Direito).

Tribunal Superior do Trabalho

A Justiça do Trabalho, desde 1946 quando passou a integrar o Poder Judiciário, é estruturada da mesma forma com três graus de Jurisdição, sendo certo que desde seu início o Tribunal Superior do Trabalho é o órgão de cúpula da Justiça do Trabalho, com sede em Brasília e jurisdição em todo o território nacional.

A Resolução Administrativa n. 1.295/2008 (RI) subdivide o TST da seguinte forma; Tribunal pleno, órgão especial, Seção especializada de dissídios coletivos, de dissídios individuais e oito turmas.

Composição — O art. 111 da Constituição Federal, com a nova redação que lhe foi dada pela emenda Constitucional n. 45/2004, estabelece que:

"O Tribunal Superior do Trabalho compor-se-á de vinte e sete Ministros, escolhidos dentre brasileiros com mais de trinta e cinco e menos de sessenta e cinco anos, nomeados pelo Presidente da República após aprovação pela maioria absoluta do Senado Federal, sendo:

I — um quinto dentre advogados com mais de dez anos de efetiva atividade profissional e membros do Ministério Público do Trabalho com mais de dez anos de efetivo exercício, observado o disposto no art. 94;

II — os demais dentre juízes dos Tribunais Regionais do Trabalho, oriundos da magistratura da carreira, indicados pelo próprio Tribunal Superior.

§ 1º A lei disporá sobre a competência do Tribunal Superior do Trabalho.

§ 2º Funcionarão junto ao Tribunal Superior do Trabalho:

I — a Escola Nacional de Formação e Aperfeiçoamento de Magistrados do Trabalho, cabendo-lhe, dentre outras funções, regulamentar os cursos oficiais para o ingresso e promoção na carreira;

II — o Conselho Superior da Justiça do Trabalho, cabendo-lhe exercer, na forma da lei, a supervisão administrativa, orçamentária, financeira e patrimonial da Justiça do Trabalho de primeiro e segundo graus, como órgão central do sistema, cujas decisões terão efeito vinculante."

O Tribunal superior do Trabalho tem suas normas estabelecidas no seu Regimento Interno que prevê no art. 61 os órgãos que compõem o próprio TST, a saber: Tribunal Pleno, Seção Administrativa, Seção Especializada em Dissídios Coletivos (SEDC), Seção Especializada em Dissídio Individual (SEDI) subdividida em SEDI-1 e SEDI2, e Turmas.

Integram o Tribunal Superior do Trabalho os juízes da carreira da Justiça do Trabalho, vindos dos Tribunais Regionais do Trabalho, os membros do Ministério Público e os da Advocacia que compõem o quinto constitucional, indicados por lista sêxtupla pelos órgãos de representação da respectiva classe, reduzida à três nomes pelo TST e finalmente escolhido pelo Presidente da República.

Tribunal Pleno

O Tribunal Pleno (TP) é constituído pelos Ministros da Corte, não participando das sessões solenes e das sessões ordinárias ou extraordinárias os juízes convocados (art. 64, *caput*).

Seção Administrativa (especial)

A Seção Administrativa (AS) é composta de 7 Ministros, devendo ser integrada pelo Presidente e o Vice-Presidente do Tribunal, pelo Corregedor Geral, pelos dois Ministros eleitos pelo Tribunal Pleno. Os Ministros integrantes da Seção Administrativa comporão também outras seções do Tribunal. O *quorum* para funcionamento da seção Administrativa é de 5 Ministros (art. 65, RITST).

Seção Especializada em Dissídios Coletivos

A seção Especializada em Dissídios Coletivos (SDC) é composta de 9 Ministros, devendo ser integrada pelo Presidente do Tribunal, pelo Vice-Presidente, pelo Corregedor Geral e pelos 6 Ministros mais antigos. Os Ministros do SDC integrarão também outras Seções do Tribunal. O *quorum* para funcionamento é de 6 Ministros (art. 66, RITST).

Tribunais Regionais do Trabalho

Os Tribunais Regionais do Trabalho estão previstos no art. 115 da Constituição Federal, compõem-se de, no mínimo, sete juízes, nomeados pelo Presidente da República entre brasileiros com mais de 30 e menos de 65 anos, recrutados, quando possível, na respectiva região, sendo um quinto entre advogados e membros do Ministério Público do Trabalho e o restante entre juízes do trabalho promovidos por antiguidade e por merecimento.

Em relação a fixação do número dos juízes nos Tribunais Regionais, a Constituição Federal, na redação dada pela EC n. 45 ao inciso XIII do art. 93, estabelece que em todo o poder Judiciário, "o número de juízes na unidade jurisdicional será proporcional à efetiva demanda judicial e à respectiva população".

A Emenda Constitucional n. 45/2004, com a finalidade de assegurar o acesso a justiça estabeleceu a criação da Justiça Itinerante para a realização de audiências e o exercício de outras funções da atividade jurisdicional nos limites da jurisdição e a descentralização dos Tribunais, constituído em câmaras regionais assegurando o acesso dos jurisdicionados em todas as fases do processo, principalmente em locais em que ainda não há tribunais regionais do trabalho, como nos estados do Acre, Tocantins, Amapá etc.

Juízes do Trabalho

A Constituição Federal no art. 116, com a redação dada pela Emenda Constitucional n. 24/99, deixou certo que as Varas do Trabalho serão compostas de juiz singular, dispondo:

> "Art. 116. A lei criará varas da Justiça do Trabalho, podendo, nas comarcas não abrangidas por sua jurisdição, atribuí-la aos juízes de direito, com recurso para o respectivo Tribunal Regional do Trabalho."

Na estrutura da Justiça do Trabalho, as Varas do /trabalho estão equiparadas hierarquicamente, não existindo distinções. Todas integram a primeira instância.

Ainda em relação aos juízes do trabalho, o Superior Tribunal de Justiça na Súmula n. 10 entende que, instalada a vara do trabalho, cessa a competência do juiz de direito em matéria trabalhista, inclusive para a execução das sentenças por estes proferidas.

O art. 113 da Constituição Federal determina que a lei disporá sobre a constituição, investidura, jurisdição, competência, garantias e condições de exercício dos órgãos da Justiça do Trabalho.

Em consonância com este dispositivo foi editada a Lei n. 10.770/2003 que estabelece que cada Tribunal Regional do Trabalho no âmbito de sua região, mediante ato próprio, pode estabelecer e alterar a jurisdição das varas, bem como transferir-lhes a sede de um município para outro de acordo com a necessidade de agilizar a prestação jurisdicional trabalhista.

A Lei n. 6.947/81 dispõe que a competência da vara do trabalho estende-se aos municípios próximos num raio máximo de 100 quilômetros da sede, desde que existam meios de acesso e de comunicação regulares com os referidos locais.

Órgãos Auxiliares

São órgãos auxiliares as Secretarias, Oficiais de Justiça Avaliador, Distribuidor, Contadoria.

Cada vara na Justiça do Trabalho terá uma secretaria, que também existirão nos Tribunais (aos conhecidos "cartórios" judiciais da Justiça Comum na justiça do Trabalho chamam-se "secretarias").

Na justiça do trabalho os oficiais de justiça são chamados oficiais de justiça avaliadores, pois além de citarem para pagamento, fazem a penhora e a avaliação dos bens penhorados. Segundo disposto no art. 721, § 2º, da CLT, o prazo para cumprimento dos mandados é de nove dias e a avaliação deve ser feita no prazo de dez dias (§ 3º do mesmo artigo). Na falta ou impedimento do oficial de justiça avaliador, o juiz da vara poderá atribuir a realização do ato a qualquer serventuário (art. 721, § 5º, da CLT).

Contadoria é o órgão auxiliar da justiça, o qual tem a responsabilidade de efetuar os cálculos aritméticos das causas em geral, do principal e juros das condenações e qualquer cálculo determinado pelo juiz.

Na opinião de Amauri Mascaro Nascimento, o "Tribunal Superior do Trabalho é organizado com base nas seguintes regras: a) divisão dos seus órgãos escalonados para fins jurisdicionais, cumprimento do princípio do duplo grau de jurisdição e divisão do trabalho; b) quatro tipos de competência: originária quando o processo tem início perante o órgão, recursal quando o órgão atua como instância revisora de decisão proferida por órgão anterior, competência em única instância em alguns casos e competência funcional dos seus membros definidas pela lei e pelo Regimento interno; c) composição: togada com o quito constitucional com juízes provenientes das classes de advogados e do Ministério Público do Trabalho, das quais se desligam, passando a integrar a magistratura; d) escolha dos magistrados de carreira entre os juízes dos Tribunais Regionais do Trabalho".

Competência da Justiça do Trabalho

A jurisdição, assim entendido o poder/dever do estado de dizer o direito no caso concreto, é una e indivisível.

A jurisdição atua quanto se tem a violação dos direitos assegurados pelas normas jurídicas (Direito Objetivo) em função de um conflito de interesses, ou seja, pressupõe a aplicação da lei ao caso concreto. O legislador cria o Direito Objetivo, enquanto a jurisdição aplica a norma abstrata ao caso concreto, atuando na pacificação dos conflitos de interesses.

No entanto, a determinação da esfera de atribuição dos órgãos encarregados do exercício da jurisdição chama-se "competência".

> *Conceito* — competência é a parcela de jurisdição atribuída a cada juiz.

A competência costuma ser analisada sob os seguintes ângulos: competência material, competência em razão de lugar e competência hierárquica ou funcional.

A jurisdição, como expressão do poder estatal, é uma só. Cada juiz ou tribunal é investido da jurisdição. Porém, o seu exercício é distribuído, pelas normas constitucionais e ordinárias, para vários órgãos jurisdicionais. Essa distribuição se faz em função de vários critérios. De acordo com esses critérios, o órgão jurisdicional poderá exercitar a sua jurisdição em função de determinados limites, ou seja, grupo de litígios. Portanto, vamos conceituar competência como a "quantidade de jurisdição cujo exercício é atribuído a cada órgão ou grupo de órgãos".

Oreste Dalazen ensina que Chiovenda agrupou em três os critérios determinantes da competência: objetivo, funcional e territorial: "Pelo critério objetivo, se fixa a competência ou pelo valor da causa (competência por valor), ou da natureza da causa (competência por matéria)".

A Competência em razão de matéria é fixada levando em conta o tipo de questão, ou a matéria, que pode ser suscitada aos órgãos da Justiça do Trabalho, e vem definida no art. 114 da Constituição Federal, que assim dispõe:

> "Art. 114. Compete à Justiça do Trabalho processar e julgar:
>
> I — as ações oriundas da relação de trabalho, abrangidos os entes de direito público externo e da administração pública direta e indireta da União, dos Estados, do Distrito Federal e dos Municípios;
>
> II — as ações que envolvam exercício do direito de greve;
>
> III — as ações sobre representação sindical, entre sindicatos, entre sindicatos e trabalhadores, e entre sindicatos e empregadores;
>
> IV — os mandados de segurança, habeas corpus e *habeas data,* quando o ato questionado envolver matéria sujeita à sua jurisdição;
>
> V — os conflitos de competência entre órgãos com jurisdição trabalhista, ressalvado o disposto no art. 102, I, *o;*
>
> VI — as ações de indenização por dano moral ou patrimonial, decorrentes da relação de trabalho;
>
> VII — as ações relativas às penalidades administrativas impostas aos empregadores pelos órgãos de fiscalização das relações de trabalho;
>
> VIII — a execução, de ofício, das contribuições sociais previstas no art. 195, I, *a,* e II, e seus acréscimos legais, decorrentes das sentenças que proferir;
>
> IX — outras controvérsias decorrentes da relação de trabalho, na forma da lei."

A seguir vamos analisar todas as ações que devem ser processadas e julgadas pela Justiça do Trabalho:

> I — As Ações Oriundas da Relação de Trabalho, abrangidos os entes de direito público externo e da administração pública direta e indireta da União, dos Estados, do Distrito Federal e dos Municípios.

A competência em razão de matéria foi reformulada inteiramente pela Emenda Constitucional n. 45/2004 trazendo para o âmbito de atuação da justiça do trabalho todas as "ações oriundas da relação de trabalho", expressão muito mais ampla do que relação de emprego.

Relação de Trabalho pode ser conceituada como todo o contrato de atividade em que o prestador do serviço seja pessoa física, abrangendo eventual, autônomo, voluntário, estagiário e também todos os contratos de prestação de serviços regulado pelos arts. 593 a 609 do Novo Código Civil.

Discute-se em doutrina se a competência material da justiça do trabalho abrangeria as ações decorrentes da relação de consumo, uma vez que segundo o código de defesa do consumidor em alguns casos a relação de consumo também pode ter por objeto a prestação pessoal de serviços. A resposta pode ser no sentido de que a ação é proposta pelo prestador de serviços em face do consumidor visando a aplicação de normas do Código de Defesa do Consumidor, trata-se de uma autêntica ação decorrente de relação de consumo e por essa razão escapa da competência da Justiça do Trabalho.

No entanto, se o litígio decorre não da relação de consumo, mas sim dos serviços prestados por pessoa física, em troca de remuneração, por exemplo, o não recebimento pelo prestador de serviços do valor ajustado, a competência será da Justiça do Trabalho.

Ações de Servidor da Administração Pública Estatutário

A Emenda Constitucional n. 45/2004, estendeu a competência da Justiça do trabalho para julgamento das ações envolvendo os entes da administração pública. No entanto, foi concedida liminar em ADIN proposta pela Associação dos Juízes Federais do Brasil suspendendo qualquer interpretação que inclua na competência da Justiça do Trabalho o julgamento de ações entre servidores e o Poder Públicos vinculados à relação jurídica estatutária ou de caráter jurídico administrativo.

Trabalho Parassubordinado e a Competência Material da Justiça do Trabalho

A competência material da Justiça do Trabalho para apreciar e julgar as relações de trabalho subordinado ou relação de emprego é indiscutível. No entanto, atualmente, além do trabalho subordinado, a competência da Justiça do Trabalho também abrange o trabalho parassubordinado, o qual reflete uma posição intermediária entre o trabalho subordinado e o autônomo, com os seguintes traços característicos: continuidade, coordenação e o caráter pessoal na prestação dos serviços.

Arion Saião Romita. Ensina "O trabalhador parassubordinado pode ser considerado quase sempre um contratante débil. A debilidade contratual, que constitui uma característica constante nas formas de prestação de serviços parassubordinados, justifica a tentativa de incluir esta modalidade no campo de aplicação do direito do trabalho. A debilidade contratual se configura não somente pela debilidade econômica mas também pela circunstância de que o tomador de serviços tem a possibilidade de anular ou reduzir sensivelmente a liberdade contratual do prestador.

Entre os trabalhadores parassubordinados são elencados, além dos prestadores de trabalho associativo (sociedades em conta de participação, membros de cooperativa de trabalho, o sócio de indústria, membros de empresa familiar), os representantes comerciais, os propagandistas, agentes teatrais, cinematográficos e esportivos, corretores de toda espécie de negócios (como os corretores de imóveis), concessionários de vendas, pequenos empresários (dependentes economicamente de indústrias a que prestam colaboração contínua), profissionais liberais (como o advogado que trata de modo contínuo dos interesses de uma pessoa física, o médico de família etc.).

II — Ações que envolvam o exercício do direito de greve.

O exercício do direito de greve pode gerar a ocorrência de ações individuais (indenizações por danos causados pelos grevistas) ou coletivas, (dissídio de greve) inclusive possessórias (interditos proibitórios, para a garantia da posse de seus bens imóveis), todas de competência da Justiça do trabalho.

III — Ações sobre representações sindicais.

Apesar da literalidade do texto constitucional a doutrina e a jurisprudência vêm interpretando que o novo regramento constitucional estabelece a competência da justiça do trabalho para julgar todas as lides intersindicais ou seja:

a) Conflitos Intersindicais Coletivos

Os Conflitos Intersindicais Coletivos também sã denominados conflitos de representatividade e envolvem a discussão sobre a legitimidade da representação das categorias econômicas ou profissionais.

b) Conflitos Intersindicais Não Coletivos

Os Conflitos Intersindicais Não Coletivos são aqueles que tem como parte os sindicatos, defendendo um interesse próprio e não interesse da categoria . Exemplo Dissídio de declaração ou não da filiação da entidade sindical a uma Federação.

c) Conflitos Intrassindicais ou Conflitos sindicais Internos

Os Conflitos Intrassindicais ou Conflitos sindicais Internos são aqueles que surgem na administração da entidade sindical ou entre a entidade sindical e seu associado Exemplo: Anulação de assembleia, de eleição Sindical etc.

d) Conflitos extrassindicais

> Os Conflitos extrassindicais são aqueles que surgem entre as entidades sindicais e terceiros, exemplo: Recusa em inscrever trabalhador para ser sócio do sindicato, e concorrer as eleições de dirigente sindical, recusa na admissão da empresa como sócia do sindicato da categoria econômica etc.

Ainda, conforme disposto no inciso III do art. 114 da Carta Magna verifica-se que o legislador constituinte expressamente atribuiu para a Justiça do Trabalho a competência para julgar as lides "sobre representação sindical, entre sindicatos, entre sindicatos e trabalhadores, e entre sindicatos e empregadores", sendo certo que a interpretação em consonância com a competência geral para as lides oriundas das relações de trabalho revela que toda e qualquer disputa acerca de contribuições sindicais, de qualquer natureza, são mera consequência da representação sindical em sentido amplo, pois inclusive pode ocorrer da recusa da empresa ao pagamento por não reconhecer a entidade sindical como sua representante, o que revela encontra-se dentro dessa matéria (representação sindical) a questão das receitas dos sindicatos.

No que concerne ao rito processual adequado, à luz do disposto na Instrução Normativa n. 27/2005 do TST, pode-se conceber a utilização de rito próprio — caso existente — ou o rito ordinário trabalhista (sumaríssimo dependendo do valor), tudo na fase de conhecimento caso não possua o sindicato patronal título executivo ou documento sem eficácia, pois em caso contrário afigura-se possível ou uso da execução de título executivo extrajudicial ou da ação monitoria respectivamente inclusive no Processo do Trabalho. Por outro lado, caso a parte possua o título executivo preconizado no art. 606 da CLT o rito adequado afigura-se a execução de título executivo extrajudicial; Assim, caso possua título sem essa eficácia, a ação monitoria; não possuindo título algum, deve-se utilizar o rito ordinário do processo do trabalho, sendo sumaríssimo dependendo do valor, em fase de conhecimento.

Concluindo, apesar do texto mencionar apenas as ações de representação sindical e sindicatos, deve ser dada uma interpretação extensiva para englobar todas as entidades sindicais, como as questões que envolverem Federações e as Confederações. São exemplos: ação envolvendo o direito de filiação ou desfiliação, ação anulatória de eleição sindical, ação de cobrança executiva de contribuição sindical, ação consignatória de contribuição sindical quando há disputa de representação entre dois sindicatos.

IV — Mandado de segurança *habeas corpus* e *habeas data.*

Uma das grandes inovações é a possibilidade de impetração perante as Varas da Justiça do Trabalho (órgão de primeira instância) quando o ato questionado envolver matéria sujeita a sua jurisdição, por exemplo, quando a autoridade coatora for auditor do trabalho ou Membro do Ministério Público do Trabalho.

Afirmada, também, a competência para o julgamento do habeas corpus quando se tratar de matéria sujeita a jurisdição trabalhista (Prisão de natureza civil).

A competência para o julgamento do *Habeas Data* também vem previsto no texto Constitucional emendado para possibilitar ao trabalhador o acesso a dados pessoais em poder do Estado, assegurando o respeito aos direitos da personalidade à intimidade e vida privada do trabalhado.

V — Conflitos de competência — formas de solução.

1 — O conflito de competência entre Varas do Trabalho, na mesma região, deverá ser dirimindo pelo TRT.

2 — Quando se tratar de conflito de Varas do Trabalho sujeitas à jurisdição de Tribunais Regionais do Trabalho diferentes ou entre Tribunais Regionais do Trabalho, a competência é do TST.

3 — Quando o conflito envolver juízes vinculados a Tribunais diversos da Jurisdição Trabalhista a competência é do STJ (art. 102, I, da CF).

4 — Quando envolver conflito entre Tribunal Superior e STJ, a competência é do Superior Tribunal Federal (STF).

VI — Ações de indenização por dano moral ou patrimonial, decorrentes da relação de trabalho.

A Emenda Constitucional n. 45/2004 consagrou definitivamente a competência da Justiça do trabalho para o julgamento de todas as ações que envolvem pedidos de indenização por danos materiais e morais decorrentes da relação de trabalho.

VII — Ações relativas às penalidades administrativas.

Muito embora o texto constitucional utilize a expressão "ações" e não em "execuções" relativas às penalidades administrativas, a doutrina vem, com acerto, se posicionando em sentido contrário.

A finalidade da nova hipótese de competência leva a afirmar-se que a própria execução fiscal das multas e dos valores deve ser feita perante a Justiça do Trabalho, admitindo-se a discussão da legalidade do lançamento através de embargos do executado.

Conforme análise feita pelo processualista do trabalho, o magistrado Marcos Neves Fava, mostra-se incoerente, para dizer o mínimo, "exigir dos litigantes que se defendessem ou postulassem, perante a Justiça do Trabalho, mas que, consolidada a obrigação de pagamento da dívida, aforassem — ou se defendessem — perante a Justiça Federal, durante a execução.

Não se pode através de equivocada hermenêutica rejeitar a competência da Justiça do Trabalho para as execuções fiscais relacionadas às penalidades administrativas impostas aos empregadores pela fiscalização das relações de trabalho.

Desde logo, porque a competência para o gênero "ações" induz, por corolário lógico, a da espécie "execução". Aliás, o processo de conhecimento, ressalvado a tutela meramente declaratórias, não se faz útil ou efetivo, sem a correspondente ação de execução.

Outra Questão que se coloca é que a literalidade do texto emendado sugere que apenas as "penalidades administrativas" já impostas pelos órgãos de fiscalização transferiram-se à competência da Justiça do Trabalho.

A resposta a esta indagação deve ser feita levando em conta que com a nova redação os atos da administração nas tarefas de regulação e fiscalização das relações do trabalho, passaram á competência da Justiça do Trabalho. Se, inequivocamente, o auto de infração imposto ao empregador por falta da autorização a que se refere o art. 71, § 3º, da CLT (para redução do intervalo de refeição) terá impugnação patronal resolvida pela Justiça do Trabalho, não impossível conceber que a negativa do Delegado Regional do Trabalho em conceder tal autorização — ou sua omissão em despachar o requerimento — seja, por ausência de imposição de multa, até então, transferida para competência da Justiça Federal. Cisão indesejável e casuística da competência, em desfavor da racionalidade da ordem jurídica.

Assim, no momento entendemos que em lugar de "penalidades", a interpretação mais adequada sugere a leitura de "atos" dos órgãos de fiscalização das relações do trabalho, hermenêutica de consequências bem mais abrangentes.

Qualquer ação, tanto a proposta pelo empregador objetivando invalidar multa imposta pela DRTs, como também as execuções dos títulos extrajudiciais, originados dos autos de inspeção tomados pelos auditores fiscais do trabalho; proposto pela fazenda pública em fazenda empregador passaram a ser da competência da Justiça do Trabalho.

> VIII — Execução, de ofício das Contribuições Sociais previstas no art. 195, I a, e II e seus acréscimos legais, decorrentes das sentenças que proferir.

A Justiça do trabalho é competente para determinar o recolhimento das contribuições previdenciárias e fiscais sobre as verbas de natureza salarial, decorrentes das sentenças que proferir ou dos acordos homologados, devendo o juízo promover, de ofício, a execução dos valores devidos.

Complementação de Aposentadoria ou de Pensão

A competência material da Justiça do Trabalho não exige que, ao tempo da propositura da ação, ainda se tenha a subsistência da relação de trabalho, pois pode existir ação trabalhista nas quais se pleiteia a complementação de aposentadoria ou de pensão decorrentes de regulamentos internos da empresa ou de entidade previdenciária complementar patrocinada pelo empregador, de forma isolada, ou mediante a participação do empregado. Neste caso, não há que se falar em incompetência da Justiça do Trabalho.

Competência da Justiça do Trabalho para julgar ação com pedido de indenização de dano moral sofrido na fase pré-contratual

A doutrina e a jurisprudência ainda não sedimentou o entendimento sobre a Competência da Justiça do Trabalho para julgar ação com pedido de indenização de dano moral sofrido na fase pré-contratual.

Para José Affonso Dallegrave, "considerando que o conceito de relação de trabalho é aquele que pressupõe qualquer liame jurídico entre dois sujeitos, desde que tendo por objeto a prestação de um serviço, autônomo ou subordinado, não há dúvidas que não só os contratos celetistas estão nele abrangidos, mas boa parte dos contratos civis e comerciais".

Mauro Schiavi discorre que o vocábulo relação de trabalho pressupõe "trabalho prestado por conta alheia, em que o trabalhador (pessoa física) coloca sua força de trabalho em prol de outra pessoa (física ou jurídica), podendo o trabalhador correr ou não os riscos da atividade. Desse modo, estão excluídas as modalidades de relação de trabalho em que o trabalho for prestado por pessoa jurídica, porquanto, nessas modalidades, embora haja relação de trabalho, o trabalho humano não é o objeto dessas relações jurídicas e sim um contrato de natureza civil ou comercial".

Délio Maranhão menciona que "no contrato de trabalho, como nos demais contratos, pode haver um período pré-contratual. É que nem sempre o contrato tem formação instantânea, embora a formação progressiva do contrato de trabalho constitua uma exceção. Neste caso não há confundir a proposta do contrato, que pressupõe que este se forma pelo único fato da aceitação, que, por isso, obriga o preponente (art. 1.080 do Código Civil de 1916; art. 427, Código Civil de 2002), com os entendimentos preliminares da fase pré-contratual".

Como ensina Serpa Lopes, o característico principal dessas conversações preliminares consiste em serem entabuladas sem qualquer propósito de obrigatoriedade. Tais conversações, porém, se não obrigam a concluir o contrato, nem por esse motivo deixam de produzir, em alguns casos, efeitos jurídicos. Assim é que, se os entendimentos preliminares chegarem a um ponto que faça prever a conclusão do contrato e uma das partes os rompe sem um motivo justo e razoável (*culpa en contraendo*), a outra terá o direito ao ressarcimento do dano causado por esse rompimento (interesse contratual negativo), quando possa provar que, confiando na previsível conclusão do contrato, fez despesas em virtude de tais entendimentos, ou deixou de aceitar outra oferta tanto ou mais vantajosos. Consideramos perfeitamente cabível uma ação desta natureza na Justiça do Trabalho, em face do art. 114 da Constituição, que fala 'em outras controvérsias decorrentes da relação de trabalho'. Dir-se-á que essa relação não chegou a se completar. Mas o dano se apura, na hipótese, em função de sua previsível formação, e a culpa ocorre na fase preliminar de um contrato de trabalho: a controvérsia se origina, pois, de uma relação de trabalho, embora no nascedouro".

Competência para decidir ação movida por Atleta Profissional de Futebol

Pela nova ordem constitucional (CF/88), o Poder Judiciário só admitirá ações relativas à disciplina e às competições desportivas após se esgotarem as instâncias da justiça desportiva, reguladas em lei (art. 217, § 2º). Contudo, a lei não excluirá da apreciação do Poder Judiciário lesão ou ameaça a direito (art. 5º, XXXV). Pela interpretação sistemática dos artigos, temos que "o art. 29 da Lei n. 6.354/76 é, em parte, incompatível com o vigente texto constitucional: no que cerceia transitoriamente ao atleta profissional de futebol o exercício do direito de ação para vindicar prestação decorrente do contrato de trabalho firmado com a respectiva associação empregadora. A Carta Magna não consente restringir-se o direito de ação, senão excepcionalmente quanto à disciplina e às competições esportivas".

Súmulas do Superior Tribunal de Justiça e a Competência Material Trabalhista

> Sumula n. 62. Compete à Justiça Estadual processar e julgar o crime de falsa anotação na Carteira de Trabalho e Previdência Social, atribuído à empresa privada.

Compete à Justiça Federal, excluídas as reclamações trabalhistas, processar e julgar os feitos relativos à movimentação do FGTS (Súmula n. 82). A Justiça do Trabalho é competente nas demandas que "objetivem o ressarcimento de parcelas reativas ao FGTS, ou que, direta ou indiretamente, impliquem essa obrigação de fazer; o juiz determina que a empresa sucumbente proceda ao recolhimento imediato das importâncias devidas a tal título" (art. 26 da Lei n. 8.036/90).

Compete à Justiça Federal processar e julgar crime de falso testemunho cometido no processo do trabalho (Súmula n. 165).

A ação trabalhista deve ser proposta perante a Vara do Trabalho do último local da prestação de serviços, ainda que o empregado tenha sido contratado em outro local ou no estrangeiro, é o que se depreendo do art. 651 da CLT.

Exceções

Quando se tratar de empregado viajante comercial, se estiver ligado à agência ou filial, a competência será da Vara do local em que está localizada a agência ou filial; na falta, ou se não estiver subordinado à agência ou filial, a competência será a do domicílio do empregado ou local mais próximo.

Quando se tratar de empregado brasileiro laborando no estrangeiro, este pode optar em ajuizar a ação no Brasil, desde que não haja convenção internacional dispondo em contrário, caso em que será competente a Vara do Trabalho do local em que estiver situada a repartição da empresa no Brasil. Desta forma, no caso do empregado ir trabalhar no estrangeiro, a ação deverá ser ajuizada perante a vara onde o empregador tenha sede no Brasil ou onde o trabalhador tenha sido contratado antes da sua ida para o exterior.

Quando se tratar de empresas que promovem atividades fora do lugar do contrato, em lugares incertos, transitórios ou eventuais (Ex.: empresas circenses, desfiles de moda, reflorestamento etc.), os empregados podem escolher entre o local da prestação de serviços e o local da contratação.

A competência territorial é relativa. Pode ser prorrogada se a parte contrária não se insurgir contra a escolha feita pelo autor.

No processo do trabalho, por medida de proteção ao trabalhador, não se admite o foro de eleição.

Empresas que promovem atividades fora do lugar do contrato

Wagner Giglio discorre: "A segunda exceção diz respeito a empregadores que realizem atividades fora do local onde são firmados os contratos de trabalho, como acontece com as empresas especializadas em auditoria, instalação de caldeiras, reflorestamento etc. Tais atividades exigem que o empregado se desloque para prestar serviços no local onde são requeridos, por vezes ali permanecendo durante bastante tempo. Prestigiando, ainda uma vez, a facilidade de acesso do empregado às Cortes Trabalhistas, o art. 651, § 3º, da Consolidação permite ao empregado, a sua escolha, 'apresentar reclamações no foro da celebração do contrato ou no da prestação dos serviços'. E a jurisprudência vem entendendo essa disposição de forma abrangente, aplicando os casos em que o empregado pode propor ação em juízo diverso daquele que seria competente em razão do lugar da prestação dos serviços.

Foro de eleição e a competência territorial trabalhista

Amauri Mascaro Nascimento assevera: "A sua admissibilidade redundaria em problemas de difícil solução, dada a hipossuficiência do trabalhador. Se num contrato escrito em São Paulo ficasse constatado que a questão dele resultante, por acordo entre as partes, devesse ser movida, por exemplo, em Belém do Pará, o empregado não teria meios de se locomover até lá para propor a ação. Vale dizer, estaria praticamente invalidado o direito de ação, em prejuízo do mais fraco economicamente. Daí a repulsa ao foro de eleição no processo trabalhista. Entende-se, portanto, não escrita cláusula de contrato individual de trabalho estabelecendo foro de eleição".

Cumpre salientar que para as relações de trabalho o foro de eleição será aceito.

As ações trabalhistas devem iniciar-se na primeira instância, ou seja, perante as Vara do Trabalho (arts. 652 e 653 da CLT); os Tribunais possuem de regra competência recursal (arts. 678, 679, 680 da CLT e Lei n. 7.701/1988).

No entanto, há casos de ações de competência originárias dos tribunais superiores.

Tribunais Regionais do Trabalho

A competência originária dos Tribunais Regionais do Trabalho envolve os dissídios individuais e coletivos, os quais são iniciados perante o próprio tribunal.

Os dissídios individuais são: mandados de segurança; ações rescisórias; habeas corpus; ações anulatórias em convenção ou acordo coletivo (OJ n. 129, SDI-II); medidas cautelas nominadas e inominadas, preparatórias ou incidentes, quanto aos processos de sua competência originária ou na forma do art. 800, parágrafo único, do CPC.

Competência Recursal dos Tribunais Regionais do Trabalho.

A competência recursal é decorrência natural do princípio do duplo grau de jurisdição ou seja, a faculdade que é dada ao vencido de ter o reexame da decisão que lhe foi desfavorável.

São exemplos de Competência recursal dos Tribunais Regionais do Trabalho: As decisões definitivas ou terminativas originária das varas do trabalho nos dissídios individuais de conhecimento ficam submetidas ao duplo grau de jurisdição, por intermédio do recurso ordinário (art. 895, *a*, CLT). Nas ações de execução, as decisões proferidas pelas varas do trabalho são reexaminadas pelo agravo de petição (art. 897, *a*, CLT). Os despachos denegatórios de recursos, os quais são proferidos pelos juízes das varas do trabalho ou juízes estaduais no exercício da jurisdição trabalhista, podem ser revistos nos TRTs, pela oposição do agravo de instrumento (art. 897, *b*, CLT). Da fixação do valor da causa no processo trabalhista (art. 2º, § 2º, da Lei n. 5.584/70) no prazo de 48 horas, cabe o pedido de revisão para o presidente do TRT.

A competência em razão de matéria e hierárquica é absoluta e por essa razão é imodificável, inderrogável, pode ser reconhecida de ofício em qualquer tempo ou grau de jurisdição.

A competência territorial é relativa e por essa razão não pode ser reconhecida de ofício, se não for arguida pela parte contrária pode ser modificada e prorrogada.

O art. 114 do CPC dispõe que será prorrogada a competência se o réu não opuser exceção de competência em razão de lugar, no prazo legal. Aplica-se esta prorrogação na seara trabalhista.

No processo do trabalho não existe a possibilidade de modificação da competência em razão do valor da causa, uma vez que a ação trabalhista, independentemente do valor atribuído à causa, sempre será processada e julgada pelo mesmo juízo.

O art. 842 da Consolidação das Leis do trabalho permite a acumulação ou a reunião de lides em um único processo desde que haja entre elas identidade de matéria e tenham sido propostas por empregado da mesma empresa ou estabelecimento, ou desde que haja identidade de objeto e causa de pedir das ações reputadas conexas.

Ocorrendo protocolo de ações conexas em juízos diversos, a prevenção será do juízo cuja ação trabalhista tenha sido protocolada em primeiro lugar.

Referências Bibliográficas

BARROS, Alice Monteiro de. *Curso de direito do trabalho*. 2. ed. São Paulo: LTr, 2006.

CARRION, Eduardo. *Comentários à consolidação das leis do trabalho*. 33. ed. São Paulo: Saraiva, 2008.

CASSAR, Vólia Bomfim. *Direito do trabalho*. 3. ed. Niterói: Impetus, 2009.

DELGADO, Mauricio Godinho. *Curso de direito do trabalho*. 7. ed. São Paulo: LTr, 2008.

DONIZETTI, Elpídio. *Curso didático de direito processual civil*. 19. ed. São Paulo: Altas, 2016.

FREIRE E SILVA, Bruno. *O novo CPC e o processo do trabalho I:* parte Geral. 1. ed. São Paulo: LTr, 2015.

GARCIA, Gustavo Filipe Barbosa. *Curso de direito do trabalho*. 2. ed. rev. atual. e ampl. São Paulo: Método, 2008.

JORGE NETO, Francisco Ferreira; CAVALCANTE, Jouberto de Quadros Pessoas. *Direito do trabalho*. 4. ed. Rio de Janeiro: Lumen Juris, 2008. t. II.

MANUS, Pedro Paulo Teixeira; ROMAR, Carla Teresa Martins. *CLT e legislação complementar em vigor*. 7. ed. rev. e atual. até 16.12.2008. São Paulo: Atlas, 2009.

MARTINS, Sergio Pinto. *Direito do trabalho*. 25. ed. São Paulo: Atlas, 2009.

______. *Direito processual do trabalho.* 35. ed. São Paulo: Atlas, 2014.

NASCIMENTO, Amauri Mascaro. *Curso de direito do trabalho:* história e teoria geral do direito do trabalho: relações individuais e coletivas do trabalho. 22. ed. rev. e atual. São Paulo: Saraiva, 2007.

______. *Compêndio de direito sindical.* 4. ed. São Paulo: LTr, 2005.

PRETTI, Gleibe. *CLT comentada.* 2. ed. São Paulo: Ícone, 2016.

SIQUEIRA NETO, José Francisco. *Liberdade sindical e representação dos trabalhadores nos locais de trabalho.* São Paulo: LTr, 1999.

URIARTE, Oscar Ermida. *A proteção contra os atos antissindicais.* São Paulo: LTr, 1989.

Veja outras publicações da Ícone Editora
http://www.iconeeditora.com.br

POSITIVISMO JURÍDICO –
LIÇÕES DE FILOSOFIA DO DIREITO

Autor(a): Norberto Bobbio

ISBN: 978-85-274-0328-3

Número de páginas: 240

CRÍTICA DA RAZÃO PURA –
3ª EDIÇÃO

Autor(a): Immanuel Kant

ISBN: 978-85-274-0927-8

Número de páginas: 544

POLÍTICA (A)

Autor(a): Aristóteles

ISBN: 978-85-274-0937-7

Número de páginas: 272

TEORIA GERAL DO DIREITO

Autor(a): Jean Dabin

ISBN: 978-85-274-1106-6

Número de páginas: 368

HOMEM DELINQUENTE (O)

Autor(a): Cesare Lombroso

ISBN: 978-85-274-0928-5

Número de páginas: 224

LEVIATÃ 3ª EDIÇÃO

Autor(a): Thomas Hobbes

ISBN: 978-85-274-0619-2

Número de páginas: 487